Mosaik bei
GOLDMANN

Buch

Jeder Deutsche gibt durchschnittlich 1800 Euro im Jahr für Versicherungen aus. Selten bekommt er dafür, was er wirklich braucht. Der Grund: zu wenige Informationen, gleichzeitig geht der Überblick bei der Vielzahl der oft schwer vergleichbaren Angebote schnell verloren. Auch Versicherungsvermittler sind oft keine große Hilfe, denn statt den angemessenen Versicherungsschutz vom günstigsten Anbieter zu suchen, denken viele nur an die eigene Provision. Dieser Leitfaden schafft Abhilfe und bahnt einen Weg durch den Versicherungsdschungel, vermittelt das erforderliche Wissen über alle Versicherungsarten im privaten Bereich, benennt Fußangeln und klärt über Verbraucherrechte auf. Klar strukturiert und für Laien verständlich hilft er, die richtige Versicherung zu finden und Geld zu sparen.

Autoren

Der Bund der Versicherten (BdV) ist mit 50000 Mitgliedern Deutschlands größte gemeinnützige Verbraucherschutzorganisation für Versicherungsfragen. Er finanziert sich ausschließlich durch Mitgliedsbeiträge und ist daher unabhängig.

Bund der Versicherten

Versicherungen

Richtig auswählen und dabei sparen
Kfz – Haftpflicht – Leben – Krankheit –
Unfall – Haus - Rente

Mosaik bei
GOLDMANN

Text: Dipl.-Volksw. Eva Guenther
Redaktion: Die Mitarbeiter des Bund der Versicherten
Bund der Versicherten e.V.
Tiedenkamp 2 · 24558 Henstedt-Ulzburg
Postfach 1153 · 24547 Henstedt-Ulzburg
Tel.: 04193 – 94222
Fax: 04193 – 94221
E-Mail: info@bundderversicherten.de
www.bundderversicherten.de

FSC
Mix
Produktgruppe aus vorbildlich bewirtschafteten Wäldern und anderen kontrollierten Herkünften

Zert.-Nr. SGS-COC-1940
www.fsc.org
© 1996 Forest Stewardship Council

Verlagsgruppe Random House FSC-DEU-0100
Das für dieses Buch verwendete FSC-zertifizierte Papier *Pamo Sky* liefert Arctic Mochenwangen GmbH.

1. Auflage
Vollständige Taschenbuchausgabe Dezember 2009
Wilhelm Goldmann Verlag, München,
in der Verlagsgruppe Random House GmbH

Umschlaggestaltung: Uno Werbeagentur, München
Umschlagmotiv: FinePic ®, München
Satz: Buch-Werkstatt GmbH, Bad Aibling
Druck und Bindung: GGP Media GmbH, Pößneck
FK · Herstellung: IH
Printed in Germany
ISBN 978-3-442-17133-0

www.mosaik-goldmann.de

Inhalt

Vorwort

Liebe Leserin, lieber Leser,
mehr als 165 Milliarden Euro geben die Deutschen jedes Jahr für Versicherungen aus. Das entspricht pro Kopf knapp 1800 Euro für private Versicherungen. Trotzdem sind viele Bürger nicht optimal versichert. Viele Policen sind falsch oder zu teuer.

Immer noch werden Versicherungen abgeschlossen, die nicht sinnvoll sind. Dazu zählen vor allem kapitalbildende Versicherungen. Der Schutz gegen existenzbedrohende Risiken wird dagegen häufig vernachlässigt. Viel zu selten schließen Verbraucher Privathaftpflichtversicherungen ab. Auch die für Erwerbstätige dringend anzuratende Berufsunfähigkeitsversicherung könnte besser verbreitet sein.

Häufig zahlen Verbraucher viel zu viel für Leistungen, die sie günstiger haben könnten. Das ist eine Ursache unzulänglicher, meistens nicht neutraler Beratung. Versicherungsverträge werden meistens von Versicherungsvertretern vermittelt, die vorrangig an ihren (hohen) Provisionen interessiert sind. Unsinnige Verträge bringen denen am meisten ein. Daran ändert auch das aktuelle Vermittlergesetz nicht viel: Die bedarfsgerechte Information der Verbraucher bleibt allzu oft auf der Strecke.

Brandneu in diesem Ratgeber: die Gesundheitsreform. Sie hat großen Einfluss, weil sie alle Bürger in die Krankenversicherungspflicht stellt. Für Privatversicherte kommt durch die neuen Regelungen unter anderem ein »Basistarif« ins Spiel, der nicht unumstritten ist.

Der Bund der Versicherten (BdV) ist vor über einem Vierteljahrhundert gegründet worden, um dem Versicherungsunwesen Einhalt zu gebieten. Heute ist der BdV mit mehr als 50 000 Mitgliedern Deutschlands größte Verbraucherschutzorganisation für Versicherte. Er setzt sich nicht nur bundesweit für Verbraucherrechte ein.

Mit diesem Ratgeber will der BdV Ihnen ein Instrument an die Hand geben, damit Sie sich eine Bresche durch den »Versicherungsdschungel« schlagen können. Hier erfahren Sie, wie Sie Versicherungen auswählen, die Ihren Bedürfnissen entsprechen und obendrein Ihren Geldbeutel schonen. Sie finden alles über Versicherungen und deren Leistungen. Sie lernen zudem, wie Sie die Beiträge vergleichen und bei der Angebotseinholung zielgerichtet vorgehen.

Der Leitfaden zeigt, dass Altersvorsorge mit Versicherungen nicht viel zu tun hat. Er erläutert, weshalb Sie nicht auf Kapitallebensversicherungen setzen sollten. Sie finden hier Grundsätze zur Geldanlage, damit Sie Klarheit bekommen, welche Strategie für Sie richtig ist. Wir stellen Ihnen unterschiedliche Formen der Altersvorsorge von der gesetzlichen Rentenversicherung bis zur privaten Altersvorsorge vor und beschreiben Anlageformen, wie Sparanlagen oder Investmentfonds.

Im Teil »Versichertenrechte« erkennen Sie, welche Informationspflichten die Versicherungsgesellschaften haben. Sie werden überrascht sein, welche Bedeutungen Musterbedingungen haben und welche Gestaltungsmöglichkeiten, Rechte und Pflichten es bei den Verträgen gibt. Nutzen Sie die Tipps und Hinweise, wie Sie Klippen beim Versicherungsvergleich und beim Stellen eines Versicherungsantrags umschiffen. Und falls Sie sich zu einer ungünstigen Versicherung haben überreden lassen, finden Sie Informationen, wie Sie einen solchen Vertrag kündigen können. Es ist zum Streit gekommen? Schlagen Sie nach, wie Sie jetzt zu Ihrem Recht kommen.

Wir wünschen Ihnen einen guten Schutzengel – und falls der mal nicht aufpasst – die richtige und günstige Versicherung.

Ihr
BdV-Team

Teil 1

Versicherungen und Altersvorsorge

1. Die richtige Versicherung für jeden Typ

Versicherungen sind wichtig, um sich vor Risiken zu schützen, deren Folgen Sie in Ihrer Existenz bedrohen könnten. Die Krankenversicherung ist mit der Gesundheitsreform zum »Pflichtstück« geworden. Die Privathaftpflichtversicherung sollte ein Muss für jedermann sein. Ihr Versicherungsbedarf orientiert sich stets an Ihren persönlichen Lebensumständen, an Ihrem Alter, an den Familienverhältnissen und am Einkommen. Problematisch wird es erst, wenn redegewandte Versicherungsvertreter Ihnen Policen andrehen wollen, die Sie gar nicht benötigen. Der Vertreter hat dabei vermutlich nicht Ihre Interessen, sondern vorwiegend seine eigenen (hohen) Provisionen im Sinn, wie er sie z. B. für die Kapitallebens- oder private Rentenversicherung kassieren kann. Andererseits werden wichtige Versicherungen wie die Privathaftpflicht- und Berufsunfähigkeitsversicherung nicht so offensiv beworben, weil sie den Geldbeutel des Vermittlers nur um wenige Euro bereichern.

Dabei ist es gar nicht so schwer festzustellen, welche Versicherungen Sie brauchen. Die richtigen Weichen können Sie stellen, wenn Sie einige Grundregeln beachten.

Wichtig: Existenzbedrohende Risiken absichern!

Bedenken Sie, dass Sie vor allem existenzbedrohende Risiken absichern sollten. Dies gilt selbst dann, wenn die Wahrscheinlichkeit gering ist, dass Sie jemals betroffen sein könnten. Dazu gehört vor allem die Privathaftpflichtversicherung, die einspringt, wenn Sie einem Dritten einen Schaden zufügen. Das kann in die Millionen gehen, etwa wenn Sie über viele Jahre Renten an einen Geschädigten zahlen müssen. Das kann aber auch die Berufsunfähigkeitsversicherung sein, die Sie schützt, wenn Sie z.B. nach einer schweren Krankheit auf Dauer nicht mehr arbeiten können. Oder die Risikolebensversicherung, die im Todesfall Ihre Angehörigen absichert und den Wegfall Ihres Einkommens ausgleicht. Außerdem: Die Wohngebäudeversicherung, die Reparaturen oder gar einen Neubau bezahlt, wenn Ihr Haus z.B. durch Feuer oder Sturm beschädigt wurde, die Krankenversicherung, die auch bei chronischen Krankheiten und aufwändigen Behandlungen die Kosten abdeckt und die Unfallversicherung, die Sie bei bleibender Invalidität durch Unfall schützt.

Erst wenn Sie das alles unter Dach und Fach haben, sollten Sie möglicherweise an weitere Absicherungen wie die Hausrat- oder Rechtsschutzversicherung denken. Ganz verzichten sollten Sie auf Versicherungen, die nur geringe Schäden abdecken, das sind beispielsweise die Reisegepäckversicherung, die Glasbruchversicherung oder eine Handyversicherung.

Wer braucht welche Versicherung?

Wesentliche Anhaltspunkte für Ihren Versicherungsbedarf geben Ihre Familienverhältnisse und Ihr Alter. Während ein Alleinverdiener mit Familie seine Angehörigen für den Todesfall schützen muss, ist dies für einen Single kein Kriterium.

Auf einen Blick

	Privathaftpflichtversicherung	Berufsunfähigkeit	Unfall	Risikolebensversicherung	Hausratversicherung
Junge Menschen	+++	+++	++	–	+
Singles	+++	+++	++	–	++
Paare ohne Kinder	+++	+++	++	++	++
Familien oder Alleinerziehende mit kleinen Kindern	+++	+++	+++	+++	++
Familien mit älteren Kindern	+++	+++	++	++	++
Senioren	+++	–	++	–	++

sehr wichtig +++, wichtig ++, eventuell wichtig +, unnötig –

Hinweis: Abhängig von den Lebensumständen können zusätzliche Versicherungen wichtig sein.

Junge Menschen in der Ausbildung und Berufsanfänger

Eine Berufsunfähigkeitsversicherung ist für junge Menschen unverzichtbar, weil sie noch keinen Schutz durch die Rentenversicherung erhalten. Die Versicherung ist umso günstiger, desto früher sie abgeschlossen wird. Eine Privathaftpflichtversicherung sollte ein Muss sein, sobald die Berufsausbildung beendet ist.

Singles

Auch für Singles sollten die Privathaftpflicht- und die Berufsunfähigkeitsversicherung eine gewisse Priorität haben. Falls es nicht gelingt, die Berufsunfähigkeit abzusichern, sollte eine Unfallversicherung mit ausreichend hoher Versicherungssumme abgeschlossen werden. Wer schon einen eigenen Haushalt gegründet hat, sollte an eine Hausratversicherung denken.

Paare ohne Kinder

Sie haben ähnlichen Versicherungsbedarf wie Singles. Aber Sie brauchen nur eine gemeinsame Haftpflicht-, Hausrat- und Rechtsschutzversicherung. Ist ein Partner auf das Einkommen des anderen angewiesen, empfiehlt sich eine Risikolebensversicherung, um den Partner abzusichern. Sie kann mit der Berufsunfähigkeitsversicherung kombiniert werden.

Familien oder Alleinerziehende mit kleinen Kindern

Wer Kinder hat, muss dafür sorgen, dass die Familie gegen größere Einkommensverluste abgesichert ist. Außer der Privathaftpflichtversicherung sollte die Berufsunfähigkeits- und

Risikolebensversicherung für den Hauptverdiener, aber auch für den Partner, eine Priorität haben. Für die Kinder empfiehlt sich eine Unfallversicherung in ausreichender Höhe. Ebenfalls könnte eine Kinderinvaliditätsversicherung in Betracht kommen. Erst danach sollte eine Hausratversicherung abgeschlossen werden.

Familien mit älteren Kindern

Sind die Kinder aus dem Haus, ist der Schutz der Hinterbliebenen durch eine Risikolebensversicherung oft nicht mehr oder nur noch für den Partner notwendig. Der Berufsunfähigkeitsschutz sollte weiterhin erhalten bleiben. Unverzichtbar ist die Privathaftpflichtversicherung.

Senioren

Rentner und Pensionäre müssen weder für Hinterbliebene noch für den Fall der eigenen Berufsunfähigkeit vorsorgen. Sinnvoll kann eine kleine Unfallversicherung für den Schutz bei Invalidität sein. Der Abschluss einer Hausratversicherung sollte vom Wert der Einrichtung abhängig gemacht werden. Die Privathaftpflichtversicherung sollten sie unbedingt behalten.

Diese Versicherungen können in bestimmten Fällen wichtig sein:

- Wohngebäudeversicherung
- Risikolebensversicherung, wenn eine Immobilie finanziert wird
- Private Pflegezusatzversicherung

- Kfz-Kaskoversicherung
- Auslandsreisekrankenversicherung
- Tierhalter-Haftpflichtversicherung
- Öltank-/Gewässerschaden-Haftpflichtversicherung
- Haus- und Grundbesitzer-Haftpflichtversicherung

Auf diese Versicherungen können Sie verzichten:

- Unfallversicherung mit Prämienrückgewähr
- Insassen-Unfallversicherung
- Krankenhaustagegeld-Versicherung
- Sterbegeldversicherung
- Fahrradversicherung
- Elektrogeräte- und Handyversicherung
- Glasversicherung
- Reise-Gepäckversicherung
- Versicherung gegen »häusliche Notfälle« (z.B. Schlüsseldienst)

→ Bevor Sie eine Versicherung abschließen, sollten Sie feststellen, ob das Risiko für Sie groß, mittel oder gering ist. Große, existenzbedrohende Risiken sollten Sie auf jeden Fall absichern. Bei mittleren Risiken bedenken Sie, ob es für Sie und Ihren Geldbeutel besser ist, für die Schäden selbst aufzukommen oder sie abzusichern.

→ Eine gute Möglichkeit, Prämien zu sparen: Vereinbaren Sie eine Selbstbeteiligung.

2. Haftpflichtversicherungen

Privathaftpflichtversicherung

Unverzichtbar für jeden

Die Privathaftpflichtversicherung ist ein absolutes Muss für jeden. Die Beiträge sind nicht hoch. Aus Unkenntnis haben dennoch viele Verbraucher keine Privathaftpflichtversicherung. Das kann teuer werden und schlimmstenfalls in den finanziellen Ruin führen.

Privathaftpflichtversicherung schützt vor finanziellem Ruin

Sie haftet für Schäden, die Sie Dritten zufügen. Dies gilt in unbegrenzter Höhe, auch wenn Sie nur fahrlässig gehandelt haben. Wenn Sie Geschirr oder Gläser bei Freunden beschädigt haben, kann das noch leicht aus eigener Tasche bezahlt werden. Wer jedoch einen Unfall mit Körperverletzungen verursacht, sei es als Fußgänger, Fahrradfahrer oder als Freizeitsportler, muss möglicherweise sein Leben lang für Folgen in Millionenhöhe einstehen. Denn Sie müssen nicht nur für Schmerzensgeld und die Behandlungen aufkommen. Bei langfristigen gesundheitlichen Beeinträchtigungen wie Behinderungen müssen Sie Monat für Monat den Verdienstausfall ausgleichen, Hinterbliebene entschädigen und Pflegekosten übernehmen. Dafür kann Ihr Einkommen gepfändet und Ihr gesamtes Vermögen herangezogen werden.

Hier bietet die Privathaftpflichtversicherung Schutz. Sie übernimmt die Kosten für Personen-, Sach- und Vermögensschäden im privaten Bereich. Weiterer Vorteil: Sie müssen sich nicht mit den Forderungen der Geschädigten auseinandersetzen oder Anwälte und Gerichte einschalten. Denn auch das übernimmt Ihre Versicherung und bietet Ihnen eine Art Rechtsschutzversicherung, falls unberechtigte Schadenersatzansprüche gegen Sie geltend gemacht werden.

Ausreichende Versicherungssumme entscheidend

Der Grundschutz ist bei allen Versicherungsangeboten gleich. Spezielle Risiken wie gefährliche Sportarten oder die Haltung von bestimmten Tieren sind nicht abgesichert (vgl. dazu die folgenden Abschnitte). Bei einigen Versicherungsunternehmen sind Extras wie der Verlust fremder Schlüssel, Gefälligkeitsschäden oder eine Forderungsausfalldeckung enthalten oder gegen Zuschlag versicherbar. Wer haftet, wenn Sie dem netten Nachbarn aus Versehen Blumenwasser über den kostbaren Teppich schütten? Oder Sie helfen beim Anbringen eines Schrankes und bohren dabei eine Wasserleitung an oder beim Umzug lassen Sie den Fernseher fallen? In diesen Fällen spricht man von einem Gefälligkeitsschaden. Die Forderungsausfalldeckung springt ein, wenn Sie selbst geschädigt werden und der Verursacher nicht in der Lage ist, für den Schaden aufzukommen.

Die Privathaftpflichtversicherung zahlt aber nur bis zur

vereinbarten Deckungssumme. Damit Sie auch bei großen Schäden ausreichend versichert sind, sollte die Versicherungssumme mindestens 3 Millionen Euro betragen, besser wären jedoch 5 oder 10 Millionen Euro. Die Beitragsunterschiede sind nicht groß.

Für eine Familie reicht eine Police, denn Ehepartner und minderjährige Kinder sind ohne Zuschlag mitversichert. Auch unverheiratete volljährige Kinder, die sich noch in der ersten Ausbildung befinden, fallen meist unter den Versicherungsschutz. Außerdem kann der Lebenspartner einbezogen werden.

Angebote ab 30 Euro

Angebote gibt es für Familien ab 70 Euro. Singles, Senioren und Beamte kommen bei einigen Versicherungen günstiger weg. BdV-Mitglieder können sich bei der BdV Mitgliederservice GmbH zu einer Gruppenversicherung für 30,66 Euro jährlich anmelden, bei einem Selbstbehalt von 150 Euro je Schadensfall.

Bei diesen Versicherungen lohnt es sich Angebote einzuholen:

- Haftpflichtkasse Darmstadt (Tarif: VARIO Status und VARIO Plus), HanseMerkur (Tarif: Top-Schutz), Helvetia (Tarif: Komfort), Janitos (Tarif: Balance und Best Selection), Medien-Versicherung (Tarif: Komfort), VHV (Tarif: Exklusiv)

→ Versichern Sie sich mindestens mit einer Versicherungssumme von 3 Millionen Euro pauschal für Personen- und Sachschäden.

→ Um die Prämie zu senken, ist es günstig, einen Selbstbehalt in Höhe von 150 bis 250 Euro zu vereinbaren. Diesen Betrag zahlen Sie im Schadensfall dann selbst.
→ Damit Sie flexibel bleiben, schließen Sie nur einen Jahresvertrag ab.
→ Bezahlen Sie den Jahresbeitrag in einer Summe, denn bei Ratenzahlung verlangen Versicherer hohe Zuschläge.

Wenn unverheiratete Lebenspartner im gleichen Haushalt leben und ein Partner mitversichert werden soll, ist meist ein ausdrücklicher Antrag notwendig. Der Partner sollte dann in der Versicherungspolice genannt sein.

Haben beide Partner eine Privathaftpflichtversicherung und sie ziehen zusammen, kann der jüngere Vertrag meist rückwirkend ab Beginn der Versicherungsperiode aufgehoben werden, in der Sie den Antrag auf Aufhebung gestellt haben. Der Versicherer hat die zu viel gezahlten Beiträge zu erstatten.

Kinder unter sieben Jahren, im Straßenverkehr unter zehn Jahren, gelten als schuldunfähig. Wenn sie einen Schaden verursachen, zahlt die Versicherung nur, wenn die Eltern ihre Aufsichtspflicht verletzt haben. Einige Versicherer haben ihre Bedingungen erweitert und zahlen auch für Schäden, die von kleinen Kindern verursacht werden, wenn die Eltern ihre Aufsichtspflicht nicht verletzt haben (siehe BdV-Gruppenvertrag).

Melden Sie einen Schaden unverzüglich Ihrem Versicherungsunternehmen (vgl. Kapitel »Versicherungsvertragsrecht«, S. 333). Überlassen Sie die Regelung des Falls dem Versicherungsunternehmen. Geben Sie vor allem gegenüber dem Geschädigten keine Erklärungen zur Schuldfrage ab. Machen Sie keine Zusagen und leisten Sie keine Zahlungen. Überlassen Sie Ihrem Haftpflichtversicherer die Prüfung, ob Schadenersatzansprüche gerechtfertigt sind.

Haftpflichtversicherungen für Angehörige des öffentlichen Dienstes

Als Beamter können Sie eine Dienst- bzw. Amtshaftpflichtversicherung gegen geringen Zuschlag in die Privathaftpflichtversicherung einbeziehen. Damit sichern Sie sich bei Personen- oder Sachschäden gegen Regressansprüche des Dienstherrn ab. Voraussetzung für diese Ansprüche ist jedoch, dass Sie grob fahrlässig gehandelt haben. Gegen Regressansprüche des Dienstherrn bei Vermögensschäden kann zusätzlich eine Vermögensschadenhaftpflichtversicherung abgeschlossen werden.

→ Lehrer im öffentlichen Dienst sowie Verwaltungsbeamte und -angestellte können gegen geringen Zuschlag eine Diensthaftpflichtversicherung in die Privathaftpflichtversicherung über den BdV-Gruppenvertrag einschließen. Weitere günstige Anbieter sind:

- DBV-Winterthur (Tarif: BOX Plus Standard), HanseMerkur (Tarif: Top-Schutz), Helvetia (Tarif: Komfort), Janitos (Tarif: Balance und Best Selection), VHV (Tarif: Exklusiv)

Tierhalter-Haftpflichtversicherung

Dringend empfehlenswert für Hunde- und Pferdehalter

Wer privat Hunde oder Pferde hält oder gewerblich Tiere nutzt, sollte unbedingt eine separate Tierhalter-Haftpflichtversicherung abschließen.

Im Gegensatz zu anderen Haustieren, wie Katzen und andere zahme Kleintiere, sind diese Tiere nicht in der Privathaftpflichtversicherung eingeschlossen. Außerdem sind Sie als Hunde- und Pferdehalter generell für Schäden verantwortlich, selbst wenn Sie kein eigenes Verschulden trifft. Nur wenn das Opfer selbst ein (Mit-)Verschulden trifft, können die Schadenersatzansprüche geringer ausfallen. Wenn Ihr vierbeiniger Liebling daher einen Autounfall verursacht oder – aus welchem Grund auch immer – eine Person gebissen hat, können Sie mit hohen Forderungen konfrontiert werden. ACHTUNG: In manchen Bundesländern besteht eine Verpflichtung, für alle Hunderassen – nicht nur für Kampfhunde – eine Haftpflichtversicherung abzuschließen. Weitere Informationen hierzu erhalten Sie bei Ihrer Gemeinde/Ihrem Amt.

Neben dem BdV-Gruppenvertrag empfehlen sich bei einer Mindestversicherungssumme von 3 Millionen Euro pauschal folgende Versicherer, in deren Deckungsschutz auch sogenannte Mietsachschäden durch den Hund mitversichert sind:

- AXA (THV alternativ), DEVK (Tarif: THV), Gothaer (Tarif: THV), Haftpflichtkasse Darmstadt (Tarif: Standard THV), Janitos (Tarif: Balance), OVAG (Tarif: Optimal)

Für die Pferde-Haftpflichtversicherung sollten Sie ebenfalls eine Mindestversicherungssumme von 3 Millionen Euro pauschal wählen. Holen Sie sich dazu Angebote von folgenden Versicherern ein:

- Concordia (Tarif: THV), Gothaer (Tarif: THV), Helvetia (Tarif: THV), Haftpflichtkasse Darmstadt (Tarif: THV), Janitos (Tarif: Best Selection), Nürnberger (Tarif: THV Pferde), NV-Versicherung (Tarif: Tier MaXX), Volkswohl Bund (Tarif: THV).

→ Versichern Sie stets alle Hunde und alle Pferde.

→ Empfehlenswert sind identische Versicherungssummen für Personen- und Sachschäden und mindestens eine Versicherungssumme von 3 Millionen Euro.

→ Sogenannte Kampfhunde werden von vielen Versicherungsunternehmen gar nicht oder nur gegen erhebliche Zuschläge versichert.

→ Wenn Sie ein fremdes Pferd reiten, sind Sie in der Regel über Ihre Privathaftpflichtversicherung abgesichert. Bitte erfragen Sie dies aber noch einmal genau im Fall der Fälle.

Haus- und Grundbesitzer-Haftpflichtversicherung

Wichtig für Immobilienbesitzer

Diese Versicherung hat hohe Priorität für Haus- und Grundbesitzer, die Wohnraum vermieten, eine Eigentumswohnung oder ein unbebautes Grundstück besitzen.

Verkehrssicherungspflicht heißt das »Zauberwort« bzw. genauer das Damoklesschwert für die Eigentümer. Konkret bedeutet das, dass Sie in Ihrem Haus oder auf Ihrem Grundstück Gefahren für andere vermeiden müssen. Zur Verkehrssicherungspflicht gehört das Streuen der Gehwege bei Schnee und Eis ebenso wie ausreichende Beleuchtung oder die frühzeitige Beseitigung von baulichen Mängeln wie beschädigten Treppen, Geländern und Gehwegplatten.

Nicht immer geht alles gut. Falls etwas passiert, kommt beim selbstbewohnten Einfamilienhaus in der Regel die Privathaftpflichtversicherung auf. Bei Mehrfamilienhäusern und unbebauten Grundstücken dagegen zahlt sie nicht. Hier sollte zusätzlich eine Haus- und Grundbesitzer-Haftpflichtversicherung abgeschlossen werden. Auch bei selbstbewohnten Eigentumswohnungen ist sie meist empfehlenswert. Denn das Gemeinschaftseigentum, das Ihnen zusammen mit anderen Eigentümern gehört, ist normalerweise nicht von der Privathaftpflichtversicherung abgedeckt. In diesen Fällen wird meist über den Verwalter eine gemeinsame Versicherung für alle Eigentümer abgeschlossen. Unterschiedlich ist die Situation, wenn Sie in Ihrem Einfamilienhaus einzelne Zimmer oder eine Einliegerwohnung vermieten. Bei einigen Privathaftpflichtversicherungen wie z. B. dem BdV-Gruppenvertrag sind diese beitragsfrei mitversichert. Bei anderen Anbietern müssen Sie dafür teilweise einen geringen Zuschlag zahlen.

Die Höhe der Beiträge hängt ab von der Zahl der Wohnungen, der Wohnfläche und der Jahresmiete. Bei unbebauten Grundstücken wird die Größe zugrunde gelegt. Einige Privathaftpflichtversicherungen schließen eine bestimmte Anzahl von unbebauten Grundstücken beitragsfrei ein.

Je 1000 Euro Jahresmiete müssen Sie bei einer Versicherungssumme von 3 Millionen Euro mit Beiträgen ab 3,18 Euro (BdV-Gruppenvertrag) rechnen. Weitere günstige Anbieter bei einer Mindestversicherungssumme von 3 Millionen Euro pauschal sind:

- Asstel, Cosmos, Gerling, Gothaer, Grundeigentümer, Haftpflichtkasse Darmstadt, Ostangler

→ Denken Sie daran, Änderungen der Miethöhe Ihrem Versicherer zu melden.

→ Sie sind als Hausbesitzer auch dann in der Pflicht, wenn Sie die Reinigung und Verkehrssicherung auf andere Personen wie Mieter oder Verwalter übertragen.

→ Schließen Sie eine Versicherungssumme von mindestens 3 Millionen Euro ab.

Öltank-/Gewässerschaden-Haftpflichtversicherung

Risiken als Tankbesitzer genau prüfen

Wenn Sie eine Ölheizung haben, sollten Sie sorgfältig prüfen, ob eine Öltank- oder Gewässerschaden-Haftpflichtversicherung notwendig ist.

Bereits wenn nur wenige Liter Öl aus Ihrem Tank auslaufen, können dadurch große Mengen Erdreich und Trinkwasser verseucht werden. Für die Schäden und die Maßnahmen zu ihrer Beseitigung stehen Sie in der Pflicht. Müssen Gebäude abgerissen, größere Erdmengen ausgehoben und saniert werden, kann sich das schnell zu hohen Forderungen summieren. Hinzu kommt, dass Sie als Besitzer des Tanks (zunächst) auch dann haften, wenn Sie keine Schuld trifft. Hat der Handwerker bei der Installation oder bei der Wartung gepfuscht, können Sie nur nachträglich versuchen, ihn zu belangen.

Neben den Kosten für die Umweltsanierung kommen die Versicherungsunternehmen auch für die Schäden am Haus des Versicherten auf.

Ein geringes Risiko besteht bei einem Tank in einem gut isolierten Kellerraum. Befindet er sich dagegen im Freien oder in der Erde, ist spezieller Versicherungsschutz vielfach angeraten. Unverzichtbar ist er, wenn Sie dazu noch in der Nähe eines Gewässers oder eines Trinkwasser-Einzugsgebietes wohnen.

Die Beiträge richten sich vor allem nach dem Fassungsvermögen des Tanks und seiner Lage. Für unterirdische Tanks müssen Sie deutlich mehr bezahlen. Aber auch bei gleicher Leistung unterscheiden sich die Beiträge erheblich. Für kleinere Tanks im Keller müssen Sie mit 35 Euro und mehr rechnen. Bei größeren oder unterirdischen Tanks verlangen günstige Anbieter zwischen 60 und 80 Euro bei einer Mindestversicherungssumme von 3 Millionen Euro pauschal.

Dazu gehören neben dem BdV-Gruppenvertrag:

- Asstel, DA-direkt, Europa, Ostangler

→ Warten Sie Ihren Tank regelmäßig.
→ Informieren Sie Ihr Versicherungsunternehmen, wenn Sie einen neuen Tank einbauen lassen.
→ Wählen Sie mindestens eine Deckungssumme von 3 Millionen Euro.
→ Wenn Sie einen Tank mit Flüssiggas besitzen, sollten Sie mit Ihrem Versicherungsunternehmen klären, ob die davon ausgehenden Gefahren in der Privathaftpflichtversicherung mitversichert werden können.

Sport- und Freizeit-Haftpflichtversicherungen

Wichtig für gefährliche Sportarten

Vor allem für gefährlichere Sportarten wie Wassersport, Fliegen, Klettern kann sich eine spezielle Haftpflichtversicherung lohnen, für Jäger ist sie sogar vorgeschrieben.

Spiel, Sport, Entspannung – wer mag in der Freizeit schon an Gefahren und Haftpflicht denken? Eine Garantie für Vergnügen pur ist die Freizeit aber beileibe nicht. Und wenn es zum Schadensfall kommt, können auch hier hohe finanzielle Belastungen auf Sie zukommen. So können Unfälle mit Booten oder Surfbrettern bleibende Gesundheitsschäden bei Dritten sowie Umweltbeeinträchtigungen zur Folge haben.

Die meisten Freizeitbeschäftigungen sind über die Privathaftpflichtversicherung versichert. Dies gilt auch, wenn Sie sich ein Surfbrett oder ein Segelboot ohne Motor geliehen haben.

Auch bei Freizeit-Haftpflichtversicherungen sind Deckungssummen von mindestens 3 Millionen Euro empfehlenswert. Bei der Bootshaftpflichtversicherung beginnen die Beiträge für kleine Segelboote (abhängig von der Segelfläche), bei Motorbooten (abhängig von der KW-Leistung) bei gut 30 Euro. Angebote für die Bootshaftpflichtversicherung sollten Sie bei folgenden Anbietern einholen:

- Barmenia Versicherungen, BGV Badische Versicherungen, Esa EuroShip Assekuradeurgesellschaft, Gothaer Allgemeine Versicherung, Schweizer-National Versicherungs-AG

→ Klären Sie, ob Ihre Freizeitbeschäftigung durch die Privathaftpflichtversicherung abgesichert ist. Erkundigen Sie sich andernfalls, ob Sie über Ihre Privathaftpflichtversicherung eine günstige Zusatzversicherung abschließen können.

→ Prüfen Sie, ob Sportvereine oder Verbände Gruppenverträge mit guten Konditionen anbieten.

3. Hausratversicherung

Sinnvoll zum Schutz von Hab und Gut

Sinnvoll ist eine Hausratversicherung für fast jeden. Je wertvoller Ihre Einrichtung, desto wichtiger ist es, mit einer Versicherung vorzubeugen. Mit der Hausratversicherung schützen Sie nicht nur Luxuseinrichtungen und teure Wertgegenstände. Auch wenn die Waschmaschine ausläuft, Einbrecher oder ein Brand die Wohnung verwüsten oder ein Sturm großen Schaden anrichtet, kann es rasch teuer werden. Ratsam ist eine Hausratversicherung daher auch, wenn Ihr laufendes Einkommen und Ihre Ersparnisse in diesen Fällen nicht für die notwendigen Neuanschaffungen ausreichen.

→ Aber: Bevor Sie eine Hausratversicherung abschließen, sollten Sie zuerst existenzbedrohende Risiken durch Haftpflicht-, Berufsunfähigkeits- und Risikolebensversicherungen abdecken.

Wann zahlt die Hausratversicherung?

Die Hausratversicherung zahlt, wenn Ihre Einrichtung, Kleidung oder andere bewegliche Sachen durch Brand, Blitzschlag, Explosion, Implosion, Leitungswasser, Sturm, Hagel, Raub, Einbruchdiebstahl oder Vandalismus nach einem

Einbruch beschädigt, zerstört oder entwendet wurde. Ersetzt wird der Neuwert, also der Preis für die Neuanschaffung. Das gilt auch, wenn Ihre sich im Gebrauch befindlichen Möbel schon älter waren. Ist eine Reparatur möglich, übernimmt die Versicherung die Reparaturkosten. Kann Ihre Wohnung wegen der Zerstörungen vorübergehend nicht genutzt werden, kommt die Versicherung befristet für ein Hotel oder eine anderweitige Unterbringung auf. In einer Reihe von Fällen sind Sie jedoch nicht oder nur durch Zusatz versichert. Dazu gehören

- Schäden durch Grundwasser, Regen, Überschwemmung, Hochwasser, Rückstau aus dem Kanalnetz, Erdbeben, Überspannungen im Stromnetz außerhalb Ihres Wohngebäudes (z.B. durch Blitzeinschlag in eine Überlandleitung), Sengschäden und Hitze (ohne Feuer),
- Einfacher Diebstahl (z.B. bei offener Tür) oder Diebstahl in öffentlichen Räumen (z.B. im Gasthaus) sowie bei Trickdiebstahl, Regenschäden usw. bei nicht geschlossenen Fenstern, Schäden durch Sturm unterhalb von Windstärke 8, Sturmflut, Lawinen.

Versichert ist der Hausrat. Dazu zählen Gegenstände in der Wohnung wie Möbel und Haushaltsgeräte, Kleidung, Bargeld und Sparbücher. Zusätzlich sind Musikinstrumente, Werkzeuge und Gartengeräte, Camping- und Sportausrüstungen abgedeckt. Unterschiedliche Regelungen gibt es bei Gartenmöbeln, häuslichen Arbeitszimmern oder Wasserschäden durch Aquarien und Wasserbetten. Bei Schmuck und anderen Wertsachen ist die Entschädigung meist nur begrenzt mitversichert, z.B. 20 Prozent der Versicherungssumme, und es finden unterschiedliche Höchstbeträge Anwendung. Auch für Sparbücher, Bargeld und Trickdiebstahl gelten Höchstgrenzen, die je nach Vertrag unterschiedlich hoch ausfallen.

Grundsätzlich nicht versichert sind Gegenstände, die mit dem Gebäude fest verbunden sind. Dies gilt z.B. für Zimmertüren und sanitäre Einrichtungen. Sie sind über die Gebäudeversicherung abgedeckt. Privat genutzte Antennenanlagen und Markisen, die zur versicherten Wohnung gehören, sind allerdings mitversichert. In einigen Hausratversicherungen sind Einbauküchen (sofern sie in die Versicherungssumme mit eingerechnet wurden) eingeschlossen. Das hat den Vorteil, dass Sie auch bei Vandalismusschäden Schadenersatz erhalten. Weiter sind einige Sportgeräte wie größere Boote und Luftfahrzeuge ebenfalls nicht durch die Hausratversicherung abgedeckt.

Teilweise ist Ihr Hausrat auch außerhalb der eigenen vier Wände versichert, zum Beispiel in gemeinsam genutzten Räumen im Haus, wie Waschküche und Trockenboden, sowie in der Garage, falls sie auf dem Grundstück oder in unmittelbarer Nähe der Wohnung liegt. Wenn Sie umziehen, sind Sie für eine Übergangszeit von zwei Monaten sowohl in der alten wie in der neuen Wohnung versichert. Trennen sich Ehepartner und zieht der Versicherungsnehmer aus der Ehewohnung aus, so sind sowohl die alte Wohnung wie auch die neue Wohnung zunächst noch versichert. Spätestens jedoch drei Monate nach der auf den Auszug nächsten fälligen

Prämienrechnung endet der Schutz in der alten Wohnung. Danach besteht nur noch in der neuen Wohnung des Versicherungsnehmers Versicherungsschutz. Auch wenn Ihnen im Urlaub die Koffer aus dem Ferienquartier gestohlen werden, können Sie die Hausratversicherung in Anspruch nehmen. Dies gilt aber nur bei einem Einbruchdiebstahl. Auch hier gibt es Begrenzungen, ersetzt wird hier ebenfalls nur ein bestimmter Prozentsatz der Versicherungssumme bzw. ein bestimmter Höchstbetrag. Sie werden in den Versicherungsbedingungen festgelegt. Außerdem dürfen Sie meist nicht länger als drei Monate von zu Hause abwesend sein.

Gute Versicherungsbedingungen decken heute zahlreiche Extras beitragsfrei mit ab. So sieht der Gruppenvertrag für Mitglieder des BdV unter anderem folgende Erweiterungen vor:

- Überspannungsschäden durch Blitzschlag bis zehn Prozent der Versicherungssumme,
- Wasseraustritt aus Aquarien und Wasserbetten,
- witterungsbedingte Rückstauschäden über die Hausentwässerung an Hausratgegenständen, wenn ein funktionsfähiges Rückstauventil vorhanden ist,
- Diebstahl von Gartenmöbeln und Wäsche auf der Leine bis 500 Euro,
- Sachen im häuslichen Arbeitszimmer (ohne Publikumsverkehr), die Beruf und Gewerbe dienen, bis 20 Prozent der Versicherungssumme,
- Leistung erfolgt auch bei Versicherungsfällen, die durch grobe Fahrlässigkeit herbeigeführt werden.

→ Gegen Zuschlag können Sie sich bei den meisten Versicherern gegen sogenannte Elementarschäden wie Überschwemmung, Erdbeben, Erdsenkung, Erdrutsch, Schneedruck und Lawinen versichern. Für einige besonders gefährdete Regionen ist diese Versicherung aber nicht erhältlich.

Entbehrliche Glasversicherung

In der Hausratversicherung ist der Glasbruch z. B. an Vitrinen oder Spiegeln durch die versicherten Gefahren wie Feuer oder Sturm automatisch mitversichert. Lediglich der Glasbruch, z. B. durch Unvorsichtigkeit, ist nicht mehr enthalten. Verzichten lautet dennoch fast ausnahmslos die Devise bei der Glasversicherung. Denn die finanzielle Belastung für einen neuen Glaseinsatz hält sich normalerweise in Grenzen. Allenfalls wenn Sie sehr große Fensterfronten, teure Spezialverglasung oder einen Wintergarten haben, sollten Sie über den Abschluss einer zusätzlichen Glasversicherung nachdenken. Angeboten wird sie in unterschiedlichen Formen – entweder pauschal für Wohnungen oder Häuser, nach der Wohnfläche, der Gesamtfläche der Fenster oder für Einzelscheiben. Holen Sie sich dann Angebote bei den günstigen Hausratversicherern ein, vgl. hierzu S. 43.

Fahrradversicherung nur für teure »Flitzer«

Der Fahrradklau geht um – fast eine halbe Million Fahrräder werden jährlich gestohlen. Ob sich eine Fahrradversicherung lohnt, müssen Sie dennoch genau prüfen. Im Grundschutz der Hausratversicherung ist normalerweise nur noch der Diebstahl bei Einbruch in allein genutzten Räumen wie Garagen oder Kellern enthalten – neben den anderen versicherten Gefahren Feuer, Leitungswasser, Sturm und Hagel. Zusatzpolicen zur Hausratversicherung decken den einfachen Fahrraddiebstahl ab, zum Beispiel aus dem Gemeinschaftskeller oder wenn Sie mit dem Rad unterwegs sind. Bisher war Ihr Fahrrad, wenn Sie es außerhalb eines geschlossenen Raumes abgestellt haben, nur in der Zeit von 6 bis 22 Uhr versichert. Einzige Ausnahme, das Fahrrad befand sich nach 22 Uhr noch in Ihrem Gebrauch. Jetzt bieten immer mehr Versicherungsgesellschaften einen 24-Stundenschutz für Neukunden an. Das Fahrrad müssen Sie allerdings weiterhin mit einem stabilen Schloss absichern. Steht Ihnen alternativ zum Draußenparken Ihres Fahrrades ein Abstellraum zur Verfügung, so muss dieser auch von Ihnen genutzt werden. Als Bestandskunde, sollten Sie Ihren Hausratversicherer ansprechen, ob eine Umstellung auf die neue Regelung für Ihr Fahrrad möglich ist. Die Entschädigung ist prozentual meist auf ein oder zwei Prozent der Versicherungssumme begrenzt, höhere Absicherungen können individuell vereinbart werden.

Wer sein Rad auch nachts draußen stehen lässt, ein sehr teures Fahrrad besitzt oder keine Hausratversicherung hat, kann eine Spezialversicherung abschließen. Der Haken an der Sache: Der Schutz ist teuer, mindestens 50 Euro jährlich müssen Sie bei einem Versicherungswert von 500 Euro einkalkulieren. Außerdem wird häufig nicht der Neuwert erstattet.

- → Ein Zusatz zur Hausratversicherung kann bei niedrigen Zuschlägen für Fahrräder sinnvoll sein.
- → Beugen Sie Diebstahl vor und schließen Sie Ihr Rad mit einem Bügelschloss oder Panzerkabel ab.
- → Lassen Sie Ihr Rad beim Händler oder bei der Polizei kodieren.

Bedarf nicht unterschätzen!

Entscheidend ist, dass die Versicherungssumme dem Neuwert Ihres Hausrats entspricht. Anderenfalls kann es Ihnen passieren, dass Sie im Schadensfall weniger ersetzt bekommen und einen Teil der Neuanschaffungen doch aus der eigenen Tasche bezahlen müssen. Umgekehrt hat es wenig Sinn, den Wert zu hoch anzusetzen und als Folge zu hohe Beiträge zu zahlen.

Achtung Unterversicherung

Wenn der Wert Ihres Hausrats 100 000 Euro beträgt, Sie aber nur 75 000 Euro versichern, liegt eine Unterversicherung vor. Die Versicherung ersetzt Schäden in diesem Fall nur anteilig. Wurde beispielsweise eine Stereoanlage im Wert von 1000 Euro gestohlen, erhalten Sie nur 75 Prozent des Werts, also 750 Euro. Dabei spielt es keine Rolle, ob Sie die Versicherungssumme zu niedrig angesetzt haben, weil Sie den Wert des Hausrats unterschätzt haben oder weil Sie Beiträge sparen wollten. Bei der Beurteilung, ob eine Unterversicherung vorliegt, legen Versicherungsunternehmen gern einen Pauschalwert pro Quadratmeter zugrunde. Wird er unterschritten, wird eine Unterversicherung vermutet. Wie

Sie diese umgehen, lesen Sie im folgenden Kapitel »Im Detail oder pauschal?«

Im Detail oder pauschal?

Zwei Wege führen – mehr oder weniger genau – zum Ziel:

- Sie können Ihren Hausrat detailliert auflisten und bewerten.
- Sie können eine Pauschale ansetzen; die meisten Versicherungsunternehmen legen 650 Euro pro Quadratmeter zugrunde.

Die genaue Auflistung ist zwar mühsam, denn Sie müssen Stück für Stück erfassen und den aktuellen Kaufpreis ermitteln. Dafür haben Sie die größtmögliche Gewähr, dass der ermittelte Wert den tatsächlichen Gegebenheiten entspricht. Zudem haben Sie dann bereits eine Liste mit den versicherten Gegenständen, falls es zum Schadensfall kommen sollte. Diese sollten Sie nach Möglichkeit nicht zu Hause aufbewahren. Hilfestellung bei der Wertermittlung bietet Ihnen die Tabelle auf Seite 44–45.

Die Pauschale hat zwar auf den ersten Blick den Charme der Einfachheit und den Vorteil, dass die meisten Versicherungsunternehmen bei kleineren Schäden davon ausgehen, dass keine Unterversicherung vorliegt (sogenannter »Unterversicherungsverzicht«). Der BdV rät dennoch von dieser Pauschalmethode ab. Denn wer seine kleine Wohnung hochwertig ausgestattet hat, ist bei einem Totalschaden völlig unterversichert. Umgekehrt zahlen vor allem junge Leute, die ihre Wohnung mit günstigeren Möbeln eingerichtet haben, mit der Pauschalberechnung viel zu hohe Beiträge.

- Verlassen Sie sich bei der Wertermittlung keinesfalls auf Ihr Gefühl. Denn dann werden Sie den Wert Ihres Hausrats mit hoher Wahrscheinlichkeit unterschätzen. Setzen Sie den Wert Ihres Hausrats nicht zu niedrig an, um Beiträge zu sparen. In beiden Fällen sind Sie unterversichert und erhalten im Schadensfall nur einen Teil des Neuwerts ersetzt.
- Machen Sie nach Möglichkeit eine genaue Aufstellung Ihrer Einrichtungsgegenstände. Eine nützliche Hilfe zur Ermittlung des Neuwerts sind Versandhauskataloge. Für eine höherwertige Ausstattung sollten Sie Wertzuschläge einkalkulieren.
- Empfehlenswert ist es, Fotos vom kompletten Hausrat, insbesondere Einzelaufnahmen von den höherwertigen Gegenständen, als Nachweis anzufertigen und diese außerhalb des Hauses – bei Freunden oder Verwandten – aufzubewahren.
- Um eine Unterversicherung zu vermeiden, sollten Sie den Wert Ihres Hausrats in regelmäßigen Abständen überprüfen und die Versicherungssumme an den geänderten Wert anpassen. Dazu reicht es aus, wenn Sie das Versicherungsunternehmen formlos schriftlich (auch per Fax oder E-Mail) bitten, die Versicherungssumme zu erhöhen.
- Berücksichtigen Sie besonders bei Schmuck und anderen Wertsachen die Entschädigungsgrenzen Ihres Hausratversicherungsvertrages und setzen Sie bei der Berechnung der Versicherungssumme nur die entsprechenden Höchstbeträge ein.

→ Prüfen Sie, ob eine Spezialversicherung für hochwertige Wertgegenstände, z. B. für Gemälde oder Antiquitäten, Sinn hat.

→ Wenn Sie in der Wohnung ein Arbeitszimmer oder Büro eingerichtet haben, können hierfür höhere Versicherungsbeiträge anfallen. Klären Sie daher, ob das Arbeitszimmer oder Büro einschließlich der Ausstattung in der Hausratversicherung inbegriffen ist.

Verwirrende Bedingungs- und Beitragsvielfalt

Die Unterschiede zwischen den einzelnen Angeboten sowohl bei den Leistungen, als auch den Beiträgen, erschweren die Suche nach dem richtigen Anbieter. Abhängig sind die Beitragssätze insbesondere vom Wohnort. In Städten, in denen häufiger eingebrochen wird, sind die Sätze höher als in Kleinstädten oder auf dem Land. Die Tarifzonen sind aber bei den Versicherungsunternehmen nicht einheitlich.

Letztlich sollten Sie in jedem Fall bei einzelnen Gesellschaften Angebote einholen. Dabei sollten Sie
- die Wohnungsanschrift,
- die Wohnfläche der Wohnung oder des Hauses,
- die gewünschte Versicherungssumme und
- Besonderheiten (z. B. kein massives Gebäude, Gewerbebetriebe in der Nachbarschaft)

angeben und um Zusendung eines Antragsformulars, der Bedingungen und der Verbraucherinformation bitten. Machen Sie deutlich, dass Sie keinen Vertreterbesuch wünschen.

Als Mitglied des Bundes der Versicherten bezahlen Sie für

eine Hausratversicherung mit 250 Euro Selbstbeteiligung zwischen 0,75 Euro in Zone I und 1,76 Euro in Zone IV für je 1000 Euro Hausrat-Neuwert. Ohne Selbstbeteiligung liegen die Prämien zwischen 0,92 Euro und 2,10 Euro. Für die Elementarschadenversicherung fallen zusätzlich 0,10 bzw. 0,15 Euro an.

Auf Wunsch kann gegen Mehrbeitrag eine Erweiterung des Versicherungsschutzes gegen Fahrraddiebstahl vorgenommen werden. Möglich ist dabei die Wahl einer Entschädigungsgrenze in Höhe von ein Prozent oder zwei Prozent der Hausrat-Versicherungssumme.

Angebote für die Hausratversicherung (evtl. mit Einschluss einer Elementarschadenversicherung) sollten Sie bei folgenden Anbietern einholen:

- Ammerländer (Tarif Economic), DEVK (Tarif Komfort), Docura (Tarif Basis), Janitos (Tarif Basic) und LBN (Tarif Basisdeckung).

→ Die Stiftung Warentest veröffentlicht regelmäßig Vergleiche der Beiträge und Leistungen unterschiedlicher Hausratversicherungen.

→ Achten Sie beim Vergleich auch auf die Leistungsunterschiede und prüfen Sie, welche Leistungen Sie wirklich benötigen.

→ Holen Sie auf jeden Fall mehrere Angebote ein. Denn die Beiträge variieren stark und sind abhängig von Ihren persönlichen Umständen.

→ Erkundigen Sie sich nach Spezialtarifen für bestimmte Berufsgruppen wie Angehörige des öffentlichen Dienstes.

Wertermittlungstabelle

	Wohnen	Essen
Möbel, Schränke, Stühle, Tische, Polstermöbel, Matratzen		
Schrankinhalt (Bücher, Geschirr, Gläser, Wäsche, Kleidung, Schuhe, Taschen, Koffer, CDs etc.)		
nicht verklebter Teppichboden, Gardinen, Vorhänge, Läufer		
echte Teppiche, Kunstgegenstände, Pelze*		
Gold-, Silber- und Schmucksachen*		
Münzen, Briefmarken, Bargeld*		
Lampen, Spiegel, Bilder, Uhren		
Fernsehen, Phono, Video, Musikinstrumente		
Film-/Fotoausrüstung, Filme, Fotos		
Elektrische Geräte (Kühlschrank, Herd, Geschirrspüler, Waschmaschine, Nähmaschine, Tiefkühltruhe, Staubsauger usw.)		
Spielzeug, Sportgeräte, Camping, Fahrräder, Kinderwagen		
Werkzeug, Gartengeräte, -möbel		
Vorräte (z. B. Weine), Sonstiges		
Summe		

* Bitte berücksichtigen Sie bei der Wertermittlung die maximalen Entschädigungsgrenzen aus Ihrem Vertrag
Eine ausführliche Wertermittlungstabelle finden Sie auf der Website:
www.bundderversicherten.de im Merkblatt Hausratversicherung.

Schlafen	Kinder	Küche	Diele/Flur	Boden/ Keller	Gäste/ Arbeiten	Garten

Wer den Schaden hat …

Rasches Handeln ist angesagt, wenn ein Schadensfall eingetreten ist:

- Einen Einbruchdiebstahl, Vandalismus, Raub oder Brand müssen Sie unverzüglich bei der Polizei anzeigen. Andernfalls kann die Versicherung die Zahlung verweigern.
- Melden Sie den Schaden danach umgehend und detailliert Ihrer Versicherung (was ist wann, wie und wo mit welcher voraussichtlichen Schadenhöhe passiert), am besten schriftlich.
- Sie müssen alles tun, um weiteren Schaden zu vermeiden. Sprechen Sie dies gegebenenfalls mit Ihrem Versicherungsunternehmen ab. Rohrbrüche können Sie auf jeden Fall sofort reparieren lassen. Machen Sie aber vorher Fotos vom Schaden.
- Lassen Sie Bank- und Kreditkarten, Sparbücher, Handys u.Ä. sofort sperren.
- Lassen Sie die Schadensstelle möglichst unverändert, bis sie vom Versicherungsunternehmen freigegeben ist.
- Erstellen Sie für Polizei und Versicherung ein detailliertes Verzeichnis der beschädigten oder gestohlenen Gegenstände mitsamt Rechnungen oder anderen Belegen wie Garantiekarten. Als Nachweis können Fotos, Videos oder Zeugen hilfreich sein. Falls Belege fehlen, können Sie bei wertvollen Gegenständen nachträglich versuchen, vom Händler eine Kaufbestätigung einzuholen.

→ Sie müssen den Schaden nachweisen. Bewahren Sie daher Quittungen und andere Kaufbelege immer auf.

- → Um Streitigkeiten zu vermeiden, ist es ratsam, die Schäden bzw. den Schadensort zu fotografieren und die Reste der zerstörten oder beschädigten Sachen bis zur Schadensregulierung aufzubewahren.
- → Wenn Sie Schäden in Eigenleistung beheben wollen, sollten Sie vorab die Höhe der Abrechnung mit Ihrem Versicherungsunternehmen klären.
- → Manchmal kommt eine Entschädigung entweder durch die Privathaftpflichtversicherung eines Dritten oder die eigene Hausratversicherung in Betracht. Die Inanspruchnahme der eigenen Hausratversicherung ist in der Regel vorteilhafter, da sie den Neuwert ersetzt, die Haftpflichtversicherung dagegen nur den niedrigeren Zeitwert.
- → Beugen Sie vor: Schließen Sie Ihre Türen und Fenster, wenn Sie das Haus verlassen. Deponieren Sie Wohnungsschlüssel nicht an leicht zugänglichen Plätzen, wie im Briefkasten oder unter Fußmatten.
- → Sorgen Sie bei offenem Feuer (z.B. Kamin, Kerzen, Weihnachtsbaum) für ausreichende Aufsicht. Lassen Sie Elektrogeräte möglichst nur laufen, wenn Sie zu Hause sind, und schließen Sie den Wasserzulauf nach Benutzung der Waschmaschine u.Ä.
- → Melden Sie außerdem zusätzliche Gefährdungen rasch Ihrer Versicherung. Zu diesen »Gefahrerhöhungen« gehören Veränderungen, die den Versicherungsschutz negativ beeinflussen können, z.B. ein Baugerüst. Auch eine Abwesenheit von mehr als 60 Tagen von Ihrer Wohnung gilt als Gefahrerhöhung, weil dann leichter eingebrochen werden kann oder Schäden erst entsprechend später bemerkt wer-

den und so der Gesamtschaden höher ausfällt. Einzelheiten dazu finden Sie in Ihren Versicherungsbedingungen unter den Stichwörtern »Gefahrumstände bei Vertragsschluss und Gefahrerhöhung« sowie »Sicherheitsvorschriften«.

→ Informieren Sie Ihr Versicherungsunternehmen auch bei einem Umzug oder wenn Sie Hausrat einlagern.

4. Wohngebäudeversicherung

Unerlässlich für Immobilieneigentümer

Für Hausbesitzer ist die Wohngebäudeversicherung unverzichtbar. Denn angesichts des hohen Werts von Immobilien kann es schwierig werden, einen größeren Schaden aus eigener Tasche zu bezahlen, und ein Totalverlust kann schlimmstenfalls existenzbedrohend sein.

Ersatz selbst bei völliger Zerstörung

Bei einem Schaden ersetzt die Wohngebäudeversicherung die Reparaturkosten, Abbruch- und Aufräumarbeiten. Bei einem Totalschaden wird der komplette Neubau finanziert. Da der Neuwert (Wiederaufbauwert) erstattet wird, ist die Wohngebäudeversicherung auch bei älteren Immobilien ein »Muss«. Und wer sein Haus über Kredit finanziert, muss schon deshalb für Versicherungsschutz sorgen, weil der Baufinanzierer dies in der Regel verlangt.

Versichert werden kann das Gebäude mitsamt Nebengebäuden auf dem gleichen Grundstück und eingebauten Bestandteilen wie Heizung oder fest verklebten Teppichböden. Je nach Vertragsgestaltung können für bestimmte Gegenstände, wie Einbauküchen, unterschiedliche Regelungen gelten (vgl. auch Kapitel Hausratversicherung). Nicht einbezogen sind generell das Grundstück und die Erschließungskosten.

Ist Ihre selbstbewohnte Immobilie unbewohnbar, wird Ihnen die ortsübliche Miete (meist für bis zu zwölf Monate) erstattet. Bei Vermietung erhalten Sie den Mietausfall erstattet.

→ Nebengebäude und Garagen müssen in der Police aufgeführt und bei der Berechnung der Versicherungssumme berücksichtigt werden.

Schutz vor Feuer, Leitungswasser, Sturm und Hagel

Meist wird eine kombinierte Versicherung gegen Feuer-, Leitungswasser-, Sturm- und Hagelschäden abgeschlossen; diese deckt auch Schäden durch Blitzschlag, Explosion, Implosion, Frost und Rohrbruch ab. Zwar können Sie sich auch nur gegen einzelne dieser Gefahren versichern, angesichts des hohen finanziellen Risikos ist dies aber nicht empfehlenswert.

Im Basisschutz normalerweise nicht versichert sind Schäden durch

- Sturm unterhalb von Windstärke 8 und Sturmflut,
- überhöhte Spannung im Stromnetz, insbesondere nach Blitz (Überspannung),
- Hitze- und Sengschäden ohne Feuererscheinung,
- Auslaufen von Aquarien und Wasserbetten,
- Grundwasser, Überschwemmung, Witterungsniederschläge,
- Frost wegen unzureichender Heizung,

- Erdbeben,
- Kriegsereignisse,
- grobe Fahrlässigkeit.

Elementarschäden und andere zusätzliche Risiken versichern

Einige dieser Risiken wie Überspannung können Sie entweder einzeln durch Zusatzprämien versichern oder durch umfangreichere Deckungskonzepte (unter Namen wie »Komfortschutz« u.Ä.), die allerdings deutlich teurer sind als der Basisschutz. Bei manchen Versicherungsunternehmen deckt aber bereits der Basisschutz zusätzliche Risiken ab. Erweiterten Schutz bietet auch die Gruppenversicherung für Mitglieder des Bundes der Versicherten, zum Beispiel für Überspannungsschäden, Ableitungs-, Wasserzuleitungs- und Heizungsrohre auf dem versicherten Grundstück sowie Fußbodenheizungen, Beschädigung durch Graffiti, Auslaufen von Aquarien und Wasserbetten, Wärmepumpen und Solaranlagen sowie grob fahrlässig verursachte Schäden.

Eine Photovoltaikanlage kann meist über die Wohngebäudeversicherung gegen die Gefahren Feuer, Leitungswasser, Sturm und Hagel abgesichert werden. Wenn man eine solche Anlage über die Wohngebäudeversicherung absichern will, sollte man unbedingt mit dem Versicherungsunternehmen schriftlich klären, ob und gegen welche Schäden die Anlage bis zu welcher Höhe mitversichert werden kann. Sollte dies nicht möglich sein, kann die Absicherung auch über eine gesonderte Versicherung zur Deckung der Sachschäden abgeschlossen werden. Dabei handelt es sich in der Regel um eine

»Allgefahren-Deckung«. Versicherungsschutz besteht dann z.B. für Schäden durch Sturm, Hagel, Feuer, Blitzschlag, Explosion, Frost, Schneedruck, Diebstahl, Vandalismus, Bedienungsfehler, Fahrlässigkeit, Konstruktions- und Ausführungsfehler. Ergänzend kann eine Ertragsausfall- oder Betriebsunterbrechungsversicherung abgeschlossen werden. Übrigens: Wer regelmäßig Solarstrom ins Netz einspeist, sollte sich mit seiner Privathaftpflichtversicherung in Verbindung setzen und klären, ob Schäden bei Dritten durch die Einspeisung vom Versicherungsschutz umfasst sind.

In Gebieten, in denen eine erhöhte Gefährdung durch Naturkatastrophen, wie Überschwemmung, Erdbeben und Lawinen besteht, kann sich eine Elementarschadenversicherung lohnen. Die Sache hat aber ihre Haken: So können Sie diese Schäden nur im Paket versichern. Der Küstenbewohner, der nur Schutz bei Überschwemmung will, muss sich also auch gegen Lawinen mit absichern. Problematischer ist, dass Hauseigentümer in gefährdeten Regionen meist keinen Versicherungsschutz für Elementarschäden bekommen, weil den Versicherungsunternehmen das Risiko zu hoch ist.

Versicherungssumme »gleitender Neuwert«

Versichern sollten Sie den Neuwert des Gebäudes, genauer gesagt den »gleitenden Neuwert«. Er berücksichtigt gestiegene Baukosten und wird jährlich angepasst. Damit wird sichergestellt, dass die Versicherungssumme immer ausreicht, um z.B. nach einem Totalschaden ein gleichwertiges Gebäude neu zu erstellen.

Die Berechnung der Versicherungssumme ist etwas verwirrend. Grundlage ist meist der »Versicherungswert 1914«. Das ist der Preis (in der Währung Mark), den der Bau Ihres Hauses theoretisch 1914 gekostet hätte. Dieser Grundwert wird mit dem »gleitenden Neuwertfaktor« multipliziert, um die Preissteigerungen für Baukosten seit 1914 zu berücksichtigen. Die heutigen Preise betragen ca. das 12-fache von 1914.

Dieser Versicherungswert von 1914 kann auf verschiedene Weise ermittelt werden:

- Häufig geschieht dies anhand eines Wertermittlungsbogens. Berücksichtigt werden dabei der Gebäudetyp, die Bauausführung und Ausstattung sowie die Wohnfläche. Eine Wertermittlungstabelle können Sie auf der Internetseite des BdV herunterladen.
- Hat bereits ein Versicherungsvertrag bestanden, können Sie diese Versicherungssumme übernehmen. Sicherer ist allerdings eine Überprüfung dieses Werts. Damit schließen Sie aus, dass Veränderungen am Gebäude nicht ausreichend berücksichtigt wurden.
- Zugrunde gelegt werden kann auch der Neubauwert eines bestimmten Jahres. Das Versicherungsunternehmen errechnet dann den entsprechenden Versicherungswert 1914.
- Sie können ein Wertgutachten eines Bausachverständigen anfertigen lassen. Diese Kosten tragen Sie jedoch selbst.

Alternativ berechnen einige Versicherungsunternehmen die Versicherungssumme nach dem Wohnflächentarif. Hier genügt die Angabe des Wohnorts, des Baujahrs, der Wohnfläche und der Geschosszahl.

- Damit Sie – wie bei der Hausratversicherung – nicht unterversichert sind, sollten Sie bei der Ermittlung der Versicherungssumme sehr sorgfältig vorgehen. Vereinbaren Sie mit Ihrem Versicherer den Unterversicherungsverzicht. Der Unterversicherungsverzicht garantiert Ihnen bei einem Totalschaden, dass Sie sich ein gleichwertiges Wohngebäude wieder aufbauen können. Anderenfalls wären Sie bei einem zu niedrig angesetzten Wert unterversichert und Sie würden im Schadensfall nur einen Teil der Kosten erstattet bekommen.
- Stellen Sie sicher, dass der Grundstückswert herausgerechnet wurde.
- Sie können auch selbst prüfen, ob der Wert plausibel ist. Dazu multiplizieren Sie den Versicherungswert 1914 aus Ihrer Police mit dem aktuellen Baupreisindex (11,9 für 2009). Diesen Betrag würden Sie höchstens bei einem Totalschaden erhalten.
- Ist dieser Wert zu niedrig, sollten Sie bei der Versicherungsgesellschaft eine Anhebung verlangen. Umgekehrt sollten Sie auch bei einer Überbewertung auf Anpassung drängen, weil Sie anderenfalls zu hohe Beiträge leisten.
- Melden Sie bauliche Veränderungen, die den Wert Ihres Hauses erhöhen, damit Sie nicht unterversichert sind.

Beitragsvergleich

Je höher die Versicherungssumme, desto höher die Prämie. Dazu wird die Versicherungssumme 1914 durch 1000 geteilt und mit einem sogenannten gleitenden Neuwertfaktor multipliziert, der sich jährlich ändert (15 für 2009). Dieses

Ergebnis wird mit dem Beitragssatz des jeweiligen Versicherungsunternehmens multipliziert. Prämiendifferenzen gibt es außerdem, weil Versicherungsunternehmen je nach Risiken wie Härte des Leitungswassers oder der Sturmhäufigkeit in mehrere Zonen unterteilen.

Auch bei der Gebäudeversicherung schwanken die Beiträge erheblich. Ein Vergleich lohnt daher allemal.

Holen Sie auf jeden Fall einige Angebote ein. Dabei sollten Sie folgende Versicherungsgesellschaften berücksichtigen:

- Ammerländer (Tarif Exclusiv), Bruderhilfe (Tarif Classic Qm), Dolleruper (Tarif Plus), Grundeigentümer (Tarif Gebäude 60 Plus) und InterRisk (XXL SBO).

Bitten Sie um Zusendung eines Antragsformulars, der Bedingungen und der Verbraucherinformation. Geben Sie Ihren Wohnort und den Versicherungswert 1914 sowie gegebenenfalls Besonderheiten (z. B. kein massives Gebäude oder keine feste Bedachung) an.

Für BdV-Mitglieder lohnt sich ein Vergleich mit der BdV-Gruppenversicherung. Für bis zu zehn Jahre alte Häuser beträgt der Beitrag für die Gefahren Feuer, Leitungswasser, Sturm und Hagel 0,42 Euro (Zone I) bzw. 0,48 Euro (Zone II) für je 1000 Mark (Versicherungswert 1914), wenn Sie eine Selbstbeteiligung von 250 Euro bei Sturm und Hagel vereinbaren. Ohne Selbstbeteiligung erhöhen sich die Sätze auf 0,53 Euro bzw. 0,59 Euro. Für die Elementarschadenversicherung fallen 0,10 Euro bzw. 0,15 Euro an, jeweils bei einer Selbstbeteiligung von zehn Prozent (min. 500 Euro, max. 1500 Euro).

- Bei einem Neubautarif können Sie für Häuser in den ersten Jahren nach Fertigstellung bei einigen Versicherungsunternehmen einen Rabatt erhalten. Verlieren Sie dabei aber nicht den Normaltarif aus den Augen.
- Melden Sie Gefahrerhöhungen wie neue gefährliche Einrichtungen in der Nachbarschaft (z.B. Tankstellen, Gaststätten) oder eine längere Abwesenheit. Anderenfalls kann Ihr Versicherungsschutz gefährdet sein.

Versicherungsfall

Im Schadensfall gelten ähnliche Regeln wie bei der Hausratversicherung:

→ Melden Sie den Schadensfall unverzüglich und detailliert an das Versicherungsunternehmen und reichen Sie die erforderlichen Belege ein, um den Schaden nachzuweisen.
→ Rohrbrüche sowie Öffnungen in Dach und Wand können sofort repariert werden, zur Sicherheit sollten Sie die Schadensstelle fotografieren und ausgebaute Teile bis zur abschließenden Schadenregulierung aufbewahren.

Hausverkauf

Besondere Regelungen müssen Sie beim Hausverkauf beachten (vgl. hierzu Kapitel 18, Abschnitt »Außerordentliche Kündigung«, S. 351).

5. Versicherung von Bauvorhaben

Wichtiger Schutz für Bauherren

Bauherren sollten bei Neu-, An- oder Umbaumaßnahmen für die Bauphase vier Versicherungen abschließen:

- die Bauherren-Haftpflichtversicherung,
- die Feuerrohbauversicherung,
- die Bauwesen-/Bauleistungsversicherung und
- Bauhelfer-Unfallversicherung

Bauherren-Haftpflichtversicherung

Als Bauherr sind Sie für die Sicherheit auf der Baustelle verantwortlich und haften vom ersten Spatenstich an zunächst grundsätzlich für alle Schäden, die von der Baustelle ausgehen. Wenn eine Person auf der schlecht beleuchteten Baustelle stürzt oder ein Auto durch herabfallende Teile beschädigt wird, kann sich der Schaden schnell summieren. Zwar steht die Baufirma in der Pflicht, wenn sie schuld ist, aber nicht immer ist die Lage eindeutig. Dann prüft die Haftpflichtversicherung, wer zahlen muss, und wehrt gegebenenfalls unberechtigte Ansprüche ab.

Die Bauherren-Haftpflichtversicherung gilt vom Baubeginn bis zur Abnahme, maximal für zwei Jahre. Die Deckungssumme sollte mindestens 3 Millionen Euro pauschal für Personen- und Sachschäden betragen. Bei einer Bausumme von 250000 Euro müssen Sie einmalig etwas über 100 Euro Beitrag veranschlagen, für Fertighäuser teilweise weniger. Teurer wird es bei Eigenleistungen, weil Laien am Bau das Risiko erhöhen.

→ Die Haftpflicht aus dem Besitz eines Grundstückes ist bei der Bauherren-Haftpflichtversicherung mitversichert. Eine zusätzliche Haus- und Grundbesitzer-Haftpflichtversicherung ist hier nicht notwendig.

→ Auch der Bauträger kann Bauherr sein und wäre dann für den Abschluss der Bauherren-Haftpflichtversicherung zuständig.

→ Eigenleistungen müssen dem Versicherungsunternehmen gemeldet werden.

Angebote sollten Sie bei folgenden Versicherern einholen:

- Basler, Gothaer, Haftpflichtkasse Darmstadt, VHV und Zurich.

→ Achten Sie darauf, dass die Deckungssumme mindestens 3 Millionen Euro beträgt.

Bauwesen-/Bauleistungsversicherung

Auch am Bau selbst kann einiges schiefgehen. Egal, ob ein außergewöhnlicher Sturm Teile des Rohbaus zerstört, Rowdys Scheiben einschlagen oder ein Helfer aus Unachtsamkeit etwas beschädigt – eine Bauleistungsversicherung deckt diese Schäden am eigenen Bau ab. Diebstahl ist entweder eingeschlossen oder kann mitversichert werden. Ganz so günstig wie bei der Bauherren-Haftpflichtversicherung kommen Sie allerdings nicht weg. Für eine Bausumme von 250 000 Euro müssen Sie einmalig 300 Euro und mehr einkalkulieren. Hier sollten Sie sich bei folgenden Versicherern Angebote einholen:

- Basler, Grundeigentümer, InterRisk und Zurich

Feuerrohbauversicherung

Separat abgedeckt werden müssen Schäden durch Brand, Blitzschlag und Explosion mithilfe einer Feuerrohbauversicherung. Vorzugsweise sollten Sie bereits bei Baubeginn eine Wohngebäudeversicherung abschließen. In ihr ist die Feuerrohbauversicherung für einen begrenzten Zeitraum (oft ein Jahr) ohne Beitrag mitversichert. Sobald Ihr Haus bezugsfertig ist, gilt der umfassendere Schutz der Wohngebäudeversicherung. Und erst dann beginnt die Beitragszahlung.

→ Überprüfen Sie Ihre Versicherungssumme nach Beendigung der Feuerrohbauversicherung.

Günstige Anbieter finden Sie im Kapitel »Wohngebäudeversicherung«, S. 49.

Bauhelfer-Unfallversicherung

Wenn Sie selbst privat organisierte Helfer auf dem Bau beschäftigen oder Freunde unentgeltlich auf der Baustelle mithelfen, sind diese über die Bau-Berufsgenossenschaft unfallversichert. Sie müssen diese Personen innerhalb einer Woche melden und Versicherungsbeiträge zahlen. Für den Bauherrn und dessen Ehepartner gilt diese Regelung nicht. Auch ohne eine Bauphase ist eine Absicherung über eine private Berufsunfähigkeits- bzw. Unfallversicherung unverzichtbar.

- → Schließen Sie die Versicherungen rechtzeitig, d.h. vor Beginn der Bauarbeiten ab. Anstelle einer separaten Feuerrohbauversicherung empfiehlt sich der Abschluss einer Wohngebäudeversicherung schon bei Baubeginn.
- → Kleinere Bauvorhaben sind meist durch die Privathaftpflichtversicherung abgedeckt. Prüfen Sie Ihre Versicherungsbedingungen.
- → Melden Sie den Bezugstermin rechtzeitig Ihrem Versicherungsunternehmen.

6. Kfz-Versicherungen

Unterschiedlicher Schutz, mal mehr, mal weniger sinnvoll, wird rund ums Auto angeboten. Dazu gehören z. B. die

- Kfz-Haftpflichtversicherung,
- Vollkaskoversicherung,
- Teilkaskoversicherung,
- Insassen- und Fahrer-Unfallversicherung,
- Mallorca-Police,
- Schutzbriefe,
- Rabattschutz.

Kfz-Haftpflichtversicherung

Pflichtversicherung fürs Auto

Die Kfz-Haftpflichtversicherung ist für jeden Kraftfahrzeughalter gesetzlich vorgeschrieben. Ihr Auto, Motorrad, Moped oder Anhänger wird nur zugelassen, wenn Sie eine Versicherungsbestätigung bzw. Versicherungskarte (früher Doppelkarte) als Nachweis für die Kfz-Haftpflichtversicherung bei der Zulassungsstelle vorlegen. Wer ohne Haftpflichtversicherung fährt, macht sich strafbar. Zukünftig gibt es die elektronische Form (e-VB). Dann können Sie per Internet oder Telefon einen Code anfordern, den Sie an die Behörde weitergeben.

Unfallschutz für geschädigte Dritte

Wenn mit dem versicherten Fahrzeug ein Unfall verursacht wird, kommt die Kfz-Haftpflichtversicherung für Personen- und Sachschäden sowie Vermögensschäden der Geschädigten auf (Details finden Sie im Abschnitt »Versicherungsleistungen im Schadensfall«, S. 73). Sie schützt auch die Insassen im eigenen Auto. Der Fahrer selbst und Schäden am eigenen Fahrzeug dagegen sind nicht abgedeckt. Die Kfz-Haftpflichtversicherung ist auch eine Art Rechtsschutzversicherung, da sie unberechtigte oder überhöhte Ansprüche Dritter abwehrt.

Auch ohne Verschulden kann es eine Mithaftung über die sogenannte Betriebsgefahr geben. Mit dem Betrieb eines Kfz ist aufgrund der Eigenheiten des motorisierten Straßenverkehrs ein erhöhtes Risiko eines Schadenseintritts verbunden. Diese Haftung aufgrund der Betriebsgefahr ist nicht vom Verschulden abhängig. Gegenüber schwächeren Verkehrsteilnehmern (Fußgänger, Radfahrer) ist seit einer Gesetzesänderung nur noch bei Fällen höherer Gewalt (z.B. Blitzschlag, Überschwemmung, Orkan) die Haftung ausgeschlossen. Der Haftungsausschluss für Fälle des sogenannten »unabwendbaren Ereignisses« (z.B. plötzliches technisches Versagen) wurde zum 1. August 2002 gegenüber diesen schwächeren Verkehrsteilnehmern abgeschafft. Diese können in solchen Fällen vom Fahrzeughalter jetzt Geld verlangen, auch wenn der Fahrer am Unfall keine Schuld trägt und er sich wie ein idealer Kraftfahrer verhalten hat. Bei Unfällen zwischen zwei Autos bleibt es aber bei dem Begriff des unabwendbaren Ereignisses. Es haftet daher niemand für den Schaden, wenn die Windschutzscheibe von einem Steinchen getroffen wird, das von dem vorausfahrenden Pkw hochgeschleudert wurde.

Bei

- Fahrerflucht,
- fehlender Betriebserlaubnis,
- unzureichender Fahrsicherheit,
- Alkohol- oder Drogeneinfluss und
- Fahren ohne gültigen Führerschein

zahlt sie nur mit Einschränkungen. Um die Unfallopfer zu schützen, zahlt die Kfz-Haftpflichtversicherung zwar grundsätzlich auch bei Verfehlungen des Unfallverursachers. Sie kann aber beim Schadensverursacher Regress nehmen und sich bei ihm den ersetzten Schaden zurückholen. Dieser Regress ist aber auf maximal 5000 Euro je Verstoß begrenzt. Kein Versicherungsschutz besteht bei Vorsatz oder Rennveranstaltungen.

Der wichtigste Unterschied liegt bei den Deckungssummen (siehe nächster Abschnitt). Wenn Sie ins Ausland fahren oder im Urlaub einen Mietwagen nutzen möchten, kann der räumliche Geltungsbereich von Bedeutung sein.

Hohe Deckungssummen vereinbaren

Die Mindestdeckungssummen von 7,5 Millionen Euro für Personenschäden, 1 Mio. Euro für Sachschäden und 50 000 Euro für Vermögensschäden sind gesetzlich vorgeschrieben. Sie können aber höhere Deckungssummen vereinbaren, möglichst 100 Millionen Euro. Die Beiträge sind nur geringfügig höher.

Vereinbaren Sie die höchstmögliche Deckungssumme. Denn ein Verkehrsunfall kann erhebliche Schäden verursachen und wenn die Deckungssumme nicht ausreicht, müssen Sie für den darüber hinausgehenden Schaden mit dem eigenen Vermögen haften.

Kaum durchschaubarer »Tarifdschungel«

Seit 1994 gibt es keine einheitlichen Tarife und Bedingungen mehr. Tarifwirrwarr und enorme Beitragsunterschiede bei gleicher Leistung sind die Folge. Für den einzelnen Autofahrer ist es schwer, den günstigsten Versicherungsschutz ausfindig zu machen. Denn zahlreiche Faktoren beeinflussen die Beiträge bei den einzelnen Versicherungsangeboten. Neben der Deckungssumme gehören dazu Fahrzeugart und -typ, der Zulassungsbezirk und die Schadenfreiheitsklasse des Versicherungsnehmers sowie die unterschiedlichsten Rabatte und Zuschläge.

Grundlage für die Typ- und Regionalklassen sind die Schadensverläufe. Dazu werden jährlich für rund 12000 unterschiedliche Fahrzeugmodelle die Typklassen und die Zulassungsbezirke neu ermittelt. Es wird also festgestellt, wie viele Schäden in den einzelnen Regionen und von den Fahrern eines bestimmten Autotyps verursacht wurden. Je ungünstiger der Schadensverlauf, d.h. die insgesamt verursachten Schäden, für die einzelne Typklasse oder Region ist, desto höher fällt auch der dazugehörige Beitrag aus.

Wer ein Jahr unfallfrei fährt, kommt in eine günstigere Schadenfreiheitsklasse. Langfristig ist so eine Reduzierung bis auf 25 Prozent des Basisbeitrags möglich. Umgekehrt werden Fahrer nach einem Unfall wieder höher und damit teurer eingestuft. Fahranfänger müssen in die Schadenfreiheitsklasse 0 mit bis zu 240 Prozent des Basisbeitrages einsteigen. Wer das Versicherungsunternehmen wechseln will, muss aufpassen. Denn die Schadenfreiheitsklassen sind heutzutage bei den einzelnen Versicherungsunternehmen unterschiedlich in den Beitragssätzen (Prozenten) gestaffelt.

Damit nicht genug: Rabatte und Zuschläge nahezu aller Art machen den »Tarifdschungel« komplett. Dabei spielen ganz persönliche Umstände eine Rolle. Auf Vergünstigungen können Sie als Beamter, als Frau, Hauseigentümer, nach der Teilnahme an einem Fahrsicherheitstraining oder Wenigfahrer hoffen. Gängig sind außerdem Nachlässe für

- Familien,
- Garagenwagen und
- Einzelfahrer oder Partner, wenn nur sie selbst das Fahrzeug fahren.

→ Versicherungsbeiträge können Sie sparen, wenn Sie schon beim Autokauf auf eine günstige Typklasse achten. Die Typklasse können Sie beim Autohändler, der Versicherungsgesellschaft oder online unter www.typklassen.de erfahren. Der Gesamtverband der Versicherungswirtschaft (GDV) informiert online auch, zu welcher Regionalklasse Ihr Wohnort gehört (www.gdv.de/regionaldatenbank).

→ Vorsicht »Rabattfalle«: Schauen Sie bei einem Rabatt

zweimal hin. Denn so manches Mal dient er nur dazu, über einen teuren Tarif hinwegzutäuschen.

- Machen Sie keine falschen Angaben, um einen Rabatt zu erhalten. Es drohen empfindliche Vertragsstrafen. Lesen Sie in den Bedingungen nach oder fragen Sie die Gesellschaft.
- Wenn Sie bereits einen hohen Schadenfreiheitsrabatt haben, kann eine Versicherung mit Rabattretter von Vorteil sein. Dann werden Sie bei einem Schadensfall zwar in der Schadenfreiheitsklasse zurückgestuft, müssen aber keinen höheren Beitrag zahlen.
- Fahranfänger können die Beiträge oft spürbar senken, wenn sie ihr Auto bei der Gesellschaft der Eltern versichern oder als Zweitwagen der Eltern anmelden. Nachlässe werden auch gewährt, wenn davor ein Moped oder Motorrad ohne Unfall gefahren wurde.
- Erkundigen Sie sich, ob Sie Ihren Schadenfreiheitsrabatt an andere weitergeben können, falls Sie Ihr Auto nicht mehr benötigen. Dies ist oftmals bei Familienangehörigen möglich.
- Bei vielen Autoversicherern bleibt der Schadenfreiheitsrabatt bei bis zu siebenjährigen Unterbrechungen der Versicherung erhalten.

Rabattschutz

Ist ein belastender Schaden (oder mehrere) angefallen, bleibt Ihr Vertrag im folgenden Kalenderjahr in der bisherigen Schadenfreiheitsklasse. Es erfolgt keine Zurück- aber auch keine Weiterstufung. Was dringend zu beachten ist, dass bei einem Versichererwechsel dem Nachversicherer nur der Schadenfreiheitsrabatt bestätigt wird, den Sie OHNE Rabattschutz erfahren hätten. Es wird somit eine Rückstufung Ihres Schadenfreiheitsrabattes beim neuen Kfz-Versicherer vorgenommen.

Individueller Versicherungsvergleich erforderlich

Mehrere Hundert Euro pro Jahr können Sie mit der richtigen Versicherung sparen. Die Suche allerdings ist sehr aufwändig. Eine erste Orientierung erhalten Sie durch Untersuchungen des BdV oder Vergleiche, etwa der Stiftung Warentest. Diese können aber nur Tendenzen erfassen und Berechnungen für Modellfälle anstellen. Eine günstige Versicherung im Test muss daher noch lange nicht Ihren individuellen Anforderungen am besten entsprechen. Letztlich bleibt es Ihnen nicht erspart, selbst Angebote einzuholen.

Mitglieder des Bundes der Versicherten können sich zu einer günstigen Gruppenversicherung bei der VHV anmelden. Nähere Informationen hierzu gibt es auf der BdV-Homepage www.bdv.info. Nach Beobachtungen des BdV bieten folgende Versicherer günstige Konditionen und guten Service (in alphabetischer Reihenfolge):

- NUR Kraftfahrthaftpflichtversicherung: DEVK (Tarif: Standard), Hannoversche Direkt, HUK-Coburg (Tarif: Classic), HUK24 (Tarif: Classic), Optima (Tarif: Komplett), VHV (Tarif: Klassik-Garant)
- Kraftfahrthaftpflicht- und Kaskoversicherung: Bruderhilfe (Tarif: Classic), Condor, DEVK (Tarif: Premium), HUK (Tarif: Classic), HUK24 (Tarif: Classic), Optima (Tarif:

Komplett), VHV (Tarif: Klassik Garant und Klassik Garant mit Exklusiv)

- → Nutzen Sie den Musterbrief des BdV, um Angebote einzuholen. Diesen können Sie beim Bund der Versicherten anfordern. Noch bequemer geht es auf der Website des BdV unter www.bundderversicherten.de.
- → Vergleichsrechner, die gegen Gebühr günstige Anbieter errechnen, bieten auch die meisten Verbraucherzentralen und die Stiftung Warentest.
- → Günstige Angebote haben vielfach Direktversicherer, die ohne Vermittler arbeiten und nur per Brief, Fax, telefonisch oder online erreichbar sind. Interessante Konditionen bieten teilweise auch unabhängige Versicherungsmakler.

Kaskoversicherung

Nichts für »alte Kisten«

Schäden am eigenen Fahrzeug ersetzt die Kaskoversicherung. Im Gegensatz zur Kfz-Haftpflichtversicherung ist der Abschluss freiwillig. Die Teilkasko ist in der Regel nur empfehlenswert, wenn Ihr Fahrzeug jünger als acht Jahre ist. Denn Sie bekommen nur den Zeitwert ersetzt und bei einem älteren Auto sind die Beiträge dazu im Verhältnis zu hoch. Eine Vollkasko lohnt sich normalerweise nur für Neuwagen in den ersten drei bis vier Jahren nach der Anschaffung, insbesondere bei teuren Autos oder wenn das Auto über einen Kredit finanziert wurde. Denn ohne Vollkasko kann ein großer Schaden am Auto für Sie hohe Verluste oder gar Verschuldung bedeuten.

Schutz für das eigene Auto

Die Teilkasko zahlt, wenn Ihr Fahrzeug gestohlen oder durch Brand, Explosion, Sturm, Hagel, Überschwemmung oder Zusammenstöße mit Haarwild beschädigt wurde. Eingeschlossen sind Glasbruch und Kabelschäden durch Kurzschluss.

Zusätzlich zu diesen Risiken kommt die Vollkaskoversicherung für Schäden am eigenen Auto auf, wenn Sie einen Unfall selbst verschuldet haben, wenn der Unfallgegner Fahrerflucht begeht oder fremde Personen Ihr Fahrzeug mut- oder böswillig beschädigen.

Die Versicherung erstattet Ihnen die Kosten für die Reparatur, bei einem Totalschaden für die Anschaffung eines Ersatzwagens (vgl. dazu Abschnitt »Versicherungsleistungen im Schadensfall«, S. 73). Anspruch auf eine Neuwertentschädigung haben Sie allerdings nur bei einem Neufahrzeug bzw. neuwertigem Fahrzeug. Den Neuwert erstatten Ihnen einige Gesellschaften nur bis drei Monate nach der Neuzulassung, andere bis zu 24 Monate. Anderenfalls erhalten Sie eine Zeitwertentschädigung, die die Gebrauchsdauer berücksichtigt. Gepäck und andere »lose« Gegenstände im Auto, die nicht zum Zubehör des Fahrzeugs gehören, sind nicht mitversichert. Manchmal besteht hierfür in begrenztem Umfang Schutz über eine Hausratversicherung. Bitte schauen Sie hierzu in Ihre Hausratbedingungen.

Vielfältige »Tariflandschaft«

In der Kaskoversicherung werden die Fahrzeuge ebenfalls nach Regionen und Typklassen eingestuft. Letztere sind nicht identisch mit den Kategorien der Kfz-Haftpflichtversicherung und auch die Typklassen in der Voll- und Teilkasko unterscheiden sich erheblich. Berücksichtigt werden darüber hinaus Faktoren wie das Alter des Fahrzeugs, die Fahrleistung oder ob eine Garage vorhanden ist. Beitragsmindernd können sich Sicherheitssysteme wie Alarmanlagen, Wegfahrsperren und besondere Bremssysteme wie ABS auswirken.

Extras können eine Police attraktiver machen. Die verwirrende Vielfalt bei den Konditionen erschwert aber auch hier die Wahl. So gibt es z.B. unterschiedliche Neuwertentschädigungen. Außerdem sind nicht immer alle Fahrzeugteile versichert. Einige Versicherungsunternehmen kommen für erweiterten Wildschaden durch Pferde und Kühe oder Tiere aller Art auf, für Schäden durch Marderbiss oder sie zahlen bei zusätzlichen Risiken wie Lawinen.

→ Achten Sie bei der Kaskoversicherung darauf, dass der Beitrag in einem vernünftigen Verhältnis zum Wert steht. Bei älteren Fahrzeugen mit geringem Restwert und dadurch geringerer Diebstahlsgefahr lohnt sich eine Kaskoversicherung in aller Regel nicht. Bei neueren Autos müssen Sie anhand des Zeitwerts entscheiden, ob eine Voll- oder Teilkaskoversicherung Sinn hat. Wenn Sie eine Vollkasko abgeschlossen haben, sollten Sie nach drei bis vier Jahren prüfen, ob ein Wechsel in die Teilkasko ratsam ist.

- Aber: Die Grundregel »für Neuwagen Vollkasko, für ältere Teilkasko« trifft nicht immer zu. Denn nur in der Vollkasko gibt es einen Schadenfreiheitsrabatt. Hinzu kommen die unterschiedlichen Typklassen. Bei einer hohen Schadenfreiheitsklasse kann so der Beitrag in der Vollkasko ähnlich oder sogar niedriger sein als in der Teilkasko. Ein Vergleich ist daher angesagt, bevor Sie sich für eine der beiden Varianten entscheiden oder von der Voll- in die Teilkasko wechseln.
- Es lohnt sich, eine Selbstbeteiligung zu vereinbaren und dadurch den Beitrag zu senken. Empfehlenswert ist meist eine Selbstbeteiligung von 150 Euro in der Teilkasko und von 300 Euro bzw. 500 Euro in der Vollkasko.
- Der Versicherer sollte bei der Kaskoversicherung auf den Einwand der groben Fahrlässigkeit verzichten.
- Bei der Wildschadenklausel sollten Schäden durch Tiere aller Art als versichert gelten und Schäden an Schläuchen und Verkabelung durch Marderbisse sowie Folgeschäden sollten ebenfalls erstattet werden.
- Kündigen Sie einen Kaskovertrag erst, wenn Ihnen die Zusage des neuen Versicherungsunternehmens vorliegt. Denn im Gegensatz zur Kfz-Haftpflichtversicherung muss ein Versicherungsunternehmen nicht jeden Kaskoantrag annehmen.
- Achten Sie auf Unterschiede beim räumlichen Geltungsbereich, insbesondere wenn Sie mit Ihrem Fahrzeug ins außereuropäische Ausland reisen.

Partnerwerkstattbindung

Sie verzichten im Schadenfall auf eine freie Wahl der Autowerkstatt, d.h. Sie verpflichten sich eine Partnerwerkstatt des Versicherers mit der Reparatur zu beauftragen. Diese Vereinbarung wird mit Rabatten von 20–30 % in der Kaskoversicherung belohnt. Zusätzlich erhalten Sie weitere zusätzliche Serviceleistungen, die je nach Versicherer unterschiedlich sind, wie z.B. Abhol- und Bringservice und ein Ersatzfahrzeug für die Dauer der Reparatur.

Versicherungsfall

Richtiges Verhalten beim Unfall

Nach einem Unfall fällt es oft schwer, ruhig zu bleiben. Wichtig sind folgende Maßnahmen:

- Bleiben Sie am Unfallort und sichern Sie die Unfallstelle. Kümmern Sie sich um die Verletzten und rufen Sie Hilfe.
- Notieren Sie alle wichtigen Daten (Unfallort und -zeit, Name und Anschrift des Fahrers und Kfz-Halters, Kfz-Haftpflichtversicherung mit Versicherungsnummer, Auto-Kennzeichen). Am besten nutzen Sie dazu das Formular des Europäischen Unfallberichts, welches Sie bei Ihrem Versicherer anfordern können. Überprüfen Sie die Angaben anhand der Papiere. Auf keinen Fall sollten Sie eine Schuldanerkenntnis abgeben.
- Sichern Sie Beweise (z.B. Zeugenaussagen und -anschriften, Unfallskizze oder Fotos von der Unfallstelle). Lassen Sie den Unfallbericht und die Zeugenaussagen unterschreiben.

– Die Polizei sollten Sie bei Personenschäden, größeren Sachschäden und Wildschäden rufen, außerdem bei Fahrerflucht und wenn der Unfallgegner im Ausland wohnt.

→ Sorgen Sie dafür, dass Sie immer ein Formular des Europäischen Unfallberichts im Auto haben. Sie erhalten ihn von Ihrem Versicherungsunternehmen oder können ihn im Internet abrufen. Vor einer Auslandsreise sollten Sie sich einen Europäischen Unfallbericht mit der mehrsprachigen Ausfüllhilfe besorgen. Auch eine Anleitung, was im Schadensfall zu tun ist, kann hilfreich sein, damit Sie in der Aufregung nichts vergessen.

→ Wenn Sie das Kennzeichen notieren konnten, können Sie den Unfallgegner bei Fahrerflucht über den Zentralruf der Autoversicherer (Tel. 01 80-2 50 26) ausfindig machen. Ist das Auto des Unfallgegners im Ausland versichert, hilft Ihnen das Büro »Grüne Karte« (Adresse, vgl. Anhang) weiter. Dafür reicht es aus, wenn Sie das Kennzeichen und den Namen des Unfallgegners angeben.

→ Melden Sie Ihrem Versicherungsunternehmen den Unfall unverzüglich, spätestens innerhalb einer Woche. Sie können auch schon direkt vom Unfallort telefonisch über 08 00-6 68 36 63 (0800- NOTFON D) Kontakt mit dem Versicherungsunternehmen aufnehmen.

Versicherungsleistungen im Schadensfall

Wenn Sie unverschuldet durch einen Unfall geschädigt wurden, kommt die gegnerische Versicherung für die Reparaturkosten, aber auch für weitere Sach-, Personen- und Vermögensschäden sowie Folgekosten auf. Diese Ansprüche müssen Sie aber geltend machen. Haben Sie den Unfall selbst verschuldet, erhalten Sie für den Schaden am eigenen Fahrzeug nur Ersatz, falls Sie eine Vollkaskoversicherung abgeschlossen haben.

Reparaturkosten

Wenn Sie den Unfallwagen auf Kosten der gegnerischen Versicherung reparieren lassen, werden die Reparaturkosten anhand eines Kostenvoranschlags, einer Rechnung oder eines Gutachtens bestimmt. Ihre Gutachterkosten werden meist ab einer Schadenshöhe von 750 Euro übernommen. Alternativ können Sie selbst reparieren, das Auto ohne Reparatur weiterfahren oder verkaufen und erhalten dann die kalkulierten Reparaturkosten. Allerdings kann es Abzüge geben, insbesondere bei der Mehrwertsteuer. Diese wird nur ersetzt, wenn Sie auch tatsächlich anfällt. Bei bisher unfallfreien Autos können Sie in den ersten fünf Jahren außerdem Anspruch auf Ersatz für Wertminderung haben.

Bei einem wirtschaftlichen Totalschaden wird der Wiederbeschaffungswert abzüglich des Restwertes gezahlt. Von einem Totalschaden spricht man, wenn die Reparaturkosten um mehr als 30 Prozent über dem Wiederbeschaffungswert liegen. Der Restwert ist der Wert, der für den Unfallwagen noch erzielt werden kann. Dieser wird vom Gutachter festgelegt.

Außerdem haben Sie Anspruch auf eine Reihe weiterer Leistungen:

– Nutzungsausfallentschädigung oder Übernahme von Kos-

ten für einen Mietwagen, wenn Sie ein Fahrzeug benötigen,
- Bergungs- und Abschleppkosten bis zur nächsten Werkstatt, ggf. Verschrottung,
- Auslagen für An- und Abmeldung sowie amtliche Kennzeichen nach einem Totalschaden,
- Ersatz für Sachschäden an Kleidung oder Brille,
- Anwaltskosten und
- allgemeine Auslagen wie Telefon, Porto oder Fahrtkosten (wird üblicherweise als Kostenpauschale in Höhe von 25 Euro vom Versicherer übernommen).

→ Wehren Sie sich, wenn die Versicherung Ihres Erachtens zu Unrecht von einer Mitschuld ausgeht und die Zahlungen kürzen will. In der Praxis erweist sich dieses häufig als schwierig, weil mit Abschluss der Kfz-Versicherung das Versicherungsunternehmen eine Regulierungsvollmacht von Ihnen erhält. Günstig sind Entlastungszeugen und -beweise.

→ Bei höheren Schäden empfiehlt es sich, einen unabhängigen Gutachter mit der Schätzung der Schadenshöhe zu beauftragen. Aufpassen heißt es bei einer »Direktregulierung«, also der kompletten Schadensabwicklung durch die gegnerische Haftpflichtversicherung. Sie ersparen sich zwar Arbeit, laufen aber Gefahr, dass nicht alle Ihre berechtigten Ansprüche erfüllt werden.

→ Der Verein Verkehrsopferhilfe e.V. (Adresse, vgl. Anhang) kommt für Schäden (bei Sachschäden erst ab 500 Euro) auf, wenn das gegnerische Fahrzeug nicht versichert war, der Fahrer nicht ermittelt werden kann oder wenn die Haftpflichtversicherung wegen Vorsatz nicht zahlt.

→ Achten Sie bei der Auswahl des Mietwagens darauf, dass Sie ein Fahrzeug niedrigerer Kategorie als Ihr beschädigtes Fahrzeug wählen.

Personenschäden

Wenn Personen verletzt wurden, kann Anspruch auf Schmerzensgeld bestehen. Außerdem trägt der Autoversicherer die Kosten für die Behandlung beim Arzt, im Krankenhaus oder in der Rehabilitation sowie für Medikamente und Hilfsmittel wie Krücken und Rollstuhl. Die gegnerische Versicherung zahlt weiter für vermehrte Bedürfnisse, wie Pflegekräfte oder Umbauten in der Wohnung. Außerdem kommt sie für den Verdienstausfall oder eine Umschulung auf. Sie ist aber nur in der Pflicht, wenn diese Aufwendungen nicht oder nur teilweise von anderen Stellen wie Krankenkasse, Arbeitgeber oder Rentenversicherung abgedeckt werden. Je nach Schwere der Verletzung besteht grundsätzlich Anspruch auf ein Schmerzensgeld.

Im Todesfall werden die Kosten für ein angemessenes Begräbnis und bestehende Unterhaltspflichten übernommen.

→ Bei Personenschäden sollten Sie einen Rechtsanwalt einschalten, dessen Kosten bei unverschuldeten Unfällen ebenfalls übernommen werden müssen.

Selber zahlen?

Vor allem bei kleineren Schäden und bei einer günstigen Schadenfreiheitsklasse kann es sich lohnen, den Schaden selbst zu regulieren. Denn die Rückstufung nach einem Unfall bedeutet eine Beitragserhöhung für mehrere Jahre. Das kann dann schnell mehr sein als die Schadenssumme. Kleinstschäden bis maximal 500 oder 1000 Euro (gesellschaftsabhängig) können Sie meist innerhalb von sechs Monaten wieder »zurückkaufen«, um einen erhöhten Beitrag zu vermeiden. Bei mehreren Schadensfällen können Sie auch nur den oder die teuersten durch das Versicherungsunternehmen regulieren lassen und die restlichen selbst begleichen.

Insassen-Unfallversicherung

»Verzicht« lautet die Devise

Eine Insassen-Unfallversicherung ist unnötig. Bestehende Policen sollten Sie kündigen. Die Insassen-Unfallversicherung bietet finanziellen Schutz, wenn Mitfahrer bei einem Unfall geschädigt werden. Seit 2002 zahlt jedoch die Kfz-Haftpflichtversicherung, wenn die Insassen des eigenen Autos berechtigte Ansprüche gegen den Fahrer oder Fahrzeughalter haben. Nicht mit einbezogen ist der Fahrer selbst. Für ihn sollte zusätzlicher Versicherungsschutz über eine private Unfallversicherung bestehen, da hierüber 24 Stunden am Tag Versicherungsschutz besteht. Noch besser ist hier der Abschluss einer Berufsunfähigkeitsversicherung, da diese zusätzlich bei Krankheit leistet (s. hierzu S. 192).

Diese Ausführungen gelten gleichfalls für eine Fahrer-Unfallversicherung, die heute gern von Kfz-Versicherungen als Ersatz für die Insassen-Unfallversicherung angeboten wird. Eine Fahrer-Unfallversicherung sollte nur abgeschlossen werden, wenn keine private Unfallversicherung besteht und/oder abgeschlossen werden kann. Bitte beachten Sie, dass nur für die Zeit hinterm Lenkrad Versicherungsschutz besteht.

Ergänzungsschutz für Auslandsreisen

Mallorca-Police

Die sogenannte »Mallorca-Police« ist sinnvoll, wenn Sie im Ausland mit Mietwagen unterwegs sind.

Wenn Sie im Ausland einen Leihwagen mieten, sind Sie grundsätzlich nur entsprechend den nationalen Vorschriften für die Kfz-Haftpflichtversicherung versichert. Dabei gelten teilweise sehr niedrige Deckungssummen. Wenn im Schadensfall höhere Schadenssummen entstehen, müssen Sie dafür aus der eigenen Tasche aufkommen. Um sich gegen diese Fälle abzusichern, sollten Sie prüfen, ob bereits in Ihrer Kfz-Haftpflichtversicherung dieser erweiterte Versicherungsschutz integriert ist. Alternativ können Sie eine sogenannte »Mallorca-Police« abschließen. Dann sind Sie auch bei einem Mietwagenunfall im Ausland mit der höheren deutschen Deckungssumme geschützt.

→ Achten Sie bei Reisen ins außereuropäische Ausland darauf, dass Sie weltweiten Versicherungsschutz erhalten (sogenannte »Traveller-Police«).

Grüne Karte

Die Grüne Karte wird vom Kfz-Versicherer ausgestellt und enthält Informationen über das Fahrzeug, den Halter und die Versicherung. Sie dient im Ausland als Nachweis, dass eine Kfz-Haftpflichtversicherung besteht. In den meisten europäischen Ländern ist sie zwar nicht mehr erforderlich, dennoch ist es sinnvoll, sie mitzuführen. Dies gilt beispielsweise für die neuen EU-Länder und Italien. Denn teilweise besteht die Polizei bei Unfällen unverändert auf Vorlage der Grünen Karte.

→ Prüfen Sie vor Reisebeginn, ob Ihre Grüne Karte noch gültig ist. Ist der Versicherungsnachweis abgelaufen, stellt Ihr Versicherer kostenlos eine neue Grüne Karte aus. ACHTUNG: Damit die Grüne Karte gültig ist, müssen Sie diese unterschreiben!

Schutzbriefe

Meist überflüssig

Auf einen Schutzbrief können Sie in den meisten Fällen verzichten. Entschädigungsgrenzen schränken die Leistungen so stark ein, dass Sie sie in der Regel relativ problemlos aus eigener Tasche zahlen können. Sinnvoll kann er bei häufigeren oder längeren Auslandsreisen oder Fahrten in entlegene Gebiete sein.

Pannen- und Unfallhilfe

Einen Schutzbrief erhalten Sie von Automobilclubs oder als Zusatz zur Kfz-Versicherung. Manchmal ist er bereits im Mitgliedsbeitrag des Automobilclubs oder in der Kfz-Haftpflichtversicherung inbegriffen. Er bietet bei Pannen und Unfällen Hilfeleistungen rund ums Fahrzeug und für die Betroffenen. Außer für Deutschland gelten die Schutzbriefe meist auch für das europäische Ausland und die außereuropäischen Mittelmeerländer.

Fürs Fahrzeug gehören dazu normalerweise folgende Leistungen:
- Pannenhilfe am Unfallort,
- Bergen und Abschleppen des Fahrzeugs zur nächsten Werkstatt,
- Kosten für Weiter- und Heimfahrt,
- Mietwagen und Übernachtungskosten bei Ausfall des Fahrzeugs,
- Versand von Ersatzteilen ins Ausland.

Für die Autoreparatur selbst kommt der Schutzbrief dagegen nicht auf.

Für betroffene Personen werden folgende Kosten übernommen:
- Krankenrücktransport, wenn er medizinisch notwendig ist,
- Versand von verschreibungspflichtigen Medikamenten ins Ausland,

- Reise, einschließlich Übernachtung, für einen Krankenbesuch,
- Bestattung bei Todesfall im Ausland oder die Überführung.

Zusätzlich gibt es teilweise weitere Unterstützung wie die Beschaffung von (Ersatz-)Dokumenten oder Dolmetscherleistungen vor Ort. Als Mitglied eines Automobilclubs können Sie eine Reihe weiterer Vergünstigungen und Leistungen in Anspruch nehmen wie technischen und rechtlichen Rat, Länderinformationen und Routenplanung, günstige Konditionen bei Mietwagen oder Versicherungen.

Die Beiträge schwanken zwischen rund 10 Euro (als Zusatz zur Kfz-Versicherung) und über 70 Euro (Schutzbrief sowie Mitgliedsbeitrag).

Insgesamt bietet der Schutzbrief nur begrenzte Hilfe im Schadensfall. Kennzeichnend sind vielfach niedrige Entschädigungsgrenzen, die bei etwa 100 Euro für die Pannenhilfe und 150 Euro für das Abschleppen liegen.

→ Vergleichbare Leistungen erhalten Sie oft günstiger über alternative Angebote wie eine Auslandsreisekrankenversicherung (Siehe Abschnitt »Auslandsreisekrankenversicherung«, S. 166), die Unterstützung der Botschaften, Routenplaner und Länderinformationen im Internet oder die Mobilitätsgarantie des Fahrzeugherstellers für neue Autos. Einige große Hersteller bieten die Mobilitätsgarantie, die in der Regel drei Jahre beträgt, auch für einen längeren Zeitraum, sofern das Fahrzeug regelmäßig in einer Vertragswerkstatt gewartet wird.

7. Rechtsschutzversicherung

Sinnvoll nur für große Prozessrisiken

Rechtsschutzversicherungen sind vor allem dann sinnvoll, wenn Sie um hohe Geldbeträge streiten und zusätzlich das Risiko besteht, dass Sie den Prozess verlieren. Vorrang sollte auf jeden Fall die Absicherung von hohen Risiken durch Haftpflicht-, Risikolebens-, Berufsunfähigkeits- und eventuell Unfall-, Krankentagegeld-, Hausrat- und Wohngebäudeversicherungen haben. Erst danach sollten Sie den Abschluss einer Rechtsschutzversicherung erwägen.

Kosten für Anwalt und Gerichtsverfahren

Bei einer rechtlichen Auseinandersetzung kommt die Rechtsschutzversicherung für die Kosten des Anwalts und des Gerichts, Gebühren für Zeugen, gerichtlich bestellte Sachverständige, Übersetzung sowie für weitere Auslagen wie für Gutachten und Vollstreckung auf. Außerdem übernimmt sie die Kosten des Prozessgegners, wenn Sie vor Gericht verloren haben und gewährt zinslose Darlehen für Strafkautionen im Ausland.

Für Geldstrafen oder andere Zahlungen aufgrund eines Gerichtsurteils kommt die Rechtsschutzversicherung aber in keinem Fall auf.

Umfang des Versicherungsschutzes

Abhängig davon, in welchen Bereichen die Gefahr einer rechtlichen Auseinandersetzung besteht oder befürchtet wird, können Sie mit der Police unterschiedliche Lebensbereiche abdecken.

Verbreitet ist die Kombination unterschiedlicher »Bausteine« wie
- Privat-/Berufs-Rechtsschutz,
- Verkehrs-Rechtsschutz und
- Grundstücks- bzw. Miet-Rechtsschutz.

Auch für andere potenzielle Konfliktbereiche wie z.B. Streitigkeiten aus einer selbstständigen Tätigkeit können Sie eine Rechtsschutzversicherung abschließen.

Bei einer Privat-/Berufs-Rechtsschutzversicherung sind Sie in der Regel gegen folgende Streitigkeiten abgesichert:
- zivilrechtliche Fragen, wie Kauf, Reparatur, Kredit, Schadenersatzansprüche gegen Dritte und Streitigkeiten aus Versicherungsverträgen,
- Konflikte mit dem Finanzamt und anderen Behörden,
- Auseinandersetzungen mit dem Arbeitgeber,
- Sozialleistungen, wie Alters- oder Berufsunfähigkeitsrenten, Krankenkassenleistungen, sowie die
- Verteidigung in Bußgeld-, Straf- und beruflichen Disziplinarverfahren.

Eine vergleichbare Unterstützung erhalten Sie beim Verkehrs-Rechtsschutz. Dieser tritt ein, wenn Sie sich mit der

Werkstatt über die Reparatur streiten, Schadenersatz von anderen Verkehrsteilnehmern einfordern oder sich wegen Verkehrsverstößen mit den Behörden streiten oder in Bußgeld- oder Strafverfahren verteidigen müssen. Der Verkehrs-Rechtsschutz schützt Sie als Fahrer der eigenen und als Fahrer fremder Fahrzeuge, die nicht auf Sie zugelassen sind. Sofern Sie keinen eigenen Pkw auf sich zugelassen haben, ist der Abschluss einer Fahrer-Rechtsschutzversicherung möglich.

Die Grundstücks- bzw. Miet-Rechtsschutzversicherung schützt Sie als Mieter, Vermieter oder Eigentümer, z.B. bei Streitigkeiten in Miet- und Grundstücksfragen wie der Kündigung des Mietvertrags oder bei Mieterhöhung.

Beim Privat-/Berufs-Rechtsschutz ist die ganze Familie versichert. Kinder sind bis zu ihrem 25. Lebensjahr eingeschlossen, solange sie unverheiratet sind und noch keine auf Dauer angelegte berufliche Tätigkeit ausüben. Außerdem kann der nichteheliche Lebensgefährte mitversichert werden, wenn er im gleichen Haushalt wohnt.

Versicherungsschutz genießen Sie in Europa und in den Mittelmeerstaaten, nach den neuen Versicherungsbedingungen meist weltweit. Er ist dann aber in der Regel auf nichtberufliche Aufenthalte bis sechs Wochen und 25 000 Euro Versicherungssumme beschränkt.

Schutz mit Lücken

Ein Rundum-Sorglos-Paket, wie es so manches Versicherungsunternehmen gern suggerieren will, ist die Rechtsschutzversicherung nicht. Denn eine ganze Reihe von Rechtsfragen sind vom Versicherungsschutz ausgeschlossen. Im Privat-/Berufs-Rechtschutz gehören dazu meist

- Familien- und Erbrecht (z.B. Scheidungen, Unterhaltsansprüche), hier gewähren Versicherungsunternehmen unter bestimmten Voraussetzungen nur eine erste Beratung,
- vorsätzliche Straftaten und Ordnungswidrigkeiten,
- Auseinandersetzungen rund ums Bauen, Baufinanzierung sowie Haus-, Wohnungs- und Grundstückseigentum.

Auch Klagen von Kapitalanlegern schließen Rechtsschutzversicherungsunternehmen zunehmend aus. Bei Ärger mit Behörden zahlt die Versicherung meist erst beim Prozess. Ohne Beistand stehen Sie also vielfach da, wenn Sie im vorgerichtlichen Verwaltungsverfahren Widerspruch gegen einen Behördenbescheid einlegen.
Die Privat-Rechtsschutzversicherung für Selbstständige bietet keinen Schutz bei Streitigkeiten, die im Zusammenhang mit der selbstständigen, freiberuflichen oder gewerblichen Tätigkeit stehen.

Auch wer meint, dass er sich mit einer Grundstücks- bzw. Miet-Rechtsschutzversicherung umfassend absichern kann, liegt falsch. Denn wie beim Privat-Rechtsschutz gibt es umfangreiche Ausschlüsse vor allem um Baustreitigkeiten. So sind Sie nicht versichert bei Planung, Bau oder Umbau einer Immobilie, beim Kauf oder Verkauf eines Baugrundstücks, Enteignung, Rechtsfragen des Baugesetzbuchs, Erschließungs- und Anliegerabgaben sowie der steuerlichen Bewertung von Grundstücken.

Keine Unterstützung von der Rechtsschutzversicherung erhalten Sie, wenn der Rechtsstreit keine Aussicht auf Erfolg hat. Keine Leistung gibt es weiter, wenn der Konflikt schon vor Versicherungsbeginn bestand. Außerdem müssen Sie eine vereinbarte Wartezeit einhalten, bevor Sie die Versicherung in Anspruch nehmen können. Die Wartezeit kann aber entfallen, wenn vor Beginn des Vertrages bereits eine andere Rechtsschutzversicherung mit gleichem Versicherungsumfang bestanden hat und beide Verträge nahtlos ineinander übergehen.

Grundsätzlich nicht abgedeckt ist die Abwehr von Schadenersatzforderungen Dritter. Dies ist Angelegenheit der jeweiligen Haftpflichtversicherung.

Und wenn Sie die Leistungen nach Auffassung des Versicherungsunternehmens zu intensiv beanspruchen, erhalten Sie oftmals die Kündigung.

Viele Wege führen zum Recht – auch ohne Versicherung

Recht haben heißt bekanntlich noch lange nicht, tatsächlich Recht zu bekommen (vgl. dazu auch Kapitel »So setzen Sie Ihre Versichertenrechte durch«, S. 362). Nicht nur die mangelnde Kenntnis der eigenen Rechte, auch die Furcht vor hohen Anwalts- und Gerichtskosten hat häufig abschreckende Wirkung und verhindert die Durchsetzung der eigenen Rechte. Wohl also dem, der eine Rechtsschutzversicherung hat? Ganz so einfach ist die Entscheidung nicht. Denn die Gefahr, dass ein Rechtsstreit mit hohen und unkalkulierbaren finanziellen Belastungen verbunden ist, wird teilweise überschätzt. Außerdem sollten Sie berücksichtigen, dass bei kleineren Streitigkeiten auch Anwalt und Gericht keine hohen Kosten verursachen und es zahlreiche Alternativen zu Anwalt und Gericht gibt, die nichts oder nur wenig kosten. Ferner müssen Sie bei einem Gerichtsverfahren grundsätzlich nur dann zahlen, wenn Sie verlieren. Ausnahme ist der Arbeitsgerichtsprozess, in dem Sie die eigenen Anwaltskosten in der ersten Instanz immer selbst tragen müssen.

Wer sich von einem Anwalt oder anderen Rechtsexperten beraten lässt, kann oft rechtzeitig die Erfolgschancen einschätzen und bei schlechten Prozessaussichten von einer Klage Abstand nehmen. Im Gegensatz zu vielen anderen Versicherungsfällen können Sie daher das Risiko oft durch Ihre eigene Entscheidung beeinflussen und benötigen dafür keinen Rechtsschutz.

Fragen kostet oft nicht viel

Nutzen Sie also zunächst die kostenlosen oder kostengünstigen Informationen, um sich Klarheit über Ihre Rechte zu verschaffen. Broschüren, Online-Informationen und persönlichen Rat erhalten Sie bei vielen öffentlichen Einrichtungen wie Ministerien oder Sozialversicherungen, Verbraucherorganisationen wie dem Bund der Versicherten und den Verbraucherzentralen, Gewerkschaften, Berufsverbänden, Mietervereinen, Sozialverbänden oder Automobilclubs.

Einige der genannten Institutionen gewähren Hilfe bei einer Klage und können Sie sogar vor Gericht vertreten. In diesen Fällen benötigen Sie keinen Anwalt. Für Mitglieder kann eine spezialisierte Rechtsschutzversicherung im Beitrag enthalten sein oder wird günstig als Gruppenversicherung angeboten. Für die Vertretung vor Gericht müssen Sie aber teilweise Wartezeiten einhalten, also bereits eine bestimmte Zeit Mitglied sein.

Streit ohne Gericht schlichten

Eine weitere kostengünstige Lösung kann die außergerichtliche Streitschlichtung sein. Sie wird in immer mehr Bereichen angeboten. Es gibt zum Beispiel einen Ombudsmann für Versicherungsangelegenheiten. Anwalt oder Gericht müssen Sie auch nicht bemühen, wenn Schadenersatzansprüche gegen Sie geltend gemacht werden und Sie haftpflichtversichert sind. Denn dann prüft Ihre Haftpflichtversicherung, ob die Ansprüche berechtigt sind und wehrt unberechtigte Forderungen ab, notfalls auf gerichtlichem Wege. Die Haftpflichtversicherung wirkt in diesen Fällen also wie eine Rechtsschutzversicherung.

Nach einem Verkehrsunfall können Sie sich als Geschädigter, den kein Verschulden trifft, einen Rechtsanwalt auf Kosten der gegnerischen Versicherung nehmen. Dabei darf es sich allerdings nicht um einen Bagatellschaden handeln.

Kalkulierbare Kosten bei Anwalt und Gericht

Selbst beim Gang zum Anwalt oder vor Gericht müssen nicht gleich hohe Kosten entstehen. Dort können Sie die Rechtslage klären, ob eine Klage Aussicht auf Erfolg hat, welche außergerichtlichen Möglichkeiten bestehen den Streit beizulegen und mit welchen Kosten Sie rechnen müssen. Grundsätzlich gilt, dass die Honorare abhängig sind vom Streit- oder Gegenstandswert. Je höher diese Summe ist, desto höher sind tendenziell die Anwaltsgebühren. Auch vor Gericht hängen die Kosten im Wesentlichen vom Gegenstandswert ab.

Anwaltskosten fallen nicht in jedem Fall an, denn vor allem in den unteren Instanzen müssen Sie keinen Anwalt einschalten. So besteht kein Anwaltszwang vor dem Amtsgericht (mit Ausnahme von Ehe- und einigen Familiensachen) sowie dem Verwaltungs- und Finanzgericht. Selbst vertreten können Sie sich auch vor dem Arbeits- und Landesarbeitsgericht sowie dem Sozial- und Landessozialgericht.

Wer nur über ein geringes Einkommen verfügt, kann Beratungs- und Prozesskostenhilfe beantragen. Sie deckt Kosten für die anwaltliche Beratung und das Gericht ab, jedoch nicht die Kosten der Gegenseite. Diese Kosten müssen Sie also selbst tragen, falls Sie den Prozess verlieren. Keinen Anspruch auf öffentliche Hilfe haben Sie, wenn die Klage keine hinreichende Erfolgsaussicht hat.

In einigen Fällen können Sie die Kostenrisiken eines Prozesses über einen Prozesskostenfinanzierer abdecken. Prozesskostenfinanzierer sind private Unternehmen, die die gesamten Kosten und damit das Risiko eines Prozesses tragen. Aber: Sie übernehmen nur aussichtsreiche Fälle und verlangen eine Gewinnbeteiligung von bis zu 50 Prozent. Nach Recherchen der Stiftung Warentest ist auch die Seriosität nicht immer gewährleistet.

→ Scheuen Sie sich nicht, schon beim ersten Gespräch mit dem Anwalt die Kosten anzusprechen – und zu verhandeln. Denn das Rechtsanwaltsvergütungsgesetz (RVG), das seit dem 1. Juli 2004 gilt, lässt mehr Spielraum für die Festlegung der Honorare. Wird der Anwalt für Sie vor Gericht tätig, dürfen dabei die gesetzlich festgelegten Gebühren nicht unterschritten werden. Bei außergerichtlichen Auseinandersetzungen dagegen darf das Honorar niedriger oder höher als die gesetzliche Gebühr sein.

→ Wenn Sie einen Prozess gewinnen, sind Sie fein heraus. Denn dann muss der Gegner Ihnen die Kosten für Anwalt und Gericht ersetzen, allerdings nur die im Gesetz festgelegten Sätze. Nur beim Arbeitsgericht müssen Sie in der ersten Instanz die eigenen Anwaltskosten in jedem Fall tragen.

Wann eine Rechtsschutzversicherung Sinn haben kann

In einigen Fällen ist eine Rechtsschutzversicherung sinnvoll. Denn nicht immer wird nur um kleine Beträge gestritten. Und nicht immer sind die Erfolgsaussichten eindeutig. Teuer kann es auch werden, wenn Sachverständigengutachten eingeholt werden. Eine Rechtsschutzversicherung schützt Sie dann vor hohen Kosten, falls Sie den Prozess verlieren. Vor allem bei gesundheitlichen Schäden – sei es, dass ein Arzt Sie falsch behandelt hat, dass Sie an einer Berufskrankheit leiden oder Opfer eines Verkehrsunfalls geworden sind – kann es um hohe Schmerzensgeldforderungen oder langjährige Rentenzahlungen gehen. Auch bei Streitigkeiten mit der Berufsunfähigkeitsversicherung kann es um hohe Summen gehen. Für Vielfahrer, die möglicherweise beruflich auf das Auto angewiesen oder viel im Ausland unterwegs sind, kann guter Rechtsrat in Verkehrsfragen von existenzieller Bedeutung sein.

Auch bei drohenden Problemen am Arbeitsplatz kann eine Rechtsschutzversicherung hilfreich sein.

Aber: Sinn hat eine Absicherung nur für Prozesse mit hohen Streitwerten. Nicht zweckmäßig ist dagegen ein Schutz für kleinere Streitigkeiten wie Bußgeldsachen. Diese sollten aus eigener Tasche bezahlt werden. Aus diesem Grund ist eine hohe Selbstbeteiligung empfehlenswert. Viele Versicherungen bieten nur Policen mit Selbstbehalt an. Verbreitet sind Beträge von 150 Euro, angeboten werden aber auch niedrigere oder höhere Selbstbeteiligungen.

→ Prüfen Sie genau, ob und wo bei Ihnen hohe Prozessrisiken entstehen können und schließen Sie nur das Rechtsschutzpaket ab, das Ihrem persönlichen Bedarf entspricht.
→ Die Deckungssumme sollte mindestens 250 000 Euro betragen.
→ Wählen Sie auf jeden Fall eine Rechtsschutzversicherung mit hoher Selbstbeteiligung. Erkundigen Sie sich nach dem höchstmöglichen Betrag.

Angebote vergleichen

Für ein kombiniertes Angebot aus Privat-, Berufs- und Verkehrs-Rechtsschutz müssen Sie etwa 200 Euro jährlich auf den Tisch legen. Das ist viel Geld, wenn man bedenkt, dass zahlreiche Ausschlüsse Ihren Schutz einschränken und nur ein geringes Risiko besteht, dass hohe Anwalts- und Prozesskosten anfallen, die das eigene Budget deutlich überschreiten. Durch Vereinbarung eines Selbstbehaltes kann Beitrag eingespart werden.

Abweichungen von den Musterbedingungen führen zu unterschiedlichen Leistungen und Ausschlüssen. Einen wichtigen Unterschied kann es bei der Frage der Prüfung der Erfolgsaussichten geben und damit bei der Entscheidung, ob die Versicherung zahlt oder nicht. Wenn die Versicherung die Übernahme der Kosten ablehnt, kann der Versicherte verlangen, dass diese Entscheidung noch einmal überprüft wird. Dies kann entweder über einen Stichentscheid erfolgen. Dazu legt der für den Versicherungsnehmer tätige oder zu beauftragende Anwalt dar, warum seines Erachtens eine ausreichende Aussicht auf Erfolg besteht. Die Auffassung des Anwalts ist für das Versicherungsunternehmen bindend. Weniger kundenfreundlich ist das Schiedsgutachterverfahren. Dabei entscheidet ein Schiedsgutachter, der von der Rechtsanwaltskammer bestimmt wird, ob die Klage erfolgversprechend ist oder nicht.

Angebote einholen

Wenn Sie ein Angebot einholen, sollten Sie in Ihrem Schreiben deutlich machen, für welche Bereiche Sie Rechtsschutz abschließen wollen, z. B.

- Verkehrs-Rechtsschutz
- Privat-/Berufs-Rechtsschutz
- Privat-/Berufs- und Verkehrs-Rechtsschutz
- Grundstücks-/Miet-Rechtsschutz (als Eigentümer oder Mieter)

Bitten Sie um Zusendung von Informationsmaterial und Antragsformularen. Erkundigen Sie sich nach der Versicherungssumme und Abweichungen von den Allgemeinen

Rechtsschutzbedingungen. Klären Sie, ob das Angebot für Sie wichtige Extras wie Schutz bei Anlegerklagen oder beim Widerspruchsverfahren bei Behörden enthält.

Insbesondere bei folgenden Versicherungsgesellschaften neben dem BdV-Gruppenvertrag empfiehlt es sich, ein Angebot einzuholen:

- ASSTEL (Tarif Asstel RS (300 000), DMB – Deutscher Mieterbund (Tarif DMB Expert (unb.)), HDI-Gerling (Tarif HDI-Gerling Classic Makler (500 000) oder HDI Direkt RS (400 000)), Jurpartner (Tarif Jurpartner RS (300 000)), LVM (Tarif LVM Plus (1 000 000)), Neue Rechtsschutz (Tarif NRV RS), Rechtschutz Union (Tarif Rechtschutz Union Top-Star)

→ Achten Sie beim Beitragsvergleich auf Sondertarife, beispielsweise für Beamte, Singles, Senioren.

→ Achten Sie auf nahtlosen Übergang bei Wechsel des Versicherungsunternehmens. In diesem Fall kann die vereinbarte Wartezeit oft entfallen.

→ Vergleichen Sie auch die Leistungen, vor allem wenn Sie schon absehen können, dass gewisse Extras für Sie wichtig sind.

→ Bei gelegentlichen Auslandsaufenthalten sollten Sie darauf achten, das Ihr Vertrag weltweiten Deckungsschutz gewährt.

→ Der Versicherer sollte zudem die »Folgeereignistheorie« zum Gegenstand des Vertrages machen und nicht die »Kausalereignistheorie«. Nach der Folgeereignistheorie gilt derjenige Zeitpunkt als Eintritt des Versicherungsfalles, in dem das geschützte Rechtsgut beeinträchtigt wird.

Versicherungsfall

Weil die Rechtsschutzversicherung nur die Kosten übernimmt, wenn Ihr Fall Aussicht auf Erfolg hat, sollten Sie den Versicherer frühzeitig informieren. Sie können den Sachverhalt selbst schildern und die Unterlagen beifügen. Alternativ können Sie einen Rechtsanwalt aufsuchen. Falls er den Fall für aussichtsreich ansieht, reicht er den Vorgang beim Versicherer ein und bittet um Kostendeckungszusage.

- → Lassen Sie sich vor Beginn eines Rechtsstreits von Ihrem Versicherungsunternehmen eine Zusage über die Kostenübernahme (»Deckungszusage«) geben. Andernfalls laufen Sie Gefahr, dass Sie die Kosten aus eigener Tasche bestreiten müssen.
- → Klären Sie, dass der Anwalt maximal die gesetzlich festgelegten Honorarsätze nach dem Rechtsanwaltsvergütungsgesetz berechnet.
- → Bei der Suche nach einem spezialisierten Rechtsanwalt hilft nicht nur der Blick in die Gelben Seiten. Auskunft erteilen auch die regionalen Anwaltskammern, der Deutsche Anwaltverein oder gewerbliche Suchdienste (vgl. Abschnitt »Der richtige Anwalt«, S. 363).
- → Halten Sie Fristen unbedingt ein, vor allem bei Bescheiden von Behörden oder Sozialversicherungen, wie Krankenkassen, Kündigungsschutzklagen, Mahn- und Vollstreckungsbescheiden sowie Strafbefehlen. Andernfalls

werden die Bescheide rechtskräftig, und Sie haben keine Möglichkeit mehr, dagegen vorzugehen.

→ Melden Sie Ihrem Versicherer wichtige Risikoveränderungen wie einen Kfz-Wechsel, einen Wechsel in eine selbstständige Tätigkeit oder Änderungen der Mieteinnahmen, um Ihren Versicherungsschutz nicht zu gefährden.

8. Reiseversicherungen

Auslandsreisekrankenversicherung

Sehr wichtig ist eine private Auslandsreisekrankenversicherung. Die gesetzliche Krankenversicherung bietet nämlich in vielen Ländern überhaupt keinen Versicherungsschutz und in den Staaten, mit denen ein entsprechendes Sozialversicherungsabkommen besteht, werden von den Krankheitskosten von der Krankenkasse nur so viel übernommen wie in dem Reiseland üblich sind. Weiteres zu diesem Thema finden Sie im Kapitel »Krankenversicherung« ab Seite 99.

Reise-Rücktrittskostenversicherung

Diese zahlt, wenn aus wichtigem Grund eine gebuchte Reise nicht angetreten werden kann und der Reiseveranstalter Stornogebühren fordert. Wichtige Gründe sind z. B. plötzlich eintretende schwere Krankheiten und Unfälle, Schwangerschaft, Impfunverträglichkeit, Brand des eigenen Büros oder Hauses, Verlust des Arbeitsplatzes und neuer Arbeitsplatz nach einer Arbeitslosigkeit. Die Versicherung leistet jedoch nicht in Fällen höherer Gewalt, wie z. B. Bürgerkrieg, Kernunfall und Streik. Sie muss spätestens acht bis 14 Tage nach Buchung abgeschlossen sein. Die Prämien richten sich insbesondere nach dem Reisepreis. Bei einem Reisepreis von 1500 Euro pro Person liegen die Prämien zwischen 30 Euro und 60 Euro. Zusätzlich kann auch der Abbruch der Reise und sogar eine unfreiwillige Verlängerung abgesichert werden. Günstige Anbieter: Elvia (Tarif Vollschutz), Hanse Merkur (Tarif Plus Urlaubsgarantie)

Reise-Gepäckversicherung

Wenig sinnvoll ist eine Reise-Gepäckversicherung. Sie soll den Verlust oder die Beschädigung des Reisegepäcks ersetzen. Reise-Gepäckversicherungen zahlen aber in vielen Fällen nicht oder nur einen gewissen Anteil. Wertsachen, Kameras, Schmuck, Pelze etc. sind z.B. oft nur bis zu einer bestimmten Prozentzahl der Gesamtversicherungssumme versichert. Außerdem gelten für die Aufbewahrung und das Tragen von Wertgegenständen besondere Auflagen. Den Geschädigten wird von den Gesellschaften daher oft, vor allem bei Diebstahl und Beraubung, vorgeworfen, grob fahrlässig gehandelt zu haben. (So darf eine Kamera nicht einfach nur über die Schulter gehängt werden). Ein weiteres Hindernis: Wenn ein Schaden eintritt, muss an Ort und Stelle eine polizeiliche Meldung gemacht werden – auch wenn man dadurch den Rückflug verpasst. Besser als der Abschluss einer solchen Versicherung ist es daher, alle wertvollen Sachen zu Hause zu lassen. Bei Einbruch und Raub im Ausland zahlt im vereinbarten Umfang auch die Hausratversicherung. Anbieter: Barmenia, Europäische Reiseversicherung.

Reiseversicherungspakete

Vorsicht bei Reiseversicherungspaketen! Sie werden typischerweise beim Buchen einer Urlaubsreise angeboten und beinhalten für gewöhnlich Versicherungsschutz für Krankheit, Unfall, Haftpflicht und Gepäck. Die wichtigen Versicherungen, wie Privathaftpflicht und Unfallversicherungen, die (außer bei einigen alten DDR-Versicherungen) weltweit gelten, sollten bereits bestehen. Sie werden aber trotzdem immer wieder in »Reisepaketen« angeboten. Wer auf diese »Schutzpakete« hereinfällt, zahlt doppelt! Die wichtige Auslandsreisekrankenversicherung sollte besser einzeln abgeschlossen werden.

9. Krankenversicherung

Die Mehrheit der Bundesbürger ist in der gesetzlichen Krankenversicherung pflichtversichert. Sie kann zwischen unterschiedlichen Orts-, Ersatz-, Betriebs- und Innungskrankenkassen sowie seit kurzem der Knappschaft (am 1. Januar 2008 Zusammenschluss mit Seekrankenkasse) wählen. Nur wer als Arbeitnehmer mit seinem Einkommen drei Jahre lang über der Jahresarbeitsentgeltgrenze (sog. Pflichtgrenze) liegt, selbstständig, freiberuflich tätig oder Beamter ist, kann entscheiden, ob er sich privat oder gesetzlich versichert. Außerdem gibt es inzwischen eine Fülle von privaten Zusatzversicherungen, die Lücken der gesetzlichen Kassen schließen sollen und um die Gunst (und das Geld) der gesetzlich Versicherten werben. Welche Kriterien Sie bei Ihrer Entscheidung berücksichtigen müssen und welche der Zusatzangebote Sinn haben, erläutern wir in diesem Kapitel.

Gesetzliche Krankenversicherung

Versicherungspflicht für 90 Prozent der Bevölkerung

Krankenversicherungsschutz ist unverzichtbar. Gesundheit ist ein hohes Gut. Eine chronische Erkrankung, eine komplizierte Operation oder ein langer Krankenhausaufenthalt können rasch teuer werden. Um eine ausreichende und bezahlbare Gesundheitsversorgung zu ermöglichen, besteht deshalb für die meisten Arbeitnehmer eine Versicherungspflicht. Wenn Ihr jährliches Bruttoeinkommen unterhalb eines festgelegten Betrags liegt, müssen Sie sich in einer gesetzlichen Krankenkasse versichern. Diese sogenannte Jahresarbeitsentgeltgrenze (= Versicherungspflichtgrenze) wird jährlich angepasst und beträgt 48 600 Euro im Jahr 2009. Wer drei Jahre lang mehr verdient, selbstständig oder Beamter ist, kann wählen, ob er sich freiwillig in der gesetzlichen Krankenversicherung oder privat versichert (vgl. dazu Abschnitt »Privat oder gesetzlich versichern«, S. 155).

Ebenfalls pflichtversichert sind

- Auszubildende, Studierende, Praktikanten,
- Rentner mit bestimmten Vorversicherungszeiten,
- Arbeitslose, die Leistungen der Bundesagentur für Arbeit erhalten,
- ALG II-Empfänger, (aber nicht, wenn sie z.B. unmittelbar zuvor privat versichert oder selbstständig waren)
- Landwirte und mitarbeitende Familienangehörige,
- Künstler und Publizisten nach dem Künstlersozialversicherungsgesetz.

Über die Familienversicherung können Ehepartner, eingetragene Lebenspartner und minderjährige Kinder beitragsfrei mitversichert werden. Kinder, die sich noch in der Schul- oder Berufsausbildung befinden, können bis zum vollendeten 25. Lebensjahr mitversichert werden. Wichtige Voraussetzung ist, dass Ihr Einkommen eine bestimmte Höhe (360 Euro monatlich bzw. 400 Euro Mini-Job für geringfügig Beschäftigte) im Jahr 2009 nicht überschreitet.

Sozialhilfeempfänger sind den gesetzlich versicherten Personen leistungsrechtlich gleichgestellt und erhalten von der Kasse eine Chipkarte, sind aber keine Mitglieder. Sie können auch in der privaten Krankenversicherung versichert sein, wenn sie dieser angehören oder ihr zuzurechen sind. Die Beiträge zur gesetzlichen Krankenversicherung werden für Sozialhilfeempfänger von den Sozialhilfeträgern übernommen. Sind diese Privatversicherte, werden Beiträge übernommen, soweit sie angemessen sind.

→ Die kostenlose Broschüre »Ratgeber zur neuen Gesundheitsversicherung« des Bundesministeriums für Gesundheit (BMG) gibt einen guten Überblick über Rechte und Leistungen für gesetzlich Krankenversicherte. Individuelle Fragen beantwortet das Bürgertelefon des Ministeriums unter 0 18 05-99 66 02 (0,14 Euro/Min.). Eine Beratung erhalten Sie auch von der Unabhängigen Patientenberatung Deutschland (UPD), die Sie unter 08 00-0 11 77 22 kostenfrei erreichen können.

→ Studierenden steht es grundsätzlich frei, zwischen der studentischen Krankenversicherung und der Familienversicherung (bis 25 Jahre möglich) zu wählen. Unter Kostengesichtspunkten ist die Familienversicherung generell günstiger. Wenn Studierende neben dem Studium arbeiten, dürfen dabei jedoch die Einkommensgrenzen für die Familienversicherten nicht überschritten werden.

Fast identische Leistungen

Die Angebote der gesetzlichen Krankenversicherungen unterscheiden sich kaum. Etwa 95 Prozent der Leistungen sind per Gesetz vorgeschrieben. Detailregelungen legt der Gemeinsame Bundesausschuss fest. Ihm gehören Vertreter der Ärzteschaft und der gesetzlichen Krankenkassen an, außerdem nehmen Patientenvertreter beratend teil.

Nur in einigen Bereichen können die Kassen Zusatzleistungen, sogenannte Satzungsleistungen, anbieten (vgl. dazu Abschnitt »Sonderleistungen – Extras, die sich lohnen?«, S. 111). Auch müssen die Kassen bestimmte Wahltarife, wie z.B. Hausarztmodelle, anbieten. Weitere Wahltarife, wie Selbstbehalttarife, können die Krankenkassen zusätzlich im Angebot haben (vgl. Abschnitt »Wahltarife«, S. 114).

Gesetzlich festgelegte Leistungen

Der gesetzliche Pflichtkatalog umfasst nicht nur medizinische Hilfe bei Krankheit, sondern auch die Früherkennung und Verhütung von Erkrankungen. Als Versicherter haben Sie Anspruch auf ein breites Spektrum an Gesundheitsleistungen:

Arzt und Zahnarzt

- Sie können den Arzt und Zahnarzt unter allen niedergelassenen (Zahn-)Ärzten mit Kassenzulassung frei wählen. Das Honorar für zugelassene Leistungen wird aber nicht immer in vollem Umfang von der Kasse bezahlt, wie z. B. beim Zahnersatz. Kosten für Heilpraktiker darf die Krankenkasse nicht übernehmen.
- Bei der Zahnbehandlung werden die Kosten für Regelleistungen wie Amalgamfüllungen getragen. Für Inlays mit anderen Materialien, wie zum Beispiel Keramik oder Gold, zahlt die Kasse ebenfalls nur einen Zuschuss in derselben Höhe. Die wesentlichen Mehrkosten haben Sie in diesen Fällen selbst zu tragen.
- Beim Zahnersatz (z. B. Kronen, Brücken, Prothesen) zahlt die Kasse seit 2005 einen sogenannten »befundbezogenen Festzuschuss«. Er beträgt bei einer Regelversorgung z. B. mit metallischen Kronen etwa 50 Prozent der Kosten für Behandlung und zahntechnische Herstellung. Bei regelmäßiger Zahnpflege und Vorsorge kann er sich bis auf 65 Prozent (Nachweis durch Bonusheft) erhöhen. Zuschüsse gibt es auch für andersartige Versorgung, z. B. für Implantate oder eine voll verblendete Krone. Sie erhalten aber auch in diesen Fällen nur den Festkostenzuschuss. Die teilweise erheblichen Mehrkosten, insbesondere bei Implantaten, gehen zu Ihren Lasten.
- Kieferorthopädische Behandlungen wie Zahnspangen werden bis zum 18. Lebensjahr übernommen. Nur bei Vorliegen der kieferorthopädischen Indikationsgruppen (KIG) mit den Graden 3, 4 und 5 besteht ein Leistungsanspruch.

- Bei einer psychotherapeutischen Behandlung richtet sich die maximale Anzahl der Sitzungen nach der zu behandelnden Erkrankung, dem Einzelfall und der jeweiligen Therapieform. Bei der analytischen Psychotherapie können z.B. maximal bis zu 300 Sitzungen bei einem ärztlichen oder psychologischen Therapeuten gezahlt werden. Erstattungsfähige Therapieformen sind die analytische Psychotherapie (»Psychoanalyse«), tiefenpsychologisch fundierte Psychotherapie und Verhaltenstherapie. Bei schweren psychischen Erkrankungen finanzieren die Kassen eine Betreuung durch einen Sozialtherapeuten, wenn sich dadurch ein Krankenhausaufenthalt vermeiden oder verkürzen lässt.
- Bei Schwangerschaft und Geburt sind Betreuung und Nachsorge durch Arzt und Hebamme sichergestellt. Unter bestimmten Voraussetzungen kommt die Kasse für die Hälfte der Kosten einer künstlichen Befruchtung auf.
- Auf Verordnung des Arztes zahlt die Krankenkasse für bis zu vier Wochen die Kosten für häusliche Krankenpflege. Diese ist normalerweise begrenzt auf die Behandlungspflege (z.B. Wundversorgung, Spritzen). Für die Grundpflege wie Waschen, Hilfe beim Essen und die hauswirtschaftliche Versorgung wie Einkaufen und Putzen kommen die Kassen meist auf, wenn dadurch ein Krankenhausaufenthalt verkürzt oder vermieden werden kann. Voraussetzung dafür ist aber, dass kein anderes Haushaltsmitglied die Pflege übernehmen kann.
- Die Kosten für eine Haushaltshilfe trägt die Krankenkasse, wenn während einer häuslichen Krankenpflege, eines

Krankenhaus- oder Kuraufenthalts mindestens ein Kind unter zwölf Jahren oder ein behindertes Kind zu Hause versorgt werden muss und kein Familienmitglied dazu in der Lage ist.

- → Bei einer Zahnersatz-Behandlung sollten Sie die Kostenfrage vor Beginn klären. Der Zahnarzt muss Ihnen vor der Behandlung einen detaillierten und kostenlosen Heil- und Kostenplan erstellen. Dieser muss den Befund, die Regelversorgung sowie die tatsächlich vorgesehene Behandlung mitsamt Kosten enthalten. Außerdem ist gesetzlich vorgeschrieben, dass der Zahnarzt mit Ihnen schriftlich eine Mehrkostenvereinbarung abschließt, aus der hervorgeht, welche Kosten Sie selbst tragen müssen. Holen Sie außerdem zum Vergleich Angebote bei anderen Zahnärzten ein.
- → Informationen über die Regelleistungen erhalten Sie bei Ihrer Krankenversicherung, bei der Kassenzahnärztlichen Bundesvereinigung und dem Gemeinsamen Bundesausschuss. Eine Liste mit Festzuschüssen finden Sie online unter www.g-ba.de.
- → Für Versicherte mit geringem Einkommen gilt beim Zahnersatz eine Härtefallregelung. Alleinstehende mit einem monatlichen Bruttoeinkommen bis zu 1008 Euro (2009) müssen bei der Regelversorgung gar keine Zuzahlung leisten. Danach beginnt eine gleitende Härtefallregelung mit einem Anspruch auf eine teilweise Restkostenübernahme abhängig vom Einkommen. Erkundigen Sie sich hierzu bei Ihrer Krankenkasse.

Krankenhaus, Vorsorge- und Rehabilitationsmaßnahmen (»Kuren«)

Übernommen werden die Kosten für eine Behandlung oder stationäre Entbindung in einem nahe gelegenen, geeigneten Krankenhaus. Abgedeckt ist die Vergütung für das Krankenhaus, die pro Fall (DRG-Fallpauschale) gezahlt wird. Darin eingeschlossen sind die Arzt- und Pflegekosten, Arznei-, Heil- und Hilfsmittel sowie die Verpflegung und Unterbringung im Mehrbettzimmer (allgemeine Pflegekasse). Mehrkosten für eine teurere, weiter entfernt liegende Klinik, Chefarztbehandlung, Einzel- oder Zweibettzimmer muss der Patient selbst tragen.

- Vergleichbare Kosten übernimmt die Kasse bei einer stationären Vorsorge- oder Rehabilitationsmaßnahme (»Kur«) in zugelassenen Einrichtungen. Diese Leistungen gibt es normalerweise nur alle vier Jahre und für einen Aufenthalt von maximal drei Wochen.
- Bei ambulanten Vorsorge- und Rehabilitationsmaßnahmen sind die Leistungen beschränkt auf die ärztliche Behandlung, Medikamente, Heil- und Hilfsmittel. Die Dauer ist für Vorsorge auf maximal drei Wochen begrenzt.
- Auch Mutter- und Vater-Kind-Kuren gehören zu den Regelleistungen.
- Für einen Hospizaufenthalt gewähren Kassen einen Zuschuss.

→ Klären Sie die Kostenfrage vorab mit der Kasse, wenn Sie nicht in eines der nächstgelegenen Krankenhäuser eingewiesen werden wollen.

Prävention und Früherkennung von Krankheiten

- Zur Prävention gehören die Kontrolluntersuchungen beim Zahnarzt, Vorsorgeleistungen für Schwangere und Neugeborene, Beratung zur Empfängnisverhütung, Sterilisation und Schwangerschaftsabbruch in medizinisch begründeten Fällen sowie die bereits erwähnten Vorsorgekuren.
- Zur Früherkennung von Krankheiten übernimmt die Krankenversicherung die Kosten für Vorsorgeuntersuchungen bei Kindern und Jugendlichen sowie ab bestimmten Altersgrenzen für ausgewählte Krankheiten, wie Krebs, Diabetes, Nieren- sowie Herz-Kreislauf- Erkrankungen.

Arznei-, Heil- und Hilfsmittel, Fahrtkosten

- Die Kasse kommt für verschreibungspflichtige Arzneimittel auf. Bei schwerer Krankheit kann sie außerdem für einige rezeptfreie Mittel, die in der »kleinen Positivliste« aufgeführt sind (z.B. Misteltherapie bei Krebs im Endstadium, »Aspirin« nach Herzinfarkt oder Schlaganfall), zahlen. Für bestimmte Arzneimittel und Wirkstoffkombinationen erstattet die Kasse einen festgelegten Höchstbetrag. Wird ein teureres Medikament verschrieben, müssen Sie als Patient die Mehrkosten tragen.
- Aus eigener Tasche müssen Patienten ab zwölf Jahren rezeptfreie Medikamente bezahlen, Bagatellarzneimittel (z.B. Kopfschmerz-, Erkältungs- und Abführmittel) für Patienten ab 18 Jahren sowie Verhütungsmittel und sogenannte Lifestyle-Mittel, wie Appetithemmer und Potenzmittel.
- Für Heilmittel wie Krankengymnastik, Massage, Sprach-

oder Ergotherapie zahlt die Krankenkasse, wenn sie vom Arzt verordnet werden und in der Heilmittel-Richtlinie aufgenommen sind. Ausgeschlossen ist daher eine Kostenübernahme für nicht zugelassene Heilmittel wie Musiktherapie. Leistungen dürfen nur Fachleute wie Physiotherapeuten erbringen.

- Für ärztlich verordnete Hilfsmittel wie Rollstühle, Prothesen, Hörgeräte und Brillen zahlt die Kasse Festbeträge. Wem die einfache Ausführung nicht zusagt, der muss die Mehrkosten privat übernehmen. Bei Hilfsmitteln, wie Inkontinenzhilfen, die verbraucht werden, werden 90 Prozent erstattet. Zuschüsse für Brillen erhalten nur noch Kinder und schwer Sehbehinderte. Messgeräte werden nur erstattet, wenn sie zur ständigen Überwachung einer Krankheit erforderlich sind.
- Bezahlt werden Fahrtkosten zu stationären und bestimmten ambulanten Behandlungen wie Dialyse, Chemo- und Strahlentherapie sowie bei schweren Behinderungen. Auf Verordnung des Arztes können sie auch in weiteren vergleichbaren Krankheitsfällen übernommen werden.

→ Welche Kosten die Krankenkassen übernehmen, erfahren Sie beim Gemeinsamen Bundesausschuss (www.g-ba.de). Dort können Sie auch das Hilfsmittelverzeichnis sowie die Heilmittelrichtlinien und den Heilmittelkatalog des Gemeinsamen Bundesausschusses abrufen, in denen steht, welche Heil- und Hilfsmittel verordnet werden dürfen. Außerdem finden Sie Informationen, wann die Kasse bei einer Sehschwäche zahlt.

- Wenn für ein Medikament Festbeträge festgelegt sind, muss der Arzt Sie informieren, wenn er Ihnen ein teureres Mittel verschreiben will. Besprechen Sie daher mit ihm, welche Arzneimittel zum Festbetrag in Betracht kommen. Lassen Sie sich in der Apotheke beraten. Der Apotheker muss auf Ihren Wunsch ein preisgünstigeres Medikament mit den gleichen Wirkstoffen abgeben. Voraussetzung ist, dass der Arzt auf dem Rezept nicht ausschließt, dass das verordnete Medikament durch ein anderes ersetzt wird (»Aut-idem-Regelung«). Alternativ kann er Ihnen nur einen bestimmten Wirkstoff verschreiben und kein bestimmtes Arzneimittel. Mit einem billigeren Medikament verringert sich auch die Zuzahlung.
- Sparen können Sie bei rezeptfreien Arzneimitteln – und zwar gleich mehrfach. Erstens lohnt sich ein Preisvergleich, denn die Preisbindung wurde aufgehoben. Auch eine Bestellung im Versandhandel kann sich auszahlen. Dabei müssen Sie aber die Versandkosten sowie die Lieferzeiten mit einkalkulieren. Zweitens sollten Sie sich erkundigen, ob es ein preisgünstigeres Medikament mit dem gleichen Wirkstoff gibt. Denn oft bieten verschiedene Hersteller den gleichen Wirkstoff in unterschiedlichen Präparaten und zu unterschiedlichen Preisen an. Billiger sind auch Nachahmerprodukte, die sogenannten Generika, weil der Patentschutz abgelaufen ist.
- Achten Sie bei der Online-Bestellung darauf, dass die Versandapotheke seriös ist und z. B. von der zuständigen Behörde zugelassen wurde.
- Erkundigen Sie sich bei Ihrer Kasse nach preisgünstigen

Anbietern von Hilfsmitteln. Einige Hilfsmittel werden leihweise zur Verfügung gestellt.

→ Lassen Sie sich Fahrten zur ambulanten Behandlung auf jeden Fall vorher von der Kasse genehmigen.

Finanzielle Leistungen

- Kranke Arbeitnehmer erhalten zunächst noch sechs Wochen Lohn oder Gehalt vom Arbeitgeber. Danach zahlt die Krankenversicherung ein Krankengeld in Höhe von 70 Prozent des regelmäßigen Bruttogehalts, maximal 90 Prozent des Nettoarbeitsentgeltes. Anspruch auf Krankengeld besteht für 78 Wochen innerhalb von drei Jahren.
- Für jedes mitversicherte Kind unter zwölf Jahren stehen Ihnen bei Erkrankung bis zu zehn Tage Krankengeld zu, wenn keine andere Person im Haushalt die notwendige Pflege übernehmen kann. Bei mehreren Kindern können Sie maximal 25 Tage beanspruchen, als alleinerziehender Elternteil jeweils die doppelte Tageszahl. Bei behinderten und schwerstkranken Kindern gilt diese Altersbegrenzung nicht.
- Mutterschaftsgeld wird für sechs Wochen vor und acht Wochen (zwölf Wochen bei Früh- und Mehrlingsgeburten) nach der Geburt bewilligt. Die Kasse übernimmt maximal 13 Euro pro Kalendertag. Durch Arbeitgeber und Bundeszuschuss wird das Mutterschaftsgeld auf das durchschnittliche Nettoeinkommen der letzten drei Monate vor der Geburt aufgestockt. Es muss bei der zuständigen Kasse beantragt werden.

Sonderleistungen – Extras, die sich lohnen?

Neben den Pflichtleistungen haben die Kassen in begrenztem Umfang Spielraum für zusätzliche Leistungen. Je nach Ausgestaltung und den eigenen Bedürfnissen bringen diese sogenannten Satzungsleistungen den Versicherten Vorteile oder aber Extras, die kaum mehr sind als gute Werbung. Interessante Angebote finden Sie vor allem für chronisch Kranke und Versicherte mit Kindern.

- Einige Krankenkassen bieten erweiterte Leistungen bei der häuslichen Krankenpflege, insbesondere für die Grundpflege und häusliche Versorgung. Sie werden beispielsweise auch übernommen, wenn keine Krankenhausbehandlung ansteht.
- Eine Haushaltshilfe stellen einige Kassen bereits dann zur Verfügung, wenn der Kranke keine häusliche Pflege erhält, aber den Haushalt nicht führen kann oder wenn ein Kind ins Krankenhaus begleitet werden soll. Unterschiede bestehen weiter bei der bewilligten Dauer und beim Alter der Kinder, die versorgt werden müssen. Teilweise gibt es Leistungen, selbst wenn keine Kinder versorgt werden müssen.
- Bei der ambulanten Rehabilitation, bei der Sie zu Hause wohnen, sowie ambulanten Vorsorgemaßnahmen (auch als »ambulante Kur« bekannt) können Krankenkassen einen zusätzlichen Zuschuss von maximal 13 Euro täglich für Unterkunfts-, Verpflegungs- und Fahrtkosten gewähren.
- Für den Aufenthalt im Hospiz zahlen einige Kassen einen erhöhten Zuschuss.

- Bei Impfungen gibt es vor allem Unterschiede bei den Auffrisch- und Indikationsimpfungen für Erwachsene.
- Neue und alternative Heilverfahren, die sogenannten »besonderen Therapierichtungen« sind grundsätzlich nicht vom Leistungskatalog ausgeschlossen. Sie können finanziert werden, wenn das Verfahren in den Richtlinien über die Bewertung ärztlicher Untersuchungs- und Behandlungsmethoden (BUB-Richtlinien) aufgeführt wird. Außerdem können die Kassen Modellvorhaben zur Erprobung neuer Vorsorge- und Behandlungsmethoden durchführen. Relativ verbreitet sind Modellprojekte für Akupunktur bei bestimmten chronischen Schmerzen, aber auch für Homöopathie und erweiterte Früherkennung für Magen-, Darm- und Hautkrebs, Schlaganfall und Infektionen in der Schwangerschaft.
- Um die Behandlung für chronisch Kranke zu verbessern und stärker aufeinander abzustimmen, müssen die Kassen neuerdings strukturierte Behandlungsprogramme, sogenannte Disease-Management-Programme (DMP) entwickeln und anbieten. Das sind beispielsweise Programme für Asthma, Brustkrebs, Diabetes Typ 1 und Typ 2 sowie koronare Herzerkrankung. Die Teilnahme ist freiwillig. Für Kassen und Versicherte ist sie mit finanziellen Vorteilen verbunden, z. B. Verzicht auf Praxisgebühr oder verringerte Zuzahlungen.
- Außerdem gibt es noch die Möglichkeit der Wahl der integrierten Versorgung. Kassen bieten bei bestimmten Indikationen eine vernetzte Versorgung an. Bei dieser können beispielsweise Haus- und Fachärzte, Krankenhäuser

oder Reha-Einrichtungen zusammenarbeiten. Häufig wird diese Versorgungsform z.B. bei Krebserkrankungen, Hüft- und Knieoperationen sowie der Pallativmedizin angeboten. Neue und integrierte Versorgungsformen sollen die Behandlungsschritte verschiedener medizinischer Fachleute und Einrichtungen besser koordinieren, um sowohl Kosten zu sparen wie auch die Behandlungsqualität zu verbessern. Erprobt werden vielfältige Konzepte wie ambulante Operationen bei Bandscheiben, ambulante Versorgung von Schmerz-, Krebs-, Aids- und Suchtpatienten am Wohnort oder die bessere Vernetzung zwischen stationärer und ambulanter Versorgung bei Erkrankungen wie Herzinfarkt oder Schlaganfall.

- Schulungen für chronisch Kranke finden sich inzwischen für eine Vielzahl von Indikationen wie Asthma, Bluthochdruck, Diabetes, Herz-Kreislauf-Erkrankungen, Rheuma, chronische Schmerzen, Übergewicht.
- Weit verbreitet sind auch Bonusprogramme für Versicherte, die an bestimmten Vorsorgemaßnahmen oder Behandlungsprogrammen wie DMP oder dem Hausarztmodell teilnehmen oder gesundheitsbewusst leben und beispielsweise regelmäßig Sport treiben. Als Belohnung winken Geld- und Sachprämien sowie Wegfall oder Verringerung der Zuzahlungen oder Zuschüsse für Leistungen, die privat bezahlt werden müssen.
- Beim Hausarztmodell dient der Hausarzt als erster Ansprechpartner. Die Teilnahme ist freiwillig. Er überweist den gesetzlich Versicherten falls nötig an einen Facharzt. Das soll nutzlose und doppelte Untersuchungen ersparen.

Einen solchen Tarif haben die Krankenkassen anzubieten. Der Versicherte ist bei einer Teilnahme an der hausarztzentrierten Versorgung an diese und den gewählten Hausarzt mindestens ein Jahr gebunden.

- Das Hausarztmodell, die integrierte Versorgung und das Disease-Management-Programm sind Wahltarife ohne Kassenbindung.

Wahltarife mit dreijähriger Kassenbindung – lohnenswert?

Neben den Wahltarifen ohne Kassenbindung können die Krankenkassen ihren Mitgliedern weitere Wahltarife im eigentlichen Sinn mit einer Bindungsfrist anbieten. Doch diese Wahltarife haben so ihre Tücken. An diese sind Kassenmitglieder dann drei Jahre gebunden. Das können z. B. Beitragsrückerstattungs- und Selbstbehalttarife sein, die jede Kasse allerdings unterschiedlich ausgestalten kann. Beitragsrückerstattungstarife können so aussehen: »Alles oder Nichts-Prinzip« – Wer ein ganzes Jahr gar nicht auf Kosten der Kasse zum Arzt geht, erhält im Folgejahr bis zu einem Monatsbeitrag zurück. Die Regelung kann vorsehen, dass sich auch kein familienversichertes Mitglied auf Kosten der Kassengemeinschaft behandeln lassen darf. Selbstbehalttarife: Das lohnt sich für den Versicherten nur, wenn er in einem Jahr weniger Behandlungskosten verursacht, als er an Prämie von der Kasse zurückerhält. Sowohl Prämie als auch Selbstbehalt sind nach Einkommen gestaffelt. Bei Kostenerstattungstarifen erhalten die Versicherten wie Privatpatienten vom Arzt eine Rechnung, die sie zu bezahlen haben. In der Praxis kommt es oft zu Ärger, weil nicht alle Behandlungen und Kosten von der Kasse übernommen werden. Den zum Teil erheblichen Rest muss der Versicherte selber bezahlen. Selbst ein privater ambulanter Zusatztarif führt nicht in jedem Fall dazu, dass nicht dennoch Restkosten übrig bleiben. Ein solcher ambulanter Zusatztarif ist außerdem noch teuer. Die Wahl eines Kostenerstattungstarif ist daher nicht empfehlenswert (vgl. hierzu auch den nächsten Abschnitt »Sachleistung oder Kostenerstattung«). Selbstständige und Freiberufler können seit 1. Januar 2009 Wahltarife Krankengeld abschließen, um ihren Verdienstausfall abzusichern. Das ist ein Angebot, das alle Kassen nunmehr vorsehen müssen (Nähere Einzelheiten – Kapitel »Krankentagegeld-Versicherung« Abschnitt: »Ersatz für Verdienstausfall«, S. 173).

Über diese Wahltarife hinaus können die Kassen neuerdings auch weitere Wahltarife anbieten, die beispielsweise die Kosten der Unterbringung im Ein- oder Zweibettzimmer oder für ärztlich verordnete Naturarzneimittel beinhalten. Manche dieser Tarife sind vom Bundesversicherungsamt (BVA) allerdings noch nicht zugelassen, einige wurden gar nicht erst genehmigt. Solche Wahltarife sind praktisch eine Art von Zusatzversicherungen, die bisher nur von privaten Krankenversicherungsunternehmen angeboten werden durften. Nach Willen des Gesetzgebers sollen Sie den Wettbewerb zwischen den gesetzlichen Krankenkassen und den privaten Krankenversicherern stärken. Einzelne Krankenkassen bieten solche Wahltarife schon an. Bietet Ihre Krankenkasse Zusatzleistungen als Wahltarif an, könnte das eine Möglichkeit sein, wenn Sie aus gesundheitlichen Gründen und/oder

Altersgründen keine private Krankenzusatzversicherung abschließen können. Berücksichtigen sollten Sie dabei, dass Sie für drei Jahre an den Tarif und die Kasse gebunden sind. Der Zusatzversicherungsschutz muss zudem nicht lebenslang gelten. Die Krankenkasse kann Wahltarife auch wieder streichen. Wenn Sie zusätzlichen Krankenversicherungsschutz in Betracht ziehen, sollten Sie die Angebote ihrer Krankenkasse mit denen der privaten Krankenversicherungsunternehmen eingehend vergleichen. Auch ein Abgleich mit den Angeboten anderer Kassen kann sich anbieten. Jedoch gibt es bisher noch keine marktübergreifenden Vergleiche solcher Angebote. Bevor Sie diese Vergleiche anstellen, sollten Sie zuerst prüfen, ob und welchen Krankenversicherungs-Zusatzschutz Sie wirklich benötigen (Näheres hierzu: »Private Kranken-Zusatzversicherungen«, S. 161). Gegen manche Wahltarif-Angebote gehen private Krankenversicherer auch rechtlich vor. Schon grundsätzlich bestehen verfassungsrechtliche Bedenken der privaten Krankenversicherer gegen die Zulässigkeit derartiger Wahltarife. Das ist auch Gegenstand einer Verfassungsbeschwerde, deren Ausgang abzuwarten bleibt. Eine kostenfreie Beratung zu den Wahltarifen der gesetzlichen Krankenkassen können Sie von der Unabhängigen Patientenberatung Deutschland (UPD) unter 08 00-0 11 77 22 erhalten.

Sachleistung oder Kostenerstattung?

Im Gesundheitswesen erhalten Versicherte überwiegend Sachleistungen. Wer zum Arzt oder ins Krankenhaus geht, muss nur die Versichertenkarte vorlegen. Um die Kosten muss sich der Patient nicht kümmern. Der Arzt oder ein anderer Leistungserbringer rechnet direkt mit der Krankenkasse ab. Das ist bequem, hat aber zur Folge, dass Versicherte keinen Überblick über die entstandenen Kosten erhalten und nicht nachprüfen können, ob korrekt abgerechnet wurde. Wer einen Nachweis haben möchte, kann sich neuerdings aber eine Patientenquittung ausstellen lassen.

Alternativ besteht die Möglichkeit das Kostenerstattungsverfahren zu wählen. Patienten bezahlen die Rechnung zunächst selbst und reichen sie im Anschluss bei ihrer Krankenkasse ein. Für Patienten ist dies aber mit Risiken verbunden. Denn der Arzt darf nach der Gebührenordnung für Privatpatienten abrechnen. Er kann damit ein deutlich höheres Honorar veranschlagen. Erstattet werden aber nur die niedrigeren Kassensätze. Außerdem kann er Posten auf die Rechnung setzen, die nicht zu den Kassenleistungen gehören. Ein Zurück gibt es erst nach einem Jahr, so lange sind Sie für alle Behandlungen in dem von Ihnen gewählten Bereich (oder Bereichen), wie z. B. ambulant, gebunden. Das Ergebnis: Als Patient bleiben Sie auf erheblichen Zusatzausgaben sitzen, die Sie allein tragen müssen. Eine private ambulante Zusatzversicherung abzuschließen, um diese Restkosten aufzufangen, bietet sich deshalb nicht an, weil diese erstens zu teuer ist und zweitens meist dennoch Restkosten übrig bleiben, die aus eigener Tasche zu zahlen sind. Der Rat lautet daher: Finger weg von der Kostenerstattung.

Zuzahlungen

Egal, ob Sie zum Arzt oder Zahnarzt gehen, im Krankenhaus behandelt werden oder in der Kurklinik, Medikamente oder Heil- und Hilfsmittel benötigen, Fahrtkosten, häusliche Krankenpflege oder eine Haushaltshilfe beanspruchen: Seit dem 1. Januar 2004 müssen sich Patienten bei praktisch jeder Kassenleistung mit einer Zuzahlung beteiligen.

Auf den ersten Blick sind die Zuzahlungen verwirrend. Mal sind es 10 Euro wie bei der Praxisgebühr, mal zehn Prozent wie bei den Hilfsmitteln, außerdem gelten unterschiedliche Höchstbeträge und Ausnahmeregelungen.

Als Grundregel gilt, dass Sie
- zehn Prozent der Kosten zuzahlen müssen,
- mindestens 5 Euro und
- maximal 10 Euro, aber
- nie mehr als den tatsächlichen Preis.

Zuzahlungsregelungen im Überblick

	Zuzahlung	Mindest-/ Höchstgrenzen	Anmerkung
Arztbesuch	pro Quartal jeweils 10 Euro Praxisgebühr für Arzt, Zahnarzt, Notdienst		Bei Überweisung an andere Ärzte wird keine weitere Praxisgebühr fällig
Rezeptpflichtige Arznei- und Verbandmittel	pro Arznei-/Verbandmittel 10 % der Kosten	mindestens 5 Euro, maximal 10 Euro bzw. die tatsächlichen Kosten	

	Zuzahlung	Mindest-/ Höchstgrenzen	Anmerkung
Fahrtkosten	pro Fahrt 10 %	mindestens 5 Euro, maximal 10 Euro bzw. die tatsächlichen Kosten	nur genehmigte Fahrten; auch Kinder und Jugendliche müssen zuzahlen
Hilfsmittel	pro Hilfsmittel 10 % der Kosten	mindestens 5 Euro, maximal 10 Euro bzw. die tatsächlichen Kosten	Ausnahme: maximal 10 Euro pro Monat für Hilfsmittel, die verbraucht werden (z. B. Windeln bei Inkontinenz)
Heilmittel	pro Verordnung 10 % der Kosten plus 10 Euro		
Häusliche Krankenpflege	pro Verordnung 10 % der Kosten plus 10 Euro	maximal für 28 Tage pro Kalenderjahr	
Haushaltshilfe	pro Tag 10 %	mindestens 5 Euro, maximal 10 Euro	
Soziotherapie	pro Tag 10 %	mindestens 5 Euro, maximal 10 Euro	
Krankenhaus	pro Tag 10 Euro	maximal für 28 Tage pro Kalenderjahr	
Stationäre Vorsorge und Rehabilitation	pro Tag 10 Euro	bei einer Anschlussheilbehandlung (AHB) maximal für 28 Tage pro Kalenderjahr	Bei der Höchstdauer von 28 Tagen werden vorhergehende Krankenhausaufenthalte angerechnet

Praxisgebühr

Bei der Praxisgebühr müssen Sie weitere Detailregelungen beachten. Grundsätzlich fällt die Praxisgebühr pro Quartal nur einmal an, beim ersten Arztbesuch. Dabei spielt es keine Rolle, wie oft und wie viele Ärzte Sie innerhalb der drei Monate aufsuchen. Voraussetzung ist eine Überweisung des zuerst behandelnden Haus- oder Facharztes an andere Ärzte oder für die ambulante Behandlung im Krankenhaus.

Davon gibt es wichtige Ausnahmen: Bei zahnärztlichen Behandlungen und bei der Notfallbehandlung müssen Sie immer eine separate Praxisgebühr bezahlen. Außerdem meist, wenn Sie bei einem Arzt der gleichen Fachrichtung eine Zweitmeinung einholen. Für die jährlich zweimal möglichen Kontrolluntersuchungen beim Zahnarzt fällt die Praxisgebühr jedoch nicht an.

Keine Praxisgebühr fällt außerdem bei Leistungen an, die nicht von der Krankenkasse bezahlt werden. Dazu gehören sowohl Leistungen, die Sie selbst tragen müssen, wie die »Individuellen Gesundheitsleistungen (IGeL)« oder Behandlungen, für die andere Sozialversicherungsträger, die gesetzliche Renten- oder Unfallversicherung, die Kosten übernehmen.

Befreiungen von der Zuzahlung

Patienten sollen aber durch Zuzahlungen nicht finanziell überfordert werden. Außerdem soll die Vorsorge gefördert werden.

Praxisgebühr und Zuzahlungen entfallen daher generell bei

- Kindern und Jugendlichen bis zur Vollendung des 18. Lebensjahres (außer Fahrtkosten),

- Vorsorgeleistungen, die von der Krankenkasse bezahlt werden (z. B. Krebsfrüherkennung, Gesundheits-Check-Up, Zahn- und Schwangerschaftsvorsorge-Untersuchungen) und Schutzimpfungen.

In allen anderen Fällen ist eine vollständige Befreiung von den Zuzahlungen nicht mehr möglich. Sobald die Zuzahlungen jedoch eine bestimmte Höhe erreicht haben, können Sie für den Rest des Jahres befreit werden. Die Befreiung erfolgt jedoch nicht automatisch, sondern nur auf Antrag. Die sogenannte Belastungsgrenze beträgt

- zwei Prozent des Bruttojahreseinkommens (während eines Kalenderjahres) oder
- für schwerwiegend chronisch Kranke nur ein Prozent.

Zugrunde gelegt wird das gesamte Einkommen einer Familie oder Lebenspartnerschaft. Dazu gehören alle Einnahmen, also auch Mieten und Zinsen. Für jeden Familienangehörigen wird ein Freibetrag angerechnet (im Jahr 2009 beträgt er 4536 Euro für den mitversicherten Ehepartner und 3864 Euro für jedes Kind). Das folgende Beispiel für die Familie eines Alleinverdieners mit drei Kindern verdeutlicht die Berechnung:

Das jährliche Familieneinkommen beträgt insgesamt	50.000 Euro
abzüglich Freibetrag für den Ehepartner: 1 × 4536 Euro	4.536 Euro
Abzüglich Freibetrag für drei Kinder: 3 × 3864 Euro	11.592 Euro
Anrechenbares Einkommen	33.872 Euro
davon 2 Prozent (abgerundet)	677 Euro

Diese Familie muss also jährlich rund 677 Euro Zuzahlung leisten, danach kann sie sich auf Antrag befreien lassen.

Schwerwiegend chronisch krank sind Personen, die wenigstens ein Jahr lang mindestens einmal pro Quartal behandelt werden müssen und außerdem entweder

- pflegebedürftig nach Pflegestufe zwei oder drei sind,
- einen Behinderungsgrad oder eine Erwerbsminderung von mindestens 60 Prozent haben oder
- kontinuierliche medizinische Versorgung benötigen, ohne die sich nach ärztlicher Einschätzung die Krankheit lebensbedrohlich verschlimmert, die Lebenserwartung vermindert oder die Lebensqualität dauerhaft beeinträchtigt wird.

Berücksichtigt werden alle Zuzahlungen der versicherten und der mitversicherten Familienmitglieder. Nicht angerechnet werden Kosten für Arznei- und Hilfsmittel, die den von der Krankenkasse übernommenen Festbetrag überschreiten, oder Eigenanteile beim Zahnersatz.

→ Berechnen Sie frühzeitig Ihre Belastungsgrenze und behalten Sie die Höhe der Zuzahlungen im Auge.

→ Beantragen Sie die Befreiung, sobald Sie die Belastungsgrenze erreicht haben. Der Antrag muss jedes Jahr neu gestellt werden.

→ Sammeln Sie alle Zuzahlungsbelege. Bei Krankenkassen oder Apotheken erhalten Sie Quittungshefte und andere Unterlagen, die Ihnen die Übersicht erleichtern.

→ Ist ein mitversichertes Familienmitglied schwerwiegend chronisch krank, gilt für die ganze Familie die Belastungsgrenze von einem Prozent.

- Die Teilnahme an Vorsorgemaßnahmen, an einem Hausarztsystem, strukturierten Behandlungsprogrammen oder einer integrierten Versorgung können die Krankenkassen mit ermäßigten Zuzahlungen belohnen. Fragen Sie bei Ihrer Kasse nach.

Der kleine Unterschied kann entscheiden

Seit 1996 können Sie zwischen zahlreichen Krankenkassen wählen. Obwohl die Leistungen der Krankenkassen weitgehend gleich sind, können Unterschiede im Detail wichtig sein. Klären Sie daher, welche Kasse am besten zu Ihren Bedürfnissen passt:

- Nicht jedem liegt es, wenn der Kontakt mit der Krankenkasse nur schriftlich, telefonisch oder per Internet möglich ist. Wenn Ihnen die persönliche Beratung wichtig ist oder Sie wegen eines komplizierten Krankheitsverlaufs häufiger vorsprechen möchten, sollten Sie darauf achten, dass eine Geschäftsstelle in der Nähe Ihres Wohnortes liegt.
- Für Eltern mit Kindern können erweiterte Leistungen bei der Haushaltshilfe von Interesse sein, für Alleinstehende bei der häuslichen Krankenpflege.
- Wer Wert legt auf alternative Behandlungskonzepte wie Akupunktur oder als chronisch Kranker an einem der neuen Behandlungsangebote wie den Disease-Management-Programmen teilnehmen möchte, sollte klären, welche Kasse diese Maßnahmen anbietet.

Zusätzlich können Sie die Bonussysteme in Augenschein nehmen. Lassen Sie sich aber nicht dazu verleiten, eine Kasse vorrangig anhand der Boni auszuwählen.

Beitragsvergleich lohnt – vor allem bei höheren Einkommen

Die Krankenversicherungsbeiträge richten sich nach dem Einkommen. Maximal werden die Bruttoeinnahmen bis zur Beitragsbemessungsgrenze berücksichtigt (3675 Euro monatlich, Stand 2009). Die Hälfte trägt grundsätzlich der Arbeitgeber bis zu maximal monatlich rund 268 Euro.

Die genaue Beitragshöhe war bis Ende 2008 abhängig von der jeweiligen Krankenkasse. Seit dem 1. Januar 2009 gilt jedoch ein einheitlicher Beitragssatz von derzeit 15,5 Prozent für alle Krankenkassen, der ab dem 1. Juli 2009 auf 14,9 Prozent sinkt. Neu ab 2009 ist: Alle Kassen erhalten aus dem Gesundheitsfonds Geld. Dieser verteilt die Beiträge der gesetzlich Versicherten. Kommt eine Krankenkasse mit dem Geld aus dem Gesundheitsfonds nicht aus, so kann sie jedenfalls einen Zusatzbeitrag bis zu 8 Euro pro Monat von jedem Versicherten verlangen. Soll der Zusatzbeitrag höher sein, darf er maximal ein Prozent des beitragspflichtigen Einkommens – begrenzt auf die Beitragsbemessungsgrenze – betragen. Auch Beitragsrückerstattungen sind möglich, wenn die Krankenkasse Überschüsse erwirtschaftet.

Seit dem 1. Juli 2005 müssen Mitglieder der gesetzlichen Krankenversicherung einen Sonderbeitrag von 0,9 Prozent selber tragen. An diesem beteiligt sich der Arbeitgeber nicht. Das bedeutet er übernimmt 7,3 Prozent der Beiträge (ab 1. Juli 2009: 7 Prozent) zur Krankenkasse. Der Arbeitnehmer hingegen trägt 8,2 Prozent (ab 1. Juli 2009: 7,9 Prozent).

Eine Sonderregelung gilt für Einkommen zwischen 400,01 und 800 Euro. In dieser »Gleitzone« beginnt der Sozialversicherungsbeitrag für die Beschäftigten bei linear rund vier Prozent und erhöht sich allmählich auf den vollen Arbeitnehmerbeitrag bei 800 Euro.

In der gesetzlichen Krankenversicherung gibt es zwei verschiedene Beitragssätze. Sie unterscheiden sich vor allem beim Krankengeld:

- Beim allgemeinen Beitragssatz besteht ein Anspruch auf Krankengeld ab der siebten Krankheitswoche, also nach Wegfall der Lohnfortzahlung durch den Arbeitgeber. Seit dem 1. Januar 2009 gehört das Krankengeld für Selbstständige und Freiberufler nicht mehr zum möglichen Leistungskatalog der gesetzlichen Krankenversicherung. Alle Kassen müssen aber jetzt Wahltarife für Krankengeld für diese Personengruppe anbieten, die aber nicht den Krankengeldregelungen für Arbeitnehmer entsprechen müssen. Deshalb hat das Bundesgesundheitsministerium einen Gesetzentwurf auf den Weg gebracht, der auch Selbstständigen und Freiberuflern ermöglichen soll, in den Genuss des gesetzlichen Krankengeldes (wie Arbeitnehmer) zu kommen. Das ist aber noch nicht Gesetz.
- Einen erhöhten Beitragssatz gibt es seit Anfang 2009 nicht mehr. Dafür müssen die Krankenkassen Wahltarife Krankengeld für alle Selbstständigen und Freiberufler anbieten, die in der gesetzlichen Krankenversicherung sind. Diese Wahltarife können auch die Möglichkeit vorsehen, Krankengeld bereits vor der siebten Woche der Arbeitsunfähigkeit zu erhalten.
- Beim ermäßigten Satz entfällt der Anspruch auf Krankengeld. Diesen können nur Selbstständige und Freiberufler

vereinbaren. Er liegt bei 14,9 Prozent (ab 1. Juli 2009: 14,3 Prozent). Der Verdienstausfall sollte und müsste dann mit einer privaten Krankenzusatzversicherung abgedeckt werden (vgl. auch »Krankentagegeld-Versicherung«, Abschnitt »Ersatz für Verdienstausfall«, S. 173).

Rentnerbeitrag

Der Beitrag von versicherungspflichtigen Rentnern bemisst sich nach der Rentenhöhe. Einbezogen werden außerdem Versorgungsbezüge wie Betriebsrenten und Arbeitseinkommen zusätzlich zur gesetzlichen Rente. Bei freiwillig versicherten Rentnern werden weitere Einkünfte wie Zinsen, Mieten und private Renten berücksichtigt. Rentner zahlen normalerweise den allgemeinen Beitragssatz, obwohl sie keinen Anspruch auf Krankengeld haben. Für den Arbeitgeberanteil kommt bei Pflichtversicherten der Rentenversicherungsträger auf. Freiwillig versicherte Rentner tragen den Beitrag allein, erhalten aber auf Antrag einen Beitragszuschuss vom Rentenversicherungsträger. Er beträgt die Hälfte des allgemeinen Beitragssatzes (derzeit 7,3 Prozent – ab 1. Juli 2009: 7 Prozent) bezogen auf die Rente. Der Sonderbeitrag von 0,9 Prozent ist allein vom Rentner zu tragen. Auf Versorgungsbezüge muss in beiden Fällen der volle Beitrag zur Krankenversicherung gezahlt werden.

Antrag auf Mitgliedschaft

Wenn Sie versicherungspflichtig werden, weil Sie eine Beschäftigung aufgenommen haben, müssen Sie sich innerhalb von zwei Wochen für eine Krankenkasse entscheiden und dieser beitreten. Diese Frist gilt auch bei einer Erstbeschäftigung und einem Arbeitgeberwechsel. Lassen Sie diese Frist verstreichen, kann der Arbeitgeber Sie bei einer Kasse seiner Wahl anmelden.

Jede Krankenkasse – sofern sie sich nicht nur für bestimmte Betriebsangehörige oder regional geöffnet hat – ist verpflichtet, Sie aufzunehmen. Eine Gesundheitsprüfung wie in der privaten Krankenversicherung erfolgt nicht. Nach 18 Monaten oder nach einer Beitragserhöhung können Sie die Kasse wechseln (vgl. Kapitel »Versicherungen beenden«, S. 345).

Freiwillige Versicherung in der gesetzlichen Krankenversicherung

Wer nicht unter die Versicherungspflicht fällt, kann sich in einigen Fällen freiwillig in der gesetzlichen Krankenversicherung versichern. Das gilt auch für Familienversicherte, deren Familienversicherung endet. Darüber hinaus gibt es weitere Personenkreise.

Diese Möglichkeit besteht beispielsweise, wenn Sie aus der Pflichtversicherung ausscheiden, weil ihr Einkommen in drei aufeinanderfolgenden Kalenderjahren über der Versicherungspflichtgrenze gelegen hat.

Zwingend erforderlich für den Beginn einer freiwilligen Versicherung ist grundsätzlich, dass

- unmittelbar davor mindestens eine Familienversicherung oder eine Mitgliedschaft von mindestens zwölf Monaten ohne Unterbrechung bestanden hat oder

– in den letzten fünf Jahren insgesamt eine Vorversicherungszeit von mindestens 24 Monaten in der gesetzlichen Krankenversicherung nachgewiesen werden kann.

Der Beitritt zur freiwilligen Versicherung muss innerhalb von drei Monaten nach Ende der vorhergehenden Versicherung erklärt werden.

Die freiwillige Versicherung schließt immer unmittelbar an das Ende der Pflichtversicherung bzw. der Familienversicherung, unabhängig vom Tag der Antragstellung, an.

Erleichterte Voraussetzungen gelten für Arbeitnehmer, die im Ausland gearbeitet haben, und für Schwerbehinderte.

Wenn Arbeitnehmer in drei aufeinanderfolgenden Kalenderjahren über der Jahresarbeitsentgeltgrenze verdient haben und damit ihre Pflichtversicherung erlischt, hat der Versicherte zwei Möglichkeiten: Entweder er erhält seine Mitgliedschaft aufrecht und wird freiwilliges Mitglied oder aber er erklärt seinen Austritt. Tut er dies nicht innerhalb von zwei Wochen nach dem Ende der Versicherungspflicht, setzt sich nach den Vorschriften des Sozialgesetzbuches die bisherige Mitgliedschaft als freiwillige Versicherung fort.

Auf das Krankengeld achten

Zusätzlich zu den bereits erläuterten Auswahlkriterien für die gesetzliche Kasse sollten freiwillig versicherte Selbstständige und Freiberufler klären, ab welchem Zeitpunkt sie Krankengeld benötigen. Seit dem 1. Januar 2009 müssen alle Krankenkassen Wahltarife Krankengeld zur Absicherung des Verdienstausfalles von Selbstständigen und Freiberuflern anbieten. Wer von dieser Personengruppe ganz auf das Krankengeld verzichtet, muss nur den ermäßigten Beitragssatz an die Kasse entrichten und sollte es dann privat absichern. Zum allgemeinen Satz sollen künftig die Einkommensausfälle wie bei abhängig Beschäftigten ab der siebten Krankheitswoche abgesichert werden können. Das ist aber noch nicht Gesetz. Soll die Leistung bereits ab einem früheren Zeitpunkt gezahlt werden, können andere Wahltarife Krankengeld der jeweiligen Kassen infrage kommen (vgl. Kapitel »Krankentagegeld-Versicherung«, Abschnitt »Ersatz für Verdienstausfall«, S. 173).

→ Wichtig: Da Krankengeld in der Höhe begrenzt ist (s. Kapitel »Gesetzliche Krankenversicherung«, Abschnitt »Finanzielle Leistungen«, S. 110), sollten freiwillig versicherte Selbstständige und Freiberufler (auch Arbeitnehmer), besonders wenn das Einkommen über der Beitragsbemessungsgrenze liegt, den Abschluss einer zusätzlichen privaten Krankentagegeld-Versicherung erwägen (S. 173).

Das gesamte Einkommen entscheidet über den Beitrag

Das Einkommen – bis maximal zur Beitragsbemessungsgrenze – bildet auch bei freiwillig Versicherten die Basis um die Höhe des Beitrags zu ermitteln. Freiwillig versicherte Arbeitnehmer zahlen bereits den Höchstbeitrag. Bei Selbstständigen wird die »gesamte wirtschaftliche Leistungsfähigkeit« bis zu dieser Grenze zugrunde gelegt. Dazu gehören nicht nur die Einkünfte aus der selbstständigen Tätigkeit, sondern auch andere Einnahmen wie Mieten oder Zinsen.

Private Kranken-Vollversicherung

Ein Muss für alle Bürger

Krankenversicherungsschutz ist ein Muss. Seit dem 1. Januar 2009 besteht für alle die Pflicht, eine Krankenversicherung zu besitzen. Wer den Versicherungsschutz verloren hat, kann grundsätzlich in seine vorherige Versicherung zurück. Das gilt für die gesetzliche Krankenversicherung schon seit dem 1. April 2007. Für ehemals Privatversicherte oder diejenigen, die der privaten Krankenversicherung zuzurechnen sind, besteht diese Pflicht seit 2009. Langwierige und aufwändige Behandlungen oder Krankenhausaufenthalte können auch bei hohen Einkünften unbezahlbar werden. Als Selbstständiger oder wenn Ihr Einkommen in drei aufeinanderfolgenden Jahren über der Versicherungspflichtgrenze liegt, müssen Sie sich daher entweder freiwillig in der gesetzlichen oder in einer privaten Krankenversicherung absichern. Für Beamte ist der Abschluss eines zusätzlichen Schutzes ergänzend zur Beihilfe ebenfalls Pflicht. Gesetzlich vorgeschrieben ist mindestens die Absicherung für ambulante und stationäre Heilbehandlung. Wer als ehemals Privatversicherter zu krank ist, um einen Vertrag abschließen zu können, muss im Basistarif aufgenommen werden. Für diesen besteht Annahmezwang. Risikozuschläge oder Risikoausschlüsse darf der private Krankenversicherer nicht verlangen.

→ Wichtig: Prüfen Sie zunächst sehr genau, ob die private Krankenversicherung für Sie dauerhaft Vorteile bringt (vgl. Abschnitt »Privat oder gesetzlich versichern?«,

S. 155). Denn Sie binden sich normalerweise für den Rest des Lebens. Eine Rückkehr in die gesetzliche Krankenversicherung ist nur in wenigen Ausnahmefällen möglich. Auch ein Wechsel zu einem anderen privaten Krankenversicherer kann nur in Einzelfällen in Betracht kommen, wenn Sie erst kurz bei Ihrem bisherigen Anbieter versichert und kerngesund sind. Nur dann kann der Verlust sämtlicher Alterungsrückstellung hinnehmbar sein. Das gilt für alle Personen, die bereits vor 2009 privat versichert waren und in die Normaltarife eines anderen Anbieters wechseln wollen.

Seit dem 1. Januar 2009 hat sich allerdings etwas bei der Mitnahme der Alterungsrückstellung beim Versichererwechsel geändert. PKV-Bestandsversicherte (vor 2009 Privatversicherte) können immerhin seit diesem Zeitpunkt bis zum 30. Juni 2009 (Sechs-Monatsfrist) bei einem Wechsel in den Basistarif eines anderen Unternehmens Alterungsrückstellungen im Umfang des Basistarifs mitnehmen. Das dürften nach groben Schätzungen vielfach etwa 60 Prozent der eigentlichen Alterungsrückstellung sein. Bei einem Wechsel in einen normalen Volltarif oder den Basistarif desselben Krankenversicherers werden diese aber wie bisher komplett übertragen. Wer in dem eben genannten Zeitraum in den Basistarif eines anderen Krankenversicherers (»2. Versicherer«) wechselt, muss dort 18 Monate verweilen. Dann könnte er nochmals unter Mitnahme der vom alten Versicherer mitgebrachten anteiligen Alterungsrückstellungen wechseln und zwar entweder in den Basistarif eines dritten Krankenversicherers oder in einen Normaltarif seines aktuellen »2. Versicherers«. Bei einem noch weiteren Unternehmenswechsel danach würde der Privatversicherte lediglich die seit dem 1. Januar 2009 aufgebaute Alterungsrückstellung mitnehmen.

Neu Privatversicherte ab 2009 nehmen hingegen immer bei einem Unternehmenswechsel ihre Alterungsrückstellungen im Umfang des Basistarifs mit. Das gilt unabhängig davon, ob sie in die normalen Volltarife oder den Basistarif eines anderen privaten Krankenversicherers wechseln. Eine vollständige Übertragung der Alterungsrückstellung erfolgt allerdings auch für diese Neukunden künftig nur bei einem Wechsel innerhalb desselben Anbieters. Wer also den Anbieter wechseln will, muss auch als Neukunde ab 2009 immer noch mit Verlusten rechnen.

→ BdV-Tipp: PKV-Bestandsversicherte sollten vorrangig den Tarifwechsel innerhalb ihres Krankenversicherers prüfen. Auch neu Privatversicherte ab 2009 sollten zuerst einen solchen Wechsel erwägen – also nicht vorschnell zu einem neuen Anbieter wechseln. Wird ein Wechsel in den Basistarif beabsichtigt, weil andere Tarife desselben Krankenversicherers nicht genug finanzielle Entlastung bringen, sollte ein solcher bei diesem Versicherer erfolgen. Denn der Basistarif ist so kalkuliert, dass alle Personen ab 21 Jahre schon den Höchstbetrag von rund 570 Euro (ab Juli 2009: 550 Euro) zahlen müssen. Berücksichtigt man, dass davon noch die angesparte Alterungsrückstellung abgerechnet wird, jedoch nur vollständig bei Verbleib beim »bisherigen« Krankenversicherer (nicht aber bei Unternehmenswechsel), dürfte sich ein Wechsel des Krankenversicherers kaum anbieten.

Zusatztarif beim bisherigen und Basistarif bei einem neuen Krankenversicherer – sinnvoll?

Wenn ein Privatversicherter in den Basistarif eines anderen Versicherers wechselt und sein bisheriger Tarif bessere Leistungen als die des Basistarifs vorsieht, kann er von seinem »alten« Versicherer verlangen, dass ein Zusatztarif vereinbart wird, in dem die über den Basistarif hinausgehende Alterungsrückstellung anzurechnen ist. Das ist seit Anfang des Jahres 2009 zulässig. Wie die beim bisherigen Versicherer möglichen Zusatztarife genau aussehen werden, bleibt noch abzuwarten. Sie dürften sich an den Zusatztarifen für gesetzlich Krankenversicherte orientieren. Ihre Prämie kann umso geringer ausfallen, je länger der Privatversicherte bereits privat krankenversichert war. Da jedoch auch die Umstellung auf den Basistarif und Ergänzung dieses Schutzes mit einem Zusatztarif bei dem »bisherigen« Versicherer möglich ist, scheinen der Unternehmenswechsel und die Vereinbarung eines Zusatztarifs beim bisherigen Versicherer meistens nicht als sinnvoll.

Private Absicherung bei Krankheit – Wer kann das tun?

Eine private Kranken-Vollversicherung können Selbstständige, Freiberufler und Beamte abschließen sowie Beschäftigte, deren Bruttojahresentgelt in drei aufeinanderfolgenden Jahren die Versicherungspflichtgrenze überschreitet.

Umfangreichere Leistungen

Eine allgemein gültige Aussage über den genauen Leistungsumfang ist nicht möglich, denn er hängt davon ab, welcher Tarif vereinbart ist. Grundsätzlich aber bieten die privaten Krankenversicherer im Vergleich zu den gesetzlichen Kassen eine Reihe besserer Leistungen:

- Beim Arzt, Zahnarzt und Krankenhäusern können Privatpatienten meistens unter allen Ärzten, Zahnärzten und Krankenhäusern wählen, nicht nur unter »Kassenärzten« und zugelassenen stationären Einrichtungen.
- Für Ärzte und Zahnärzte werden höhere Honorare erstattet, meist bis zum 2,3-fachen Satz der GOÄ (Gebührenordnung für Ärzte) bzw. GOZ (Gebührenordnung für Zahnärzte, oft bis zum 3,5-fachen Satz). Zunehmend werden Honorare bis zu diesem Satz berechnet, teilweise erhebt der Arzt sogar Gebühren darüber hinaus. Das darf er allerdings nur dann, wenn Sie eine Honorarvereinbarung eingehen. Die über der GOÄ berechneten Kosten erstatten nur sehr wenige Tarife. Häufig werden Kosten beim Heilpraktiker zumindest bis zu einer bestimmten Grenze übernommen. Auch der Leistungskatalog bei Untersuchungen, Behandlungen und Medikamenten ist vielfach umfangreicher als bei den gesetzlichen Versicherungen.
- Bei Zahnbehandlungen tragen die Privaten meistens 100 Prozent der Kosten. Für Zahnersatz (Kronen, Brücken, Implantate etc.) übernehmen sie je nach Tarif 50 bis 80 Prozent. Bei der Kieferorthopädie variieren die Leistungen auch in dieser Spannbreite.
- Im Krankenhaus sind je nach Tarif auch Chefarztbehand-

lung und Unterbringung im Ein- oder Zweibettzimmer enthalten.

- Arzneimittelkosten werden voll übernommen. Auch für Heilmittel wie Krankengymnastik gibt es meist eine Erstattung zwischen 80 und 100 Prozent. Umfangreichere Leistungen werden auch bei Brillen und Kontaktlinsen gewährt, für andere Hilfsmittel teilweise, aber es bestehen häufiger Obergrenzen. Unterschiedliche Regelungen gibt es zu den Fahrtkosten; Krankentransporte werden meist bis 100 km getragen.
- Krankentagegeld kann mindestens bis zur Höhe des Nettoeinkommens, meist zuzüglich der Aufwendungen für Kranken- und Rentenversicherung, vereinbart werden.
- Krankenversicherungsschutz besteht für Europa, während eines Monats sogar weltweit, bei vielen Anbietern auch darüber hinaus mit einer erweiterten zeitlichen Begrenzung.

In mehreren Punkten aber ist die gesetzliche Krankenversicherung für die Versicherten vorteilhafter als die private Krankenversicherung. Für die private Krankenversicherung gilt:

- Psychotherapeutische Behandlungen werden manchmal nur nach vorheriger Zustimmung oder nur für eine begrenzte Zahl von Sitzungen pro Jahr bezahlt. Teilweise werden keine Kosten für die Behandlungen durch Psychotherapeuten erstattet, sondern nur durch Ärzte. Manchmal erfolgt überhaupt keine Kostenerstattung.
- Leistungen für ambulante und stationäre Kur-, Sanatoriums- und Rehabilitationsmaßnahmen werden in vielen Ta-

rifen gewährt, ansonsten kann dieses Risiko zum Teil über spezielle Zusatztarife abgedeckt werden.
- Häusliche Krankenpflege und Haushaltshilfe gehören normalerweise nicht zum Leistungsspektrum.
- Wer Kranken- oder Erziehungsgeld erhält, muss im Gegensatz zu Pflichtversicherten in der gesetzlichen Krankenversicherung die Beiträge in voller Höhe weiterzahlen.
- Nur wenige private Versicherer bieten einen offenen Hilfsmittelkatalog an. In der gesetzlichen Krankenkasse ist das Hilfsmittelverzeichnis wie ein offener Hilfsmittelkatalog anzusehen.
- Für Kinder und nicht arbeitende Ehepartner ist ein eigener Beitrag zu zahlen.

→ Achtung: Bei einigen scheinbar günstigen »Billig-Tarifen« sind die Leistungen oft erheblich »abgespeckt«. Diese Lockangebote sollten Sie möglichst meiden.

Schutz nach Baukastensystem

Bei der privaten Krankenversicherung müssen Sie sich Ihren Schutz individuell zusammenstellen. Entweder werden Grundbausteine angeboten für
- ambulante Behandlung,
- stationäre Behandlung,
- Zahnbehandlung,
- Krankentagegeld

oder sogenannte Kompakttarife, die außer dem Krankentagegeld Leistungen in allen drei anderen Behandlungsbereichen enthalten.

Außerdem müssen Sie als privat Krankenversicherter auch die Pflegeversicherung privat abschließen (siehe Kapitel »Pflegeversicherung«, S. 177).

Die Leistungen, die Sie bei Vertragsschluss vereinbaren, gelten für die gesamte Laufzeit. Sie können nicht, wie bei der gesetzlichen Versicherung, grundsätzlich einseitig vom Versicherungsunternehmen oder von der Politik geändert werden. Beim Basistarif, der mit der gesetzlichen Krankenversicherung vergleichbare Leistungen enthält, ändern sich jedoch die versicherten Leistungen dann, wenn die Leistungen der Krankenkassen geändert werden. So will es der Gesetzgeber. Sie sollten daher bereits bei Vertragsschluss sorgfältig Ihren Bedarf prüfen und die unterschiedlichen Versicherungsangebote vergleichen. Unverzichtbare und (potenziell) teure Leistungen wie Krankenhausbehandlungen, Zahnersatz sowie Heil- und Hilfsmittel (z.B. Rollstühle) sollten möglichst umfassend abgedeckt werden. Ergänzende Leistungen wie Heilpraktiker sollten Sie abhängig von Ihren individuellen Prioritäten vereinbaren:

- Bei den Arzt- und Zahnarzthonoraren (einschließlich Krankenhaus) sollten Sie möglichst eine Erstattung bis zum Höchstsatz der GOÄ bzw. GOZ (3,5-facher Satz) vereinbaren.
- Wem eine tatsächlich fast gänzliche freie Arzt- und Krankenhauswahl wichtig ist, der sollte darauf achten, dass gegebenenfalls eine Erstattung über die Höchstsätze der Gebührenordnung hinaus möglich ist.
- Wer Wert auf Heilpraktikerbehandlungen legt, sollte darauf achten, dass Kosten bis zum Höchstsatz des Gebüh-

renverzeichnisses für Heilpraktiker übernommen werden. Das gilt ebenso für den Fall, dass auf die Kostenerstattung von Naturheilverfahren Wert gelegt wird, die beispielweise im Hufeland-Verzeichnis aufgeführt sind.

- Vorsorgeuntersuchungen sollten mindestens im gleichen Umfang wie bei der gesetzlichen Krankenversicherung abgedeckt sein.
- Bei der Zahnbehandlung sollten alle Kosten abgesichert sein, bei Zahnersatz sollten Sie die Untergrenze bei 75 Prozent ansetzen. Lassen Sie sich nach Möglichkeit nicht auf Höchstsummen ein, da dann das Kostenrisiko nach oben nicht gedeckelt und nur schwer abschätzbar ist.
- Beim Psychotherapeuten sollten mindestens 20 bis 30 Sitzungen jährlich übernommen werden. Von Vorteil ist es, wenn Sie nicht nur einen Arzt, sondern auch einen Psychotherapeuten aufsuchen können, möglichst ohne zeitliche Begrenzung. Stationäre psychotherapeutische Behandlungskosten sollten versichert sein, allerdings werden diese zum Teil nur nach vorheriger schriftlicher Genehmigung oder nur begrenzt erstattet, vereinzelt sogar ausgeschlossen.
- Versicherte mit Sehproblemen sollten eine hohe Erstattung von Sehhilfen wie Brillen oder Kontaktlinsen sicherstellen. Darüber hinaus sollten Sie auch für alle anderen Hilfsmittel wie Prothesen oder Rollstühle auf hohe Erstattungssätze achten und die Obergrenzen vergleichen. Ein offener Hilfsmittelkatalog sollte möglichst vereinbart sein.
- Bei Heilmitteln sollten mindestens 80 bis 90 Prozent der Kosten übernommen werden.

– Bei der Krankenhausbehandlung müssen Sie entscheiden, ob Ihnen Mehrbettzimmer mit Behandlung durch den Stationsarzt (allgemeine Pflegeklasse) genügt oder ob Sie Wert auf Ein-/Zweibettzimmer und Chefarztbehandlung legen. Medizinisch notwendige Transporte vom und zum Krankenhaus sollten bis 100 km abgedeckt sein.

→ Achtung: Bei Vorerkrankungen müssen Sie mit Leistungsausschlüssen oder Risikozuschlägen rechnen. Unter Umständen finden Sie aufgrund einer Vorerkrankung auch gar kein Versicherungsunternehmen, das mit Ihnen einen privaten Krankenversicherungsvertrag abschließt. Nur beim Basistarif, den alle privaten Krankenversicherer anbieten müssen, besteht Annahmezwang ohne Zuschläge oder Ausschlüsse.

→ Falls ein Arzt für das Honorar mehr als den 3,5-fachen GOÄ-Satz zugrunde legen will, muss er mit Ihnen eine Honorarvereinbarung treffen.

Beitragsvergleich mit Hindernissen

Der Beitrag zur privaten Krankenversicherung hängt grundsätzlich vom Alter bei Vertragsschluss (Eintrittsalter), vom Geschlecht und vom Gesundheitszustand des Versicherten ab. Das Einkommen spielt keine Rolle. Je älter Sie bei Versicherungsbeginn sind, desto teurer wird es. Frauen zahlen wegen der höheren Lebenserwartung mehr als Männer. Bei Vorerkrankungen können Risikozuschläge und Leistungsausschlüsse erhoben werden und sogar Ablehnungen, außer beim Basistarif, erfolgen.

Außerdem unterscheiden sich die Beiträge je nach Leistungsumfang. Vergleiche sind daher alles andere als einfach. Zum einen spielen Ihre individuellen Bedürfnisse und Lebensverhältnisse eine Rolle. Zum anderen bieten schon einzelne Gesellschaften mitunter mehr als ein Dutzend verschiedener Tarife an. Allgemeine, selbst neutrale Vergleichstests können daher nur eine Orientierung geben. Aus diesem Grund kommen Sie um einen individuellen Vergleich auf keinen Fall herum. Angesichts der Tarifvielfalt ist aber auch ein individueller Beitragsvergleich zum Zeitpunkt des Vertragsschlusses schwierig. Völlig unmöglich sind Berechnungen für die Zukunft, also ob sich ein Wechsel von der gesetzlichen in die private Krankenversicherung auszahlt und welche Gesellschaft auf Dauer die günstigste sein wird. Diese Vorhersagen sind selbst mit den ausgefeiltesten Computerprogrammen nicht möglich. Denn sie hängen von den Veränderungen Ihrer Lebensumstände und von den unterschiedlichen Beitragserhöhungen der jeweiligen Privatversicherer ab.

Selbstbehalt und Beitragsrückerstattung

Beitrag sparen können Sie mit einem Selbstbehalt. Pro Jahr zahlen Sie dann die Rechnungen bis zu diesem Betrag selbst. Verbreitet sind Selbstbeteiligungen für die ambulante Behandlung, sie können aber auch für alle Leistungsbereiche vereinbart werden.

Ob sich ein Selbstbehalt lohnt, können Sie leicht selbst errechnen:

	zwölf Monatsbeiträge ohne Selbstbehalt
abzüglich	zwölf Monatsbeiträge mit Selbstbehalt
abzüglich des	Selbstbehalts
ergeben die	jährliche Nettoeinsparung.

Angestellte Arbeitnehmer müssen allerdings berücksichtigen, dass sich der Arbeitgeber nicht am Selbstbehalt beteiligt, sondern nur an den Monatsbeiträgen. Sie können daher wie folgt rechnen:

	½ Monatsbeitrag ohne Selbstbehalt
abzüglich	½ Monatsbeitrag mit Selbstbehalt
abzüglich	ganzer monatlicher Selbstbehalt
ergibt die	monatliche Nettoersparnis.

Der Grundsatz, dass der monatliche Beitrag umso niedriger ist, je höher der Selbstbehalt, gilt in diesem Fall nicht immer. Für Beschäftigte kann im Gegenteil ein niedrigerer Eigenanteil vorteilhafter sein. Für Arbeitnehmer kann eine Selbstbeteiligung von etwa 300–400 Euro und für Selbstständige von ca. 600–800 Euro im Jahr möglicherweise sinnvoll sein.

Wer nur selten krank ist, profitiert zusätzlich von Beitragsrückerstattungen. Dieser Vorteil kann jedoch schnell entfallen, weil die Beitragserstattung reduziert oder ganz gestrichen werden kann.

Nach Berechnungen des BdV müssen Sie für eine private Kranken-Vollversicherung mit Zweibettzimmer und freier Arztwahl im Krankenhaus sowie Erstattungssätzen um die

75 Prozent bei Zahnersatz und einer Selbstbeteiligung bei ambulanter Behandlung bis zu 400 Euro jährlich mit folgenden durchschnittlichen Monatsbeiträgen in Euro rechnen:

	Mann		Frau		Kind
	30 Jahre	40 Jahre	30 Jahre	40 Jahre	
ohne Tagegeldanspruch	ca. 350	ca. 465	ca. 480	ca. 560	ca. 160
mit Tagegeld von 80 Euro ab 7. Woche	ca. 380	ca. 500	ca. 490	ca. 600	

Was tun, wenn die Beiträge zu hoch werden?

Die Freude über niedrige Beiträge hält nicht ein ganzes Versicherungsleben an. Zwar werden bei der Kalkulation Alterungsrückstellungen gebildet, die das höhere Krankheitsrisiko im Alter berücksichtigen. Die Beiträge in der Privatversicherung steigen dennoch, weil die Leistungen für die Vertragsdauer garantiert sind und die Kosten aufgrund von Inflation, medizinischem Fortschritt sowie für die Behandlung zunehmender und neuer Krankheiten steigen, medizinische Leistungen häufiger in Anspruch genommen werden, sich die Lebenserwartung erhöht.

Wenn die Beiträge nicht mehr ausreichen und die geplanten Ausgaben diese um mehr als zehn Prozent übersteigen, wird der Tarif neu kalkuliert.

Ein weiterer Grund für Beitragssteigerungen kann die »Vergreisung« oder »Überalterung« eines Tarifs sein. In diesem Fall wird ein bereits bestehender Tarif Neukunden nicht mehr angeboten. Die Folge: Die Krankheitskosten der dort versicherten Kunden können nicht durch geringere Kosten von gesunden Versicherten kompensiert werden. Dadurch steigen die Kosten überproportional an. Gleichzeitig wird oft ein zusätzlicher Tarif für junge und gesunde Neukunden geschaffen, der mit niedrigen Beiträgen vermarktet werden kann. Unliebsame Überraschungen kann es auch bei »jungen« und neuen Krankenversicherern geben. Den anfangs niedrigen Beiträgen sind in der Praxis immer wieder deutliche Erhöhungen gefolgt.

Vor allem wenn die Einkünfte wie bei Rentnern sinken oder wie bei Familien für mehr Personen reichen müssen und sich zusätzlich die Versicherungsbeiträge erhöhen, kann der Krankheitsschutz zu einer teuren oder gar unbezahlbaren Angelegenheit werden.

Bei allen Neuverträgen müssen Versicherer seit dem Jahr 2000 einen Prämienzuschlag von zehn Prozent erheben, um die Beitragserhöhungen in Grenzen zu halten. Damit soll eine Rückstellung aufgebaut werden, um die Beiträge im Alter zu stabilisieren. Ob diese Zahlungen ausreichen, kann jedoch niemand mit Sicherheit vorhersagen. Bei älteren Verträgen konnten sich die Versicherten entscheiden, ob sie den Zuschlag zahlen wollen oder nicht. Außerdem bieten viele private Krankenversicherungsgesellschaften inzwischen Beitragssicherungs- oder -entlastungsprogramme an. Wer jedoch ausreichend diszipliniert ist und diese Beträge spart, dürfte besser fahren, wenn er das Geld selbst anlegt und im Alter für die höheren Beiträge oder andere Verwendungen nutzen kann.

Ergänzend haben Sie mehrere Alternativen, wenn Sie bereits privat versichert sind und Ihre Beiträge senken möchten:

- Prüfen Sie, ob Sie auf Leistungen verzichten können (z.B. Krankenhaustagegeld, Ein-/Zweibettzimmer im Krankenhaus, höhere Erstattungen etwa beim Zahntarif).
- Vereinbaren oder erhöhen Sie den Selbstbehalt.
- Erkundigen Sie sich nach günstigeren Tarifen im Neugeschäft. Auf einen Wechsel in einen gleichartigen Tarif ihres Krankenversicherers unter Mitnahme sämtlicher Alterungsrückstellungen haben Sie nach dem Versicherungsvertragsgesetz (§ 204 VVG) einen jederzeitigen Anspruch. Wenn die Leistungen im angestrebten Tarif für den Versicherten besser als im bisherigen Tarif sind, kann der Anbieter für Mehrleistungen einen Leistungsausschluss oder einen Risikozuschlag und eine Wartezeit verlangen. Der Privatversicherte kann einen Risikozuschlag und die Wartezeit jedoch abwenden, in dem er für die Mehrleistungen einen Leistungsausschluss vereinbart. Bei einem Wechsel aus dem Basistarif in einen Normaltarif kann der Versicherer auch den bei Vertragsabschluss ermittelten, aber nicht erhobenen Risikozuschlag, verlangen.
- Der Versicherer muss Sie ab dem 60. Lebensjahr und bei jeder Prämienerhöhung auf die Möglichkeit der Umtarifierung hinweisen.
- Wenn Sie bestimmte Voraussetzungen erfüllen (z.B. ab 65 Jahren und wenn Sie davor zehn Jahre privat versichert waren oder ab 55 Jahren sowie beim Bezug einer gesetzlichen Rente, wenn in diesen beiden Fällen Ihr Gesamteinkommen niedriger als die Jahresarbeitsentgeltgrenze von 44 100 Euro (für 2009) ist), können Sie in den sogenannten Standardtarif wechseln. Einen solchen Wechsel kön-

nen seit dem 1. Januar 2009 allerdings nur noch Privatversicherte vornehmen, die bereits Ende 2008 eine private Krankenversicherung besaßen. Sie zahlen dann maximal den Höchstbeitrag der gesetzlichen Krankenversicherung von derzeit monatlich rund 570 Euro (ab 1. Juli 2009 rund 550 Euro), auf den die Alterungsrückstellung angerechnet wird. Sie erhalten aber auch nur vergleichbare Leistungen wie in der gesetzlichen Kasse. Erstattet werden außerdem niedrigere Sätze als bei »Normaltarifen«, bei ärztlichen Leistungen beispielsweise maximal der 1,8-fache Gebührenordnungssatz (nicht der 2,3-fache Satz). Differenzen müssen gegebenenfalls privat bezahlt werden. Außerdem können keine Zusatztarife als Ergänzung zum Standardtarif abgeschlossen werden.

Eine weitere Möglichkeit des Tarifwechsels ist seit dem 1. Januar 2009 der Basistarif, den jeder Krankenversicherer anbieten muss. Er enthält mit der gesetzlichen Krankenversicherung vergleichbare Leistungen und ist leistungsumfänglicher als der Standardtarif. Finanziell ist die Prämie dagegen im Standardtarif meist günstiger. Die Höhe der Prämie des Basistarifs richtet sich nach dem Eintrittsalter und dem Geschlecht, nicht aber nach dem Gesundheitszustand des Antragstellers. Sie beträgt ab 21 Jahre einheitlich 570 Euro im Monat. Durch Anrechnung der Alterungsrückstellung kann die Prämie auch geringer ausfallen. Es besteht ein Annahmezwang. Das bedeutet eine gesetzliche Verpflichtung der privaten Krankenversicherer Versicherte aufzunehmen. Das Erheben von Risikozuschlägen – oder Leistungsausschlüssen ist verboten. Zusatztarife dürfen ergänzend zum Basistarif bestehen oder abgeschlossen werden. Alle Privatversicherten, die bereits vor 2009 eine private Krankenversicherung besaßen, können ab 1. Januar bis Ende Juni 2009 in den Basistarif jedes beliebigen privaten Krankenversicherers wechseln. Danach ist ein Wechsel nur noch in den Basistarif ihres bestehenden Krankenversicherers möglich, wenn diese Versicherten mindestens 55 Jahre alt sind oder das 55. Lebensjahr noch nicht vollendet haben, aber eine gesetzliche Rente oder Pension beziehen. Weiterhin ist ein Wechsel möglich bei finanzieller Hilfebedürftigkeit im Sinne des Sozialgesetzbuches. Neue Privatversicherte seit Januar 2009 haben dagegen jederzeit das Recht in den Basistarif zu wechseln, auch eines anderen privaten Krankenversicherers. Eine Besonderheit des Basistarifs ist: Kann der Versicherte seine Prämien nicht mehr zahlen und besteht finanzielle Hilfebedürftigkeit, vermindert sich die Prämie um die Hälfte. Zudem kann das zuständige Amt noch einen Zuschuss gewähren.

Zuerst sollten Sie, bevor Sie den Wechsel in den Standard- oder Basistarif erwägen, auch die anderen Tarife ihres Krankenversicherers unter Beitrags- und Leistungsgesichtspunkten vergleichen. Einbeziehen sollten Sie auch mögliche Umstellungen innerhalb ihres bestehenden Tarifsystems. Eine Beitragsersparnis ist vor allem beim Wechsel in neuere und jüngere Tarife möglich. Beachten sollten Sie jedoch, dass Sie die Reduzierung der Leistungen jederzeit vornehmen können, eine später vielleicht benötigte Leistungsverbesserung ist hingegen oft schwierig oder unmöglich, weil diese von einer erneuten Gesundheitsprüfung abhängt. Vergleichen Sie daher die Leistungen und Beiträge immer sorgfältig.

Ein Wechsel zu einem anderen Versicherungsunternehmen ist selten empfehlenswert, weil eine Gesundheitsprüfung zu durchlaufen ist und das höhere Eintrittsalter berücksichtigt wird. Mit dem Wechsel verlieren Sie auch die sogenannten Alterungsrückstellungen. Das trifft auf alle Personen zu, die bereits vor 2009 privat versichert waren und in die Normaltarife eines anderen Anbieters wechseln wollen. Seit dem 1. Januar 2009 gibt es allerdings Neuerungen: Vor 2009 bereits Privatversicherte können seit dem 1. Januar bis zum 30. Juni 2009 zumindest bei einem Wechsel in den Basistarif eines anderen Unternehmens Alterungsrückstellungen im Umfang des Basistarifs mitnehmen. Das sollen nach groben Schätzungen oftmals etwa 60 Prozent der gesamten Alterungsrückstellung sein. Personen, die sich dagegen seit Januar 2009 für eine Privatversicherung entscheiden, übertragen stets bei einem Unternehmenswechsel ihre Alterungsrückstellungen im Umfang des Basistarifs mit. Das gilt unabhängig davon, in welche Tarife eines anderen Unternehmens Sie wechseln. Fest steht jedoch, dass auch künftig finanzielle Einbußen bei einem Unternehmenswechsel in beträchtlicher Höhe hinzunehmen sind.

Zugang zum Basistarif für gesetzlich Krankenversicherte

Alle freiwillig gesetzlich Krankenversicherten können sich innerhalb eines Zeitraums von sechs Monaten nach Beendigung ihrer Versicherungspflicht im Basistarif eines privaten Krankenversicherers versichern. Das gilt seit dem 1. Januar

2009. Bis zum 30. Juni 2009 haben auch alle freiwillig gesetzlich Versicherten, deren Versicherungspflicht vor Januar 2009 beendet war, diese Möglichkeit. Ein bisher gesetzlich Versicherter müsste für den Basistarif eines privaten Krankenversicherungsunternehmens den gleichen Monatsbeitrag (rund 570 Euro) wie bei der Krankenkasse zahlen. Die Leistungen sind weitgehend vergleichbar. Daher bietet sich ein Wechsel von der gesetzlichen Krankenkasse in den Basistarif eines privaten Krankenversicherers eigentlich nicht an.

Möglichst zahlreiche Angebote einholen

Untersuchungen von Verbraucherorganisationen anhand von Vergleichsprogrammen (BdV, Verbraucherzentralen, Stiftung Warentest) können eine erste Orientierung geben. Letztlich aber müssen Sie Leistungen und Beiträge für Ihren persönlichen Fall vergleichen. Es empfiehlt sich daher, Angebote von mehreren privaten Krankenversicherungsunternehmen einzuholen. Sinnvollerweise sollte dem eine neutrale und unabhängige Beratung bezüglich der Unterschiede von gesetzlicher und privater Krankenversicherung vorausgehen. Auch sollte eine Auswahl von Anbietern und geeigneter Tarife erfolgt sein, bevor Sie sich konkrete Angebote von Krankenversicherern einholen und diese eingehend prüfen. Eine solche Beratung nimmt der Bund der Versicherten für seine Mitglieder gegen einen geringen Mitgliedsbeitrag vor.

Ohne eine vorherige Beratung können Sie zur Angeboteinholung ein Standardschreiben erstellen, das Sie an mehrere der nachstehenden privaten Krankenversicherer schicken.

Zuvor sollten Sie sich unter Zuhilfenahme von FINANZtest, Capital oder anderen Fachzeitschriften informieren, welche Krankenversicherer und Tarife für Sie geeignet erscheinen. Ihre Anfrage sollte zumindest folgende Punkte enthalten:

- Geburtsdatum, Geschlecht und Beruf der zu versichernden Person,
- Erstattungssatz bei Arzt-/Zahnarzthonoraren,
- Leistungen beim Krankenhausaufenthalt (Ein-/Zwei- oder Mehrbettzimmer und Chefarztbehandlung),
- Leistungen bei Zahnbehandlung, Zahnersatz, Kieferorthopädie,
- Höhe des Krankentagegeldes,
- Höhe des Selbstbehalts,
- Umfang der Beitragsrückerstattungen,
- Fragen nach der letzten und einer evtl. bevorstehenden Beitragserhöhung.

Erkundigen Sie sich außerdem nach Leistungen, die Ihnen wichtig sind, wie beispielsweise Heilpraktikerbehandlungen oder Kuraufenthalte.

Machen Sie deutlich, dass Sie keine Vertreterbesuche wünschen. Denn für die Vermittlung einer privaten Krankenversicherung werden bis zu zehn Monatsbeiträge an Provision gezahlt. Entsprechend groß ist das Interesse der Vermittler, Ihnen einen Vertrag zu vermitteln. Daher nehmen die Vermittler es nicht immer so genau mit der Wahrheit und der »Beratung« und versuchen, mehr oder weniger Druck auf den Kunden auszuüben.

Private Krankenversicherer, bei denen aktuell ein Vollversicherungsschutz abgeschlossen werden kann:

- Allianz, Alte Oldenburger, ARAG, AXA, Barmenia, Bayerische Beamtenkrankenkasse (BBKK), Central, Concordia, Continentale, DBV-Zweigniederlassung der AXA, Debeka, Deutscher Ring, DEVK, DKV, Gothaer, HALLESCHE, HanseMerkur, HUK-Coburg, Inter, Landeskrankenhilfe (LKH), LVM, Mannheimer, Mecklenburgische, Münchener Verein, Nürnberger, PAX – Familienfürsorge, Provinzial, R+V, Signal, Süddeutsche (SDK), Union (UKV), Universa, Victoria, Württembergische

Es gibt noch weitere private Krankenversicherer, die aber nur für bestimmte Berufsgruppen, wie z. B. Mitarbeiter der Feuerwehr, Polizei oder Kirche geöffnet sind.

Probeanträge

Im Gegensatz zu den gesetzlichen Kassen müssen private Krankenversicherer nicht jeden Kunden annehmen. Bei Vorerkrankungen können sie Leistungsausschlüsse vornehmen, Risikozuschläge erheben oder einen Antrag gänzlich ablehnen. Die bestehende Krankenversicherung sollten Sie daher erst kündigen, wenn Sie vom neuen privaten Krankenversicherungsunternehmen eine verbindliche Zusage wie die Versicherungspolice vorliegen haben. Nach dem neuen Versicherungsvertragsgesetz können Sie eine Krankenversicherung sowieso nur kündigen, wenn Sie einen neuen Vertrag anderswo abgeschlossen haben und dieser mindestens Leistungen für ambulante und stationäre Behandlung enthält.

Stellen Sie zunächst unverbindliche Probeanträge bei mehreren Gesellschaften gleichzeitig, vor allem, wenn schon erste Gesundheitsprobleme bestehen (vgl. Kapitel »Angebote einholen und vergleichen«, S. 337). Erfolgt die Abwicklung über einen Versicherungsberater oder einen Versicherungsmakler ist auch die anonyme Risikovoranfrage eine gute Alternative. Fragen zu Ihrer Gesundheit sollten Sie im Antrag genauestens beantworten – selbst wenn ein Vermittler Ihnen das Gegenteil einreden will. Denn bei unvollständigen und/oder falschen Angaben kann das Versicherungsunternehmen noch drei Jahre nach Vertragsschluss vom Vertrag zurücktreten oder den Vertrag wegen arglistiger Täuschung innerhalb der ersten zehn Jahre anfechten. Sie würden dann im Fall des Rücktritts normalerweise ohne Krankenversicherungsschutz dastehen. Allerdings sind auch Vertreter der Krankenversicherer der Auffassung, dass aus der Auslegung der Musterbedingungen (MB/KK) der Ausschluss des Rücktrittsrechts für den Versicherer folgt. Ebenso steht ihm keinerlei Kündigungsrecht zu. Insoweit weichen die MB/KK zugunsten der Versicherten von der gesetzlichen Regelung ab. Ein Ausschluss auch des Anfechtungsrechts scheint allerdings nicht angenommen zu werden. Zumindest wird dieser Punkt offen gelassen. Selbst wenn in einem solchen Fall der Versicherungsschutz tatsächlich verlorengehen würde, müsste ein anderes privates Krankenversicherungsunternehmen diese Personen zumindest im Basistarif aufnehmen. Die dann zu zahlende Prämie könnte jedoch höher als die bisherige ausfallen.

Befindet sich der Privatversicherte im Zahlungsverzug,

weil er seine Beiträge nicht an den privaten Krankenversicherer gezahlt hat, hat das nach dem neuen Versicherungsvertragsgesetz nur das Ruhen des Versicherungsschutzes zur Folge. Das gilt jedenfalls grundsätzlich dann, wenn der Krankenversicherungsschutz die gesetzlichen Anforderungen an die »Pflichtversicherung« mit mindestens ambulanten und stationären Leistungen, erfüllt. Ein bereits vor dem 1. April 2007 vereinbarter Krankenversicherungsschutz genügt hier auch den jetzigen gesetzlichen Vorgaben (Bestandsschutzregelung). Ruht der Leistungsanspruch, haftet der Versicherer dennoch für Aufwendungen, die zur Behandlung akuter Erkrankungen und Schmerzzustände sowie bei Schwangerschaft und Mutterschaft erforderlich sind. Notfallbehandlungskosten werden dem Privatversicherten also auch bei Zahlungsverzug ersetzt. Zahlt er die ausstehenden Beiträge und Säumniszuschläge nicht innerhalb eines Jahres nach Beginn des Ruhens, wird die Versicherung im Basistarif fortgesetzt. Das Ruhen endet, wenn der Privatversicherte alle ausstehenden Beträge nachgezahlt hat oder wenn finanzielle Hilfebedürftigkeit besteht.

Wer im Basistarif versichert ist, von dem kann der Krankenversicherer verlangen, dass Zusatzversicherungen ruhen, wenn und solange er auf die Halbierung des Beitrages aufgrund seiner finanziellen Hilfebedürftigkeit angewiesen ist.

Wartezeiten

Normalerweise sind zu Beginn einer privaten Krankenversicherung Wartezeiten von drei Monaten, in einigen Bereichen wie Psychotherapie, Schwangerschaft und Zahnersatz-Behandlung sogar acht Monate üblich. In dieser Zeit haben Sie also grundsätzlich keinen Versicherungsschutz und müssen – obwohl Sie bereits Beiträge zahlen – für Krankheitskosten aus eigener Tasche aufkommen. Diese Wartezeiten können Sie vermeiden, wenn Sie unmittelbar davor gesetzlich krankenversichert oder bei vielen Versicherern auch privat krankenversichert waren. Manchmal ist ein Wegfall der Wartezeiten auch durch eine ärztliche Untersuchung möglich. Diese üblichen Wartezeiten gelten im Basistarif nicht.

→ Die Entscheidung für eine private Krankenversicherung ist meist eine Entscheidung für den Rest des Lebens. Wechseln Sie daher niemals ohne gründliche und neutrale Information. Lassen Sie sich z.B. durch den Bund der Versicherten, einen behördlich zugelassenen Versicherungsberater oder eine Verbraucherzentrale beraten und/oder ziehen Sie Broschüren und Bücher zurate.

→ Wenn Sie sich für eine private Krankenversicherung entscheiden, sollten Sie dies möglichst in jungen Jahren tun. Bei Männern lohnt sich ein Einstieg oder Wechsel zu einem anderen Privatversicherer normalerweise nicht mehr ab 40, bei Frauen oft schon spätestens ab Mitte 30 nicht mehr.

→ Das Einkommen spielt bei der Berechnung der Beiträge – im Gegensatz zur gesetzlichen Krankenversicherung – keine Rolle. Wenn sich Ihre Einkünfte daher wegen Rente, Erwerbsminderung, Arbeitslosigkeit oder Scheidung verringern, wirkt sich dies nicht auf den Beitrag aus. Sie müssen daher einen höheren Anteil Ihres Einkommens für die Krankenversicherungsbeiträge aufwenden. Hinzu kommt, dass außerdem der Arbeitgeberanteil zur Krankenversicherung wegfallen kann. Im schlimmsten Fall können Sie sich keinen Krankenversicherungsschutz mehr leisten.

→ Berücksichtigen Sie beim Beitragsvergleich zwischen gesetzlicher und privater Versicherung bzw. zwischen unterschiedlichen privaten Versicherungen immer die gesamten Kosten, einschließlich Selbstbeteiligung, Krankengeld und Beitrag zur privaten Pflegeversicherung.

→ Akzeptieren Sie bei einer Vorerkrankung lieber eine Mitversicherung der Gesundheitsbeeinträchtigung über einen Risikozuschlag statt eines Leistungsausschlusses. Denn bei einer Vorbelastung besteht gerade in diesem Bereich ein erhöhtes Krankheits- und Kostenrisiko. Außerdem lassen sich Folgeerkrankungen oft nur schwer abgrenzen, und Sie müssen sich dann um die Kostenübernahme mit dem Versicherungsunternehmen streiten. Risikozuschläge dürfen nicht mehr verlangt werden, wenn eine Krankheit vollkommen ausgeheilt ist. Aber auch wenn noch die Möglichkeit besteht, dass sie erneut auftreten könnte, kann zumindest eine Reduzierung des Risikozuschlages versucht werden. Drängen Sie dann auf eine Beitragssenkung. Ähnlich verhält es sich beim Leistungsausschluss.

→ Vergessen Sie nicht, dass es in der privaten Krankenversicherung keine beitragsfreie Familienversicherung gibt. Ehepartner und Kinder benötigen daher eine eigene Absicherung mit zusätzlichen Beiträgen. Wer also zukünftig eine Familie gründen möchte, sollte von einem Wechsel in die private Krankenversicherung Abstand nehmen.

Privat oder gesetzlich versichern?

Mehr Leistung, weniger Beitrag – wer will da Nein sagen? Vor allem für junge, gut verdienende Beschäftigte lockt die private Krankenversicherung mit attraktiven Angeboten. Bevor Sie Ihre Unterschrift unter den Vertrag setzen, sollten Sie allerdings gründlich prüfen. Aus mehreren Gründen kann sich ein Wechsel in die private Krankenversicherung nachträglich als Bumerang erweisen:

- Versichert ist immer nur die Einzelperson. Wird später eine Familie gegründet, müssen Partner ohne eigenen Verdienst und Kinder jeweils zusätzlich separat versichert werden. Eine Ausnahme kann zum Beispiel bestehen, wenn der Partner in der gesetzlichen Krankenversicherung freiwillig versichert ist und die Kinder beitragsfrei mitversichern kann, weil er ein höheres Einkommen als der PKV-versicherte Partner erzielt.
- Die Beiträge im Rentenalter liegen meistens deutlich über den Sätzen in der gesetzlichen Versicherung, die an die sinkenden Einkünfte im Alter gekoppelt sind. Die Beiträge zur privaten Krankenversicherung dagegen steigen auch im Alter stark an.
- Ein Zurück in die gesetzliche Kasse ist schon generell nur in wenigen Ausnahmefällen möglich. Ab 55 Jahren ist der Weg normalerweise sogar im Fall einer Versicherungspflicht versperrt. Damit soll verhindert werden, dass privat Versicherte eine versicherungspflichtige Tätigkeit als »Schlupfloch« nutzen, um wieder in den Genuss niedriger Beiträge in der gesetzlichen Versicherung zu kommen.

→ Weil die Prämien in der gesetzlichen Krankenversicherung an das jeweilige Einkommen gekoppelt sind, ist ein Verbleib in der gesetzlichen Krankenkasse langfristig vielfach die bessere Wahl.

→ Berücksichtigen Sie Ihre Lebensplanung. Vor allem wenn Sie eine Familie gründen wollen, bietet die gesetzliche Krankenversicherung mit der Familienversicherung wesentliche Vorteile. Aber selbst lebenslange Singles, auch ohne Kinder, sowie berufstätige und kinderlose Paare sollten vor allem den Verbleib in der gesetzlichen Krankenversicherung erwägen.

Krankenversicherung für Beamte

Beihilfe vom Dienstherrn

Beamte erhalten direkt von ihrem Dienstherrn einen Zuschuss zu den Krankheitskosten, die sogenannte Beihilfe. Anspruch haben außerdem beamtenähnliche Personen wie Beamtenanwärter sowie Angestellte mit einem Einkommen über der Versicherungspflichtgrenze, diese aber nur bis zum Ruhestand.

Die Beihilfe deckt nur einen prozentualen Anteil der Auslagen ab. Die Beihilfeansprüche sind in Bund, Ländern und Kommunen nicht ganz einheitlich geregelt. Normalerweise aber werden folgende Sätze erstattet:

– 50 Prozent für den beihilfeberechtigten Beamten, 70 Prozent bei zwei und mehr Kindern sowie im Ruhestand oder bei Dienstunfähigkeit,

- 70 Prozent für den Ehepartner (bis zu bestimmten Einkommensgrenzen),
- 80 Prozent für Kinder.

Private Restkostenversicherung meist die bessere Wahl

Um die verbleibende Lücke zu schließen, kann ein Beamter eine private »Restkostenversicherung« abschließen. Alternativ hierzu ist der Abschluss einer gesetzlichen Krankenversicherung für den gesamten Bedarf möglich. Beihilfe wird in diesem Fall nicht gewährt.

Eine gesetzliche Krankenversicherung ist jedoch nur in Ausnahmefällen die richtige Wahl für Beamte. Denn er muss die Beiträge in voller Höhe tragen, da der Dienstherr im Gegensatz zu anderen Arbeitgebern keinen Zuschuss zu den Beiträgen zahlt. Mit der Beihilfe kann er nur Krankenkosten abdecken, wie z.B. die Wahlleistungen im Krankenhaus bei Bundesbeihilfe, für welche die gesetzliche Krankenkasse nicht aufkommt. Sinnvoll kann eine gesetzliche Versicherung nur vereinzelt sein, wenn der Beamte viele Kinder hat oder haben will und/oder wegen Vorerkrankungen der Beitrag zu hoch ist (Risikozuschlag).

Die Mehrzahl der Beamten entscheidet sich daher für eine private Krankenversicherung für die Restkosten, die nicht von der Beihilfe übernommen werden. Da sie im Normalfall nur für maximal die Hälfte der Krankheitskosten aufkommen muss, ist sie relativ günstig.

Nach Berechnungen des BdV müssen Männer, Frauen und Kinder mit Zweibettzimmer und freier Arztwahl im Krankenhaus ohne Selbstbeteiligung und ohne Beihilfeergänzungstarif mit durchschnittlich folgenden Monatsbeiträgen (unterstellt wurde ein Beihilfeanspruch von 50 Prozent für Erwachsene, für Kinder von 80 Prozent und Landesbeihilfe Hamburg) in Euro rechnen:

Mann		Frau		Kind
30 Jahre	40 Jahre	30 Jahre	40 Jahre	
ca. 200	ca. 250	ca. 240	ca. 275	ca. 35

Auch die Belastung durch hohe Beiträge im Alter ist für Beamte viel geringer als für andere privat Krankenversicherte. Denn beim Beihilfesatz von 70 Prozent für Pensionäre wirken sich die Beitragserhöhungen nur auf die verbleibenden 30 Prozent der Restkostenversicherung aus.

Eine gute Nachricht gibt es auch für Beamte mit Vorerkrankungen. Etwa die Hälfte der privaten Krankenversicherer hat sich zu einem sogenannten »Annahmezwang« verpflichtet. Das bedeutet, dass sie alle Personen versichern müssen, die erstmalig in das Beamtenverhältnis berufen werden. Dazu gehören Beamte auf Probe und Beamte auf Zeit, aber nicht Beamte auf Widerruf (Beamtenanwärter). Die Krankengeschichte spielt dabei keine Rolle. Der Antrag muss allerdings innerhalb von sechs Monaten nach der erstmaligen Berufung gestellt werden. Für beihilfefähige Familienangehörige gilt diese Frist entsprechend, wenn sie bei der Beihilfe berücksichtungsfähig sind. Ein Wermutstropfen bleibt allerdings. Denn die Versicherungsunternehmen dürfen Risikozuschläge erheben. Sie sind allerdings auf 30 Prozent des Tarifbeitrages begrenzt. Nicht erlaubt sind dagegen

Risikoausschlüsse. Bei der Wahl des Basistarifs dürfen auch keine Risikozuschläge erhoben werden, und es besteht ein genereller Annahmezwang, auch für Beamtenanwärter. Dieser Tarif muss seit 1. Januar 2009 von allen Versicherern angeboten werden.

Außerdem gibt es seit 2005 die Möglichkeit, für bisher in der gesetzlichen Krankenkasse versicherte Beamte und deren berechtigte Angehörige jederzeit gegen einen Beitragszuschlag von maximal 30 Prozent in die private Krankenversicherung zu wechseln, wenn bereits am 31. Dezember 2004 ein Dienstverhältnis (außer es war ein Beamtenverhältnis auf Widerruf) bestand.

Sonderfall Beamtenanwärter

Für Beamtenanwärter bieten private Krankenversicherungen spezielle Tarife, die ohne Alterungsrückstellungen kalkuliert sind. Bei vergleichbarer Leistung sind sie günstiger als der Normalbeitrag oder oft als die gesetzlichen Krankenkassen. Aus zwei Gründen müssen Beamtenanwärter, wie z.B. Referendare, allerdings genauer prüfen: Eine Rückkehr in eine gesetzliche Krankenkasse ist nur möglich, wenn eine versicherungspflichtige Tätigkeit aufgenommen wird oder über eine Familienversicherung.

Einige Gesellschaften mit preiswerten Anwärtertarifen sind bei den Volltarifen alles andere als »Spitze«. Wenn der Vergleich den Verdacht nahelegt, dass es sich eher um Lockangebote handelt und Sie in der private Krankenversicherung bleiben wollen, sollten Sie die Finger von diesen angeblich günstigen Angeboten lassen. Der teure Volltarif wird

Sie anderenfalls über viele Jahre begleiten und teuer zu stehen kommen. Deshalb sollten sich Beamtenanwärter bei der Wahl des privaten Krankenversicherers auch die danach geltenden Prämien der normalen Beamtentarife nennen lassen.

Sonderfall Angestellte im öffentlichen Dienst

Angestellte im öffentlichen Dienst haben bei manchen Arbeitgebern die Möglichkeit, einen Beihilfeanspruch zu nutzen und für den prozentualen Restanteil eine private Krankenversicherung abzuschließen. Diesen Anspruch haben diese Personen allerdings nur während der aktiven Dienstzeit. Im Ruhestand entfällt er. Angestellte, die sich für eine private Krankenversicherung entscheiden, wären dann im Rentenalter gezwungen, ihre Beihilfetarife auf 100-Prozent-Tarife umzustellen und das mit dem entsprechend hohen neuen Eintrittsalter für die Erhöhung der Tarife. Deshalb ist eine solche Lösung für einen Angestellten im öffentlichen Dienst kaum empfehlenswert. Bei Versicherung in einer gesetzlichen Kasse kann hingegen der Arbeitgeberzuschuss in Anspruch genommen werden. Bei Krankheitskosten, die nicht von der Kasse gedeckt sind, kann die Beihilfe genutzt werden.

Angebote einholen

Für die Einholung von Angeboten gelten die gleichen Grundsätze wie bei der privaten Krankenvollversicherung, vor allem im Hinblick auf die Beantwortung der Gesundheitsfragen und die Probeanträge (oder anonyme Risikovoranfrage) (vgl. Kapitel »Angebote einholen und vergleichen«, S. 337).

- Beihilfe und Restkostenversicherung dürfen nicht mehr als 100 Prozent der Krankenkosten abdecken, denn eine »Überzahlung« der Rechnungen ist nicht erlaubt. Maximal der Rechnungsbetrag darf erstattet werden. Eine Höherversicherung ist daher nicht zulässig.
- Beihilfeergänzungstarife sind nicht zwingend erforderlich, können jedoch für manche Personen eine sinnvolle Ergänzung darstellen. Bei den nicht beihilfefähigen Restaufwendungen handelt es sich oft um »kleinere« Beträge, für die keine unbedingte Notwendigkeit zur Absicherung besteht.

Private Kranken-Zusatzversicherungen

Was ist empfehlenswert?

Es sind längst nicht alle privaten Krankenzusatztarife zur gesetzlichen Krankenversicherung sinnvoll. »Kombi-Pakete« mit verschiedenen Leistungsinhalten aus Zahnersatz, Heilpraktiker, Brillen, Vorsorgeuntersuchungen, Medikamente, Zuzahlungen, Krankenhaustagegeld und Auslandsreisekrankenversicherung sind meistens nicht zu empfehlen (Ergänzungstarife). Sie rechnen sich vielfach nicht. Auch sind diese Kombi-Angebote oft leistungsschwach.

Wichtig sind dagegen die Auslandsreisekrankenversicherung für den Urlaub und das Krankentagegeld als Ersatz für Verdienstausfall bei Selbstständigen und Gutverdienenden.

Die Krankenhaus-Zusatzversicherung ist eine Art »Luxusversicherung« für die Krankenhausbehandlung. Sie sollte erst dann abgeschlossen werden, wenn andere wichtige Risiken abgedeckt sind. Ist dies der Fall, kann sie eine sinnvolle Ergänzung zur gesetzlichen Krankenversicherung bieten. Zahnzusatzversicherungen können hingegen für Personen sinnvoll sein, die höherwertige Dentalleistungen beispielsweise mit Gold- und Keramikkronen sowie Implantaten wünschen.

Krankenzusatztarife für gesetzlich Versicherte

Versicherungslücken teuer schließen

Patienten müssen zunehmend tiefer in die Tasche greifen. Vor allem die letzten Gesundheitsreformen haben die Leistungen der gesetzlichen Kassen merklich eingeschränkt. Die Versicherungsbranche hat schnell reagiert und bietet eine Vielzahl von Zusatzpolicen an, die diese Lücken füllen. Vermarktet werden sie direkt von den privaten Krankenversicherern. Außerdem dürfen die gesetzlichen Kassen ihren Mitgliedern Angebote privater Versicherungsunternehmen vermitteln.

Manche Versicherungsangebote beinhalten je nach Tarif eine Kostenbeteiligung für Zahnersatz, Brillen oder Kontaktlinsen, für die Behandlung beim Heilpraktiker und bieten Krankenversicherungsschutz auf Auslandsreisen (Ergänzungstarif). Sie kombinieren mehrere Leistungen. Die Tarife, die separaten Schutz z. B. für Zahnersatz oder die Auslandsreise beinhalten, sind normalerweise besser und vorzugswürdig.

- Die meisten Zahnzusatzversicherungen stocken die Zahlungen der Kasse um einen vereinbarten Prozentsatz auf. Meistens werden maximal bis zu 90 Prozent der Gesamtkosten für eine Regelversorgung mit z.B. metallischen Kronen, Brücken und Prothesen, erstattet. Teilweise kommen die Zusatzversicherungen auch für Leistungen wie Implantate auf, die der gesetzliche Leistungskatalog seit einiger Zeit zwar beinhaltet, aber deren Kosten nur in Höhe des Zuschusses für metallischen Zahnersatz im Rahmen der Regelversorgung übernommen werden. Das trifft ebenso auf die Zusatzkosten für Inlays zu, da nur die Kosten für die Amalgamfüllungen von der Kasse übernommen werden.
- Für Heilpraktiker dürfen die gesetzlichen Kassen nicht bezahlen. Auch Zusatzversicherungen bieten keinen Komplettschutz, sondern beteiligen sich meist nur anteilig mit 50 bis 80 Prozent und/oder bis zu einer vertraglich vereinbarten Höchstgrenze an den Rechnungen für Behandlungen und Medikamente. Nur sehr wenige Angebote sind lohnenswert, wobei fast immer die anteilige Erstattung von Heilpraktiker und/oder alternativen ärztlichen Behandlungsmethoden ein Teil eines Kombipaketes in einem Ergänzungstarif sind.
- Für Brillen und Kontaktlinsen in einem solchen Tarif werden 80 bis 100 Prozent bis zu einem vertraglich vereinbarten Höchstbetrag – von z.B. 150 Euro alle drei Jahre – erstattet.
- Zusätzlich können von einem Ergänzungstarif weitere Ausgaben übernommen werden, beispielsweise für Vorsor-

geuntersuchungen, Heil- und Hilfsmittel, nicht verschreibungspflichtige Medikamente, Zuzahlungen und Praxisgebühr.

Wer sich für eine Ergänzungspolice interessiert, sollte ganz genau hinschauen. Prüfen Sie, welche Leistungen für Sie wirklich wichtig sind. Wer nie zum Heilpraktiker geht oder nur wegen der Brille eine Zusatzversicherung abschließen will, ist mit dem Kombipaket eines Ergänzungstarifs meistens schlecht bedient. Generell sollten Sie abwägen, ob es nicht günstiger ist, die Zusatzleistungen selbst zu bezahlen und dafür finanzielle Rücklagen bilden. Überlegen Sie, wie oft Sie bestimmte Leistungen überhaupt in Anspruch nehmen und welche Ausgaben dafür anfallen. Wenn Sie nur in größeren Abständen eine Sehhilfe benötigen und einmal im Jahr zusätzliche Vorsorgeuntersuchungen machen lassen, sind die Beiträge womöglich höher als die Erstattung, die Sie erhalten. Am ehesten kann in Einzelfällen noch eine separate Zahnzusatzversicherung lohnen, wenn zum Beispiel eine höherwertige zahnärztliche Versorgung, wie beispielsweise mit Implantaten, gewünscht wird. Allerdings gibt es nur wenige Tarife, die zusammen mit der Leistung der gesetzlichen Krankenkasse bis zu 80 Prozent der Kosten erstatten. Die Beiträge für solche Tarife liegen beispielsweise für einen Mann im Alter von 30 Jahren bei etwa 15–20 Euro und mehr im Monat. Frauen gleichen Alters zahlen ein paar Euro mehr. Keinen Sinn hat der Abschluss eines Ergänzungstarifs wegen der Zuzahlungen, die als gesetzlich Versicherter zu tragen sind, da Sie dafür maximal zwei Prozent Ihres Jahreseinkommens aufwenden müssen, als chronisch Kranker sogar nur ein Prozent.

- → Klären Sie detailliert, ob und wo Sie Bedarf an zusätzlichem Versicherungsschutz haben. Schließen Sie möglichst nur für diese Leistungen einen Vertrag ab und vermeiden Sie nicht benötigte Extras.
- → Achtung: Ihre gesetzliche Kasse darf Zusatzpolicen nur vermitteln, sie ist also nicht Ihr Vertragspartner. Das ist bei Zusatzpolicen immer ein privates Krankenversicherungsunternehmen.
- → Prüfen Sie, ob die Policen, die die Kassen vermitteln, günstiger sind, als allgemein zugängliche Ergänzungstarife. Nehmen Sie das Angebot Ihrer Krankenversicherung daher genau unter die Lupe, auch wenn mit Rabatt geworben wird. Berücksichtigen Sie, dass bei einem Wechsel Ihrer gesetzlichen Krankenkasse der Rabatt im Normalfall entfällt.
- → Falls Sie sich zu einer Zusatzversicherung entschließen, sollten Sie rasch handeln. Wie bei allen anderen privaten Krankenversicherungen wird es mit dem Alter und bei schlechterem Gesundheitszustand teurer. Außerdem müssen Sie sich auf Wartezeiten einstellen. Einen Abschluss kurz vor der großen Zahnsanierung ist damit der Weg verbaut.
- → Achten Sie in jedem Fall auf das Kleingedruckte. Häufig gibt es z.B. bei der Zahnzusatzversicherung Summenbegrenzungen pro Jahr oder es werden bestimmte Leistungen wie höherwertiger Zahnersatz (z.B. Inlays oder Implantate) ausgeschlossen.

Auslandsreisekrankenversicherung

Wichtig bei Auslandsreisen

Sobald Sie ins Ausland reisen, ist eine Auslandsreisekrankenversicherung empfehlenswert. In Ländern, mit denen kein Sozialversicherungsabkommen besteht, ist sie ein Muss.

Umfassender Krankheitsschutz im Ausland

Versicherungsschutz genießen Mitglieder der gesetzlichen Krankenversicherung auch im Urlaub. Aber nur, wenn ein Sozialversicherungsabkommen mit dem Gastland besteht. Das gilt für die meisten europäischen Staaten sowie einige weitere Länder wie Israel, Türkei und Tunesien. Außerdem müssen Sie nachweisen, dass Sie in Deutschland krankenversichert sind. Dafür stellt Ihnen Ihre Krankenkasse die sogenannte European Health Insurance Card (EHIC), der frühere Auslandskrankenschein E 111, aus.

Die Leistungen richten sich nicht nach den deutschen, sondern nach den Regelungen des Urlaubslandes. Sie werden also genauso behandelt wie ein Einheimischer. Das kann unterschiedliche, auch geringere Leistungen bedeuten oder höhere Zuzahlungen. Außerdem kann es Ihnen in einigen Ländern passieren, dass Sie die Behandlungskosten zunächst auslegen müssen. Immer wieder gibt es Probleme mit der Akzeptanz der Auslandskrankenkarte. Kosten für einen Rücktransport darf die Krankenkasse auf keinen Fall übernehmen.

Wenn Sie die Kosten vorstrecken, können Sie die Belege später bei Ihrer Krankenkasse einreichen. Sie erstattet Ihnen die Kosten, die bei einer Behandlung in Deutschland entstanden wären. Außerdem sind Abzüge für erhöhte Verwaltungskosten möglich.

Wenn Sie ins EWR-Ausland (EU-Staaten sowie Island, Liechtenstein und Norwegen) fahren, um sich dort ambulant behandeln zu lassen, benötigen Sie keine Genehmigung. Bei einem geplanten Krankenhausaufenthalt dagegen müssen Sie sich die Übernahme der Kosten vorher von der Kasse genehmigen lassen.

Der private Krankenversicherungsschutz gilt unbefristet für Europa und weltweit für bis zu einem Monat. Aber nicht immer werden alle Kosten für Behandlungen sowie für einen Rücktransport übernommen.

Freie Arztwahl und Rücktransport im Krankheitsfall

Wer für den Auslandsaufenthalt weltweit einen hohen Behandlungsstandard sicherstellen will, sollte eine Auslandsreisekrankenversicherung abschließen. Sie können dann als Patient den Arzt und das Krankenhaus im Ausland frei wählen. Erstattet werden die notwendigen Behandlungen beim Arzt und Zahnarzt, Krankenhausaufenthalte, Operationen und Medikamente. Außerdem werden die Kosten für den Transport nicht nur innerhalb des Urlaubslandes, sondern auch der Rücktransport nach Deutschland sowie die Überführung im Todesfall oder die Bestattung im Ausland übernommen. Keine Ansprüche dagegen haben Sie, wenn Sie für eine Behandlung oder einen Gesundheitsurlaub in die Ferne reisen. Zahlungen von anderen Versicherungen wie der gesetzlichen Kranken- oder der gesetzlichen Unfallversicherung werden abgezogen.

Sie können zwischen einer Jahrespolice oder einem Vertrag nur für eine Reise wählen. Dabei müssen Sie auf die Höchstdauer der Auslandsreisen achten. Außerdem haben die meisten Versicherungsunternehmen Altersgrenzen festgelegt. Sie nehmen Versicherte vielfach nur bis zu einem bestimmten Eintrittsalter auf und teilen die Kunden in Altersklassen ein. Einschränkungen gibt es auch für Schwangere. Für Untersuchungen wegen einer Schwangerschaft, für Entbindung oder für Schwangerschaftsabbruch wird nicht gezahlt, außer bei akut auftretenden Komplikationen. Auch Reisende mit Vorerkrankungen sollten klären, ob und inwieweit sie abgesichert sind.

Geringe Beiträge

Die Beiträge sind gering und liegen bei günstigen Versicherern zwischen 8 und 12 Euro für eine Jahrespolice. Ein Selbstbehalt lohnt sich bei diesen geringen Beiträgen nicht. Günstige Familienversicherungen werden zwischen 15–22 Euro angeboten. Der Jahresvertrag ist im Normalfall nur geringfügig teurer als die Police für eine einzelne Reise. Dies hat zudem den Vorteil, dass Sie nicht immer wieder einen neuen Vertrag abschließen müssen und auch bei einer spontanen Reise geschützt sind.

Adressen günstiger Anbieter

Zu den günstigen Anbietern gehören unter anderem

- Barmenia (Tarif RS), Central (Tarif Holiday E), Debeka (Tarif AR), HUK-COBURG (Tarif RE)

- Nehmen Sie auf jeden Fall die EHIC (Auslandskrankenkarte) und die Telefonnummer des privaten Auslandsreisekrankenversicherers mit in den Urlaub.
- Informieren Sie sich bei Ihrer Krankenkasse über die Besonderheiten im Urlaubsland. Merkblätter für einzelne Urlaubsländer erhalten Sie auch bei der Deutschen Verbindungsstelle Krankenversicherung Ausland (www.dvka.de).
- Vermeiden Sie tunlichst den Abschluss einer Auslandsreisekrankenversicherung im Zusammenhang mit einer Reisebuchung. Sie zahlen oft mehr und erhalten obendrein noch unnötige Versicherungen wie die Reisegepäckversicherung aufgeschwatzt.
- Wenn Sie wegen Ihres Alters keine Auslandsreisekrankenversicherung abschließen können, oder das Unternehmen Sie wegen Vorerkrankungen nicht nimmt (was bei einer Auslandsreisekrankenversicherung für einen längerfristigen Auslandsaufenthalt der Fall sein kann), kann die gesetzliche Krankenversicherung bis zu sechs Wochen jährlich Behandlungskosten auch in Ländern übernehmen, mit denen kein Sozialversicherungsabkommen besteht. Voraussetzung ist, dass eine sofortige Behandlung notwendig ist, die auch im Inland möglich wäre. Nicht übernommen werden Kosten, wenn Sie für eine Behandlung speziell ins Ausland fahren. Außerdem muss Ihre Krankenkasse vor der Abreise festgestellt haben, dass Sie nachweislich keine Versicherung erhalten. Setzen Sie sich daher am besten frühzeitig mit Ihrer Krankenkasse in Verbindung.
- Bei einem längeren Auslandsaufenthalt reicht die Aus-

landsreisekrankenversicherung nicht aus. Sie benötigen eine spezielle Police mit Langzeitschutz. Anbieter: Barmenia (Tarif RK), Concordia (Tarif AR + RT), Europäische Reiseversicherung (Tarif Reise-KV), HUK-Coburg (Tarif RB), LVM (Tarif ARJ+ ART)

Ambulante Zusatztarife

Unnötig und teuer

Zusatztarife für die ambulante Heilbehandlung sind entbehrlich und teuer.

Für Arztbehandlung auf Privatrechnung

Mitglieder der gesetzlichen Krankenkasse können sich beim Arzt oder Zahnarzt auf Privatrechnung behandeln und die Kosten anteilig von der Kasse erstatten lassen. Die Kasse erstattet jedoch nur die wesentlich geringeren Gebühren gemäß der Kassen-Gebührenordnung sowie nach Abzug einer Kostenpauschale von 5–10 Prozent für ihren Verwaltungsaufwand. Eine Beschränkung der Wahl auf die ambulante, zahnärztliche oder stationäre Behandlung ist möglich. An diese Wahl sind die Versicherten mindestens ein Jahr gebunden. Die höheren Ausgaben bei diesem Kostenerstattungsverfahren können meist nicht vollständig von einem privaten ambulanten Zusatztarif abgedeckt werden. Der Versicherte bleibt vielfach noch auf Kosten sitzen. Außerdem sind diese Tarife teuer, besonders wenn sie leistungsumfänglich sind.

→ Unser Rat: Verzichten Sie als gesetzlich Versicherter auf das Kostenerstattungsverfahren und die ambulante Zusatzversicherung.

Krankenhaus-Zusatzversicherung

Nur als Extra

Die Krankenhaus-Zusatzversicherung ist nicht notwendig, ermöglicht aber eine bessere Behandlung und ein Mehr an Komfort im Krankenhaus. Sie sollte aber erst abgeschlossen werden, wenn alle wichtigen Risiken wie Privathaftpflicht und Berufsunfähigkeit sowie Risikoleben (bei Immobilienkredit und/oder Familie) ausreichend abgesichert sind.

Bessere Behandlung, mehr Komfort im Krankenhaus

Wer schwer krank ist, möchte eine optimale medizinische Behandlung und nicht unbedingt das Krankenzimmer mit lauten Bettnachbarn teilen. Wenn Sie als gesetzlich Krankenversicherter eine private Krankenhaus-Zusatzversicherung abschließen, haben Sie wie ein Privatpatient Anspruch auf die sogenannten Wahlleistungen, wie Chefarztbehandlung und Unterbringung im Ein- oder Zweibettzimmer. Die Zusatzversicherung erstattet Arzthonorare vielfach bis zum 3,5-fachen Satz der GOÄ (Gebührenordnung für Ärzte), teilweise darüber hinaus. Einige Versicherungsunternehmen zahlen die Chefarztrechnungen auch bei einer ambulanten Operation im Krankenhaus. Je nach Tarif werden Kosten für Ein- oder Zweibettzimmer übernommen. Wer auf die bessere Unterbringung verzichtet, erhält als Ausgleich meist ein Ersatzkrankenhaustagegeld.

Genauer hinsehen müssen Sie, wenn Sie außerdem das Krankenhaus frei wählen wollen. Wenn Sie beispielsweise eine komplizierte Operation nicht im nächstgelegenen Krankenhaus, sondern in einer entfernten Spezialklinik durchführen lassen wollen, kann dies höhere Fahrtkosten und Tagespflegesätze bedeuten. Achten Sie darauf, dass diese zusätzlichen Aufwendungen (Differenzkosten) übernommen werden und auch auf das ordentliche Kündigungsrecht verzichtet wird, damit der Versicherer nicht innerhalb der ersten drei Jahre kündigen kann.

Altersabhängige Beiträge

30-Jährige können Einbettzimmertarife ab rund 30 Euro bei günstigen Anbietern vereinbaren. Wer 20 Jahre länger mit dem Einstieg wartet, muss mit mindestens etwa 70–80 Prozent mehr rechnen. Die Unterbringung im Zweibettzimmer ist günstiger zu haben.

- → Den Angeboten Ihrer gesetzlichen Krankenversicherung sollten Sie nicht blind vertrauen. Ein Tarif, der allen Versicherten offensteht, ist oft günstiger.
- → Schließen Sie nach Möglichkeit einen Tarif ab, der die Differenzkosten bei Unterbringung in einem anderen als dem nächstgelegenen Krankhaus erstattet. Die Entscheidung für Ein- oder Zweibettzimmer können Sie von Ihrer persönlichen Präferenz abhängig machen.

Krankentagegeld-Versicherung

Wichtig für Selbstständige und Gutverdienende

Die Krankentagegeld-Versicherung ist sinnvoll, wenn über längere Zeit ein Verdienstausfall ersetzt werden muss. Sehr wichtig ist sie besonders für Selbstständige und Freiberufler sowie Arbeitnehmer mit höherem Einkommen. Kein Tagegeld benötigen Beamte, weil sie auch bei längerer Krankheit finanziell abgesichert sind.

Ersatz für Verdienstausfall

Die Krankentagegeld-Versicherung ersetzt den Verdienstausfall, wenn bei längerer Krankheit kein Einkommen erzielt wird und wenn kein oder nur ein begrenzter Anspruch auf Lohnfortzahlung und Krankengeld besteht.

Angestellte erhalten zunächst im Normalfall für sechs Wochen eine Lohnfortzahlung vom Arbeitgeber, manchmal auch länger. Den gesetzlich Krankenversicherten zahlt die Krankenkasse im Anschluss ein Krankengeld. Es ist jedoch zeitlich auf 78 Wochen innerhalb von drei Jahren begrenzt und beläuft sich auf 70 Prozent des Bruttoentgelts, maximal 90 Prozent des Nettoentgelts. Außerdem wird nur das Einkommen bis zur Beitragsbemessungsgrenze (3675 Euro monatlich im Jahre 2009) berücksichtigt. Für gesetzlich Versicherte mit einem höheren Einkommen entsteht daher im Krankheitsfall eine größere Lücke. Es kann Sinn haben, diese Differenz zwischen Krankengeld und Nettoeinkommen mit einer privaten Krankentagegeld-Police abzudecken.

Privat krankenversicherte Arbeitnehmer sollten eine Krankentagegeld-Versicherung bereits ab Wegfall der Lohnfortzahlung, also normalerweise ab dem 43. Tag abschließen.

Sind Sie Selbstständiger und freiwillig Versicherter in der gesetzlichen Krankenversicherung, haben Sie die Möglichkeit, Ihren Verdienstausfall mit dem Wahltarif Krankengeld abzusichern. Einen solchen müssen alle Kassen seit 1. Januar 2009 anbieten. Denn ein Krankengeld gehört nicht mehr zu den Grundleistungen der gesetzlichen Krankenversicherung für Selbstständige und Freiberufler. Das ist teilweise eine Verbesserung, weil bis Ende 2008 nicht alle Kassen den Einschluss des Krankengeldes angeboten haben. Entscheiden Sie sich für den Wahltarif, sind Sie an diesen drei Jahre gebunden. Zur Vermeidung von ungerechtfertigten Belastungen der gesetzlich Versicherten, hat das Bundesgesundheitsministerium zusätzlich einen Gesetzentwurf auf den Weg gebracht, der auch die Wahl »des gesetzlichen Krankengeldes« ab dem 43. Tag der Arbeitsunfähigkeit bis maximal zur Beitragsbemessungsgrenze von 44 100 Euro im Jahr 2009 für Selbstständige ermöglichen soll. Bei Abgabe einer entsprechenden Wahlerklärung richtet sich der Beitrag dann nach dem allgemeinen Beitragssatz von 15,5 Prozent (ab 1. Juli 2009 sinkt er auf 14,9 Prozent). Krankengeldansprüche vor der siebten Woche können über einen anderen Wahltarif abgesichert werden.

Die Änderungen sollen rückwirkend zum 1. Januar 2009 in Kraft treten. Liegt Ihr Einkommen über der Beitragsbemessungsgrenze kann zusätzlich eine private Krankentagegeld-Versicherung wichtig werden.

Alternativ können freiwillig gesetzlich Versicherte, die selbstständig sind, ihren Verdienstausfall vollständig durch eine private Krankentagegeld-Versicherung absichern. Das kann günstiger sein und hat den Vorteil, dass Sie eine unbefristete Dauer vereinbaren können und nicht nur wie beim Krankengeld maximal 78 Wochen geschützt sind. Aber auch hier müssen Sie entscheiden, ab welchem Zeitpunkt die Versicherung eintreten soll. Selbstständige sollten theoretisch sogar vom ersten Krankheitstag an vorsorgen. In der Praxis ist dies aber weder empfehlenswert noch möglich. Zum einen, weil die eigenen Finanzreserven ausreichen sollten, um eine bestimmte Zeit den Lebensunterhalt zu bestreiten, zum anderen weil der Schutz unverhältnismäßig teuer wäre und fast nie angeboten wird. Die Höhe sollte sich an Ihrem Nettoeinkommen und zusätzlichen Kosten für die soziale Absicherung wie die gesetzliche Kranken- und Rentenversicherung orientieren. Die private Krankentagegeld-Versicherung ersetzt den tatsächlichen Einkommensausfall bei Krankheit und Unfall. Zahlungen werden grundsätzlich nur bis zur Höhe der nachgewiesenen Einkommensausfälle geleistet. Es gilt ein Bereicherungsverbot.

Eine Staffelung des Tagegeldes nach unterschiedlichen Karenzzeiten ist nur im Einzelfall sinnvoll, auch wenn der Beitrag dadurch günstiger wird. Setzen Sie den Beginn des Krankentagegeldes nach Ihrem Bedarf fest. Bewährt hat sich auch bei Selbstständigen oftmals ein Beginn nach einer Karenzzeit von sechs Wochen. Prüfen Sie daher, welche Ausfallzeiten Sie ohne oder mit geringeren Einkünften verkraften können. Die Mindestvertragsdauer liegt zwischen einem bis drei Jahren je nach Anbieter. Der Beitragssatz in der gesetzlichen Krankenkasse beläuft sich dann auf 14,9 Prozent (ab 1. Juli 2009 sinkt er auf 14,3 Prozent).

→ Achten Sie darauf, dass Sie das Krankentagegeld ohne weitere Gesundheitsprüfung erhöhen können, wenn Ihr Einkommen steigt.

Krankenhaustagegeld-Versicherung

Nicht sinnvoll

Eine Krankenhaustagegeld-Versicherung ist normalerweise nicht sinnvoll. Denn sie sichert keine gravierenden Risiken ab.

Ersatz von Zusatzkosten im Krankenhaus

Wie der Name schon sagt, zahlt die Krankenhaustagegeld-Versicherung für jeden Tag im Krankenhaus einen festen Satz. Sie können damit eine Reihe zusätzlicher Kosten abdecken wie eine bessere Unterbringung im Krankenhaus oder Arzthonorare, falls dies nicht bereits durch eine Krankenhaus-Zusatzversicherung geschehen ist. Außerdem können Fahrtkosten und Aushilfen für den Betrieb oder den Haushalt finanziert werden. Empfehlenswert ist für solche Fälle, finanzielle Rücklagen zu bilden. Auf keinen Fall ist das Krankenhaustagegeld Ersatz für das Krankentagegeld. Denn gezahlt wird es nur während eines Krankenhausaufenthaltes. Bei einer länger andauernden Erkrankung mit ambulanter Behandlung erhalten Sie keinen Cent.

10. Pflegeversicherung

Bei der Pflegeversicherung müssen Sie zwei Formen unterscheiden:

- Die seit 1995 geltende Pflegepflichtversicherung und
- die Pflegezusatzversicherung, die von privaten Versicherungsunternehmen angeboten wird.

Pflegepflichtversicherung

Die Pflegeversicherung ist gesetzlich vorgeschrieben

Seit 1995 muss sich jeder gegen das Pflegerisiko absichern, und zwar grundsätzlich dort, wo er krankenversichert ist. Für die gesetzlich Versicherten ist dies die Pflegekasse der eigenen Krankenkasse (»soziale Pflegeversicherung«). Privat Krankenversicherte müssen eine private Pflegepflichtversicherung abschließen. Achtung: Sie darf nicht verwechselt werden mit den freiwilligen Pflegezusatzversicherungen (vgl. Kapitel »Private Pflegezusatzversicherung«, S. 185).

Entlastung im Pflegefall

Die Lebenserwartung steigt kontinuierlich an und gleichzeitig die Pflegebedürftigkeit. Die Pflegeversicherung wurde eingeführt, damit die persönlichen und finanziellen Belastungen nicht nur von den Angehörigen oder vom Staat getragen werden müssen. Wer dauerhaft pflegebedürftig ist, kann daher unterschiedliche Hilfen nutzen. Er hat entweder Anspruch auf ein Pflegegeld, Hilfe einer ambulanten Pflegeeinrichtung oder stationäre Pflege in einem Heim.

Nicht zuständig ist die Pflegekasse bei vorübergehender Pflegebedürftigkeit von weniger als sechs Monaten. Dann ist die Krankenkasse in der Pflicht und gewährt Leistungen wie häusliche Krankenpflege. Die Krankenkasse kommt außerdem für die medizinische Betreuung auf.

Die Pflegekasse deckt bei weitem nicht den gesamten Pflegebedarf ab, sondern stellt eine Grundabsicherung zur Verfügung. Sie ist nach Pflegebedürftigkeit gestaffelt und wird nur auf Antrag gewährt. Voraussetzung ist, dass der Pflegebedürftige bei alltäglichen Verrichtungen wie Aufstehen, Waschen, Anziehen und Essen auf erhebliche Hilfe angewiesen ist. Wer täglich mindestens 90 Minuten Hilfe bei zwei Verrichtungen benötigt, wird Pflegestufe I (erhebliche Pflegebedürftigkeit) zugeordnet. Die Grundpflege, also Hilfe bei der Körperpflege, der Ernährung und der Mobilität wie An- und Ausziehen, muss mindestens die Hälfte der Zeit beanspruchen. Bei schwer pflegebedürftigen Personen (Pflegestufe II) erhöht sich der zeitliche Bedarf auf mindestens drei Stunden täglich. Schwerstpflegefälle der Pflegestufe III sind rund um die Uhr auf Hilfe angewiesen, also sowohl tagsüber wie auch nachts. Im Tagesdurchschnitt muss die zu pflegende Person diese Versorgung mindestens fünf Stunden täglich benötigen, davon vier für die Grundpflege.

Die Entscheidung über die Zuordnung zu einer bestimmten Pflegestufe trifft der Medizinische Dienst der Krankenkassen. Die privaten Pflegeversicherer haben hierfür eine eigene Einrichtung gegründet.

Geld- und Sachleistungen vorrangig für häusliche Pflege

Die Leistungen der gesetzlichen und privaten Pflegepflichtversicherungen sind prinzipiell gleich. Vorrang hat in beiden Fällen die häusliche Pflege.

Ambulante Dienste mit professionellen Pflegekräften unterstützen Angehörige oder allein lebende Pflegebedürftige und ermöglichen, dass sie länger in der eigenen Wohnung und damit in der gewohnten Umgebung bleiben können. Je nach Pflegestufe können ambulante Pflegeeinsätze zwischen 420 Euro und 1918 Euro bei Härtefällen zur Auszahlung kommen. Diese Leistungen dürfen aber nur Pflegedienste erbringen, die die Pflegekasse zugelassen hat. Mit ihnen schließt der Pflegebedürftige einen Vertrag ab, in dem die Pflegeleistungen festgelegt werden. Die ambulante Pflege wird in der gesetzlichen Pflegeversicherung als Sachleistung gewährt, während privat Krankenversicherte nur Geldleistungen erhalten. Sie bezahlen die professionellen Pflegekräfte zunächst selbst und bekommen die Honorare ersetzt – maximal bis zum Wert der entsprechenden Sachleistung in der gesetzlichen Pflegeversicherung.

Wer sich selbst eine andere Pflegeperson oder einen Pflegedienst sucht, kann dafür nur das Pflegegeld in Anspruch nehmen. Zwischen 215 Euro und 675 Euro monatlich gibt es bei der Pflege durch die Angehörigen, ehrenamtliche Helfer oder eine selbst eingestellte Pflegekraft.

Um die Unterstützung möglichst gut an die eigenen Bedürfnisse anzupassen, können Sach- und Geldleistungen kombiniert werden.

Der Pflegebedürftige kann selbst bestimmen, in welchem Verhältnis er beide Leistungskomponenten nutzen will. Wenn beispielsweise 40 Prozent der Sachleistungen genutzt werden, besteht ergänzend ein Anspruch auf maximal 60 Prozent Geldleistungen für die jeweilige Pflegestufe. Normalerweise kann die Entscheidung frühestens nach sechs Monaten wieder verändert werden.

Bis zu vier Wochen im Jahr und bis zu einer Höchstsumme von 1470 Euro wird außerdem für eine Pflegevertretung gezahlt, wenn die Pflegeperson verhindert oder im Urlaub ist. Ergänzend zur häuslichen Betreuung sind außerdem eine teilstationäre Tages- und Nachtpflege sowie eine Kurzzeitpflege für einen begrenzten Zeitraum möglich. Bei besonders betreuungsintensiver Pflege, etwa bei Demenzkranken, können bis zu 2400 Euro jährlich (200 Euro monatlich) für spezielle Betreuungsangebote eingesetzt werden.

Darüber hinaus übernimmt die Pflegekasse Kosten für Pflegehilfsmittel, wie spezielle Betten, Hausnotruf, Rollstuhl, aber auch sogenannte Verbrauchsprodukte, wie Betteinlagen (sofern nicht die Krankenkasse zuständig ist). Bei

Monatliche Leistungen in Euro auf einen Blick

Pflegestufe	Benötigte Hilfe	Stationäre Hilfe im Pflegeheim	Häusliche Pflege durch Fachpersonal*	Pflegegeld bei häuslicher Pflege**
I: erhebliche Pflegebedürftigkeit	einmal täglich 45 Minuten bei Körperpflege, Essen, Mobilität mehrfach wöchentlich im Haushalt täglich insgesamt 90 Minuten	1023	420	215
II: schwere Pflegebedürftigkeit	dreimal täglich, insgesamt zwei Stunden bei Körperpflege, Essen, Mobilität mehrfach wöchentlich im Haushalt täglich insgesamt drei Stunden	1279	980	420
III: schwerste Pflegebedürftigkeit	vier Stunden (tagsüber und nachts) bei Körperpflege, Essen, Mobilität mehrfach wöchentlich im Haushalt täglich insgesamt fünf Stunden	1470, in Härtefällen 1750	1470, in Härtefällen 1918	675

* diese Werte gelten auch bei teilstationärer Pflege

** durch Pflegepersonen, z. B. Angehörige, Freunde, Nachbarn

Schrittweise werden die angegeben Leistungen im Jahr 2010 und 2012 erhöht.

Verbrauchsprodukten werden maximal 31 Euro monatlich erstattet. Versicherte müssen einen Eigenanteil von zehn Prozent, maximal 25 Euro zahlen. Größere Hilfsmittel wie Gehhilfen können oft ausgeliehen werden. Für Ein- und Umbauten im Wohnbereich wie Rampen, Treppenlifte, Verbreiterung von Türen oder der Umbau des Badezimmers werden einmalig bis zu 2557 Euro Zuschuss gewährt.

Bei stationärer Pflege in einem Heim zahlt die Pflegeversicherung je nach Pflegestufe zwischen 1023 Euro und 1470 Euro, in Härtefällen 1750 Euro. Sie deckt aber nur die Kosten für die Grundpflege, soziale Betreuung und medizinische Behandlungspflege. Für Unterkunft und Verpflegung, die sogenannten Hotelkosten, muss der Versicherte selbst aufkommen. Falls die stationäre Pflege nicht erforderlich ist, etwa weil eine Betreuung zu Hause möglich wäre, besteht nur Anspruch auf die Leistungen bei häuslicher Pflege.

Trennung von Kranken- und Pflegeversicherung vermeiden

Gesetzlich Krankenversicherte sind automatisch Mitglied in der Pflegekasse ihrer Krankenversicherung. Freiwillig Versicherte haben jedoch die Möglichkeit, sich bei einem privaten Anbieter zu versichern. Privat Krankenversicherte können ebenfalls wählen, ob sie bei ihrer Krankenversicherung bleiben oder anderweitig eine Pflegeversicherung abschließen. Empfehlenswert ist eine Trennung von Kranken- und Pflegeversicherung aber in beiden Fällen nicht. Denn die privaten Anbieter müssen jeden Antragsteller annehmen. Und die Beiträge unterscheiden sich allenfalls geringfügig, die Leistungen und die Kriterien für die Pflegebedürftigkeit sind gesetzlich festgelegt. Dafür laufen Sie Gefahr, dass sich Kranken- und Pflegeversicherung im Pflegefall immer wieder streiten, wer für eine bestimmte Leistung aufkommen muss. Dadurch kann es Ihnen passieren, dass Sie auf Leistungen warten müssen.

Beitragshöhe ist nachrangig

In der »sozialen Pflegepflichtversicherung« beträgt der Beitrag 1,95 Prozent des Arbeitseinkommens. Jeweils die Hälfte wird vom Arbeitnehmer und vom Arbeitgeber übernommen. Kinderlose Versicherte müssen – mit einigen Ausnahmen – seit 2005 zusätzlich 0,25 Prozent allein aufbringen. Als Höchstgrenze gilt die Beitragsbemessungsgrenze der gesetzlichen Krankenversicherung, die sich auf 3675 Euro im Jahr 2009 beläuft.

Seit dem 1. April 2004 ist die Beteiligung des Rentenversicherungsträgers weggefallen und die Rentner müssen ihren Beitrag zur Pflegeversicherung in voller Höhe allein tragen.

Bei der privaten Pflegepflichtversicherung werden die Beiträge grundsätzlich wie in der privaten Krankenversicherung nicht nach Einkommen, sondern nach persönlichen Kriterien wie Alter und Vorerkrankungen (nicht jedoch Geschlecht) berechnet, allerdings mit einigen Abweichungen. So gelten ähnlich wie in der »sozialen Pflegeversicherung« Elemente der Familienversicherung: Kinder sind grundsätzlich beitragsfrei mitversichert. Für den Ehegatten ist nur der halbe Beitrag zu entrichten, falls er ebenfalls zum 1. Januar 1995 in der privaten Pflegepflichtversicherung mitversichert war und sein Einkommen 1/7 der monatlichen Bezugsgröße der Sozialversicherung nicht übersteigt (Ehegattenregelung). Die Grenzwerte betragen für das Jahr 2009 monatlich 360 Euro bzw. 400 Euro im Rahmen einer geringfügigen Beschäftigung (400 Euro: Mini-Job). Wurde der Pflegeversicherungsvertrag erst nach dem 1. Januar 1995 geschlossen, so gilt die Begrenzung der Prämienhöhe auf den Höchstsatz der sozialen Pflegeversicherung, wenn eine 5-jährige Vorversicherungszeit erfüllt wird.

→ Gegen die Einstufung des Medizinischen Dienstes der Krankenkassen können Sie Widerspruch einlegen (vgl. Abschnitt »Widerspruch bei gesetzlichen Versicherungen«, S. 367).

→ Verträge mit einem Anbieter von Pflegediensten können Sie innerhalb von zwei Wochen nach dem ersten Pflegeeinsatz ohne Angabe von Gründen kündigen.

→ Ausführlich informiert die kostenlose Broschüre »Ratgeber Pflege: alles was Sie zur Pflege wissen müssen« des Bundesministeriums für Gesundheit sowie die Ratgeber der Verbraucherzentralen »Pflegefall – was tun?« und »Pflegegutachten« (mit »Pflegetagebuch«). Individuelle Fragen zur Pflegeversicherung beantwortet Ihnen die Hotline des Gesundheitsministeriums unter Tel. 01805-996603 (0,14 Euro/Min.). Helfen kann Ihnen auch die Unabhängige Patientenberatung Deutschland (UPD), Tel. 0800-0117722 (kostenfrei).

→ Pflegende Familienangehörige können für ihre Pflegeleistungen unter Umständen einen Zuschuss zur Rentenversicherung erhalten und sollten dies mit der Pflegekasse klären.

Am 1. Juli 2008 ist das Pflegeweiterentwicklungsgesetz in Kraft getreten. Es soll vor allem dazu führen, dass die Pflegeversicherung besser auf die Bedürfnisse der zu Pflegenden und ihrer Angehörigen abgestimmt wird. Als ein Teil dieser Pflegereform trat zeitgleich das Pflegezeitgesetz in Kraft. Gesetzesziel ist es, Arbeitnehmern die Möglichkeit zu bieten, pflegebedürftige Angehörige in ihrer häuslichen Umgebung zu pflegen. Die Vereinbarkeit von Beruf und familiärer Pflege soll dadurch verbessert werden. Arbeitgeber sind nunmehr verpflichtet, Beschäftigte für einen Zeitraum von bis zu zehn Tagen oder auch bis zu sechs Monaten freizustellen.

Private Pflegezusatzversicherung

Lücken für den Pflegefall schließen

Die Pflegepflichtversicherung bietet nur eine Grundabsicherung und reicht nicht für eine »Rund-Um-Pflege«. Ein Heimplatz kann 3000 Euro und mehr kosten. Wenn die eigene Rente oder das Vermögen zusammen mit den Leistungen der gesetzlichen Pflegeversicherung nicht ausreichen, müssen die eigenen Kinder oder das Sozialamt einspringen. Um das zu vermeiden, empfiehlt es sich so früh wie möglich eine Pflegezusatzversicherung abzuschließen. Das sollte allerdings erst dann erfolgen, wenn die existenziell wichtige Berufsunfähigkeitsversicherung und Privathaftpflichtversicherung besteht sowie die Risikolebensversicherung im Fall eines Immobilienkredites (+ Wohngebäudeversicherung) und/oder einer Familie.

Private Kranken- und Lebensversicherer bieten die Zusatztarife in vier verschiedenen Varianten an:

- Pflegerentenversicherungen,
- selbstständige Pflegerentenversicherung (»Pflegerenten-Risikoversicherung«),
- Pflegekostenversicherungen und
- Pflegetagegeldversicherung.

Bei der Pflegerentenversicherung wird die Absicherung des Pflegerisikos mit einem Sparvorgang kombiniert. Derartige Koppelungen sind intransparent und unrentabel, die Beiträge relativ hoch. Trennen Sie daher wie auch in anderen Fällen (vgl. Abschnitt »Kapitallebensversicherung«, S. 240) die Sparanlage vom Risikoschutz und decken den Pflegefall entweder durch eine Pflegekosten- oder Pflegetagegeldversicherung ab.

Die selbstständige Pflegerentenversicherung (»Pflegerenten-Risikoversicherung«) zahlt eine vereinbarte Monatsrente. Darüber kann frei verfügt werden. Die volle Pflegerente gibt es erst ab Pflegestufe III. In den anderen beiden Pflegestufen wird sie je nach Tarif anteilig gezahlt, teilweise auch gar nicht. Diese Versicherung ist im Vergleich zur Pflegerentenversicherung zwar günstiger, weil sie eine Risikovariante ist, also ohne Sparvorgang läuft. Aber unterm Strich ist sie eine zu teure Lösung. Daher ist eine Pflegekosten- oder Pflegetagegeldversicherung die bessere Lösung.

Durch die Pflegekostenversicherung werden Pflegekosten erstattet, sofern sie nicht von der gesetzlichen Pflegeversicherung übernommen werden, allerdings meist nur bis zu einem festgelegten Höchstbetrag oder Prozentsatz. Wenn Angehörige oder Freunde die Pflege übernehmen, wird teilweise nur ein geringes Pflegetagegeld gezahlt. Eine Kostenerstattung erfolgt selten. Ein Teil der Belastungen verbleibt also beim Versicherten. Die Kosten müssen außerdem durch Rechnungen nachgewiesen werden. Dies bedeutet viel »Papierkram«, den entweder der Pflegebedürftige selbst oder die Helfer zusätzlich zur Pflege bewältigen müssen.

Die Pflegetagegeldversicherung dagegen zahlt im Pflegefall einen vereinbarten Geldbetrag pro Tag. Dies ist unabhängig davon, in welchem Umfang und wofür tatsächlich Kosten anfallen. Mit dem Geld können auch Leistungen wie Begleitung beim Spaziergang bezahlt werden, die nicht zu den eigentlichen Pflegeleistungen gehören. Der volle Tagessatz wird normalerweise allerdings erst bei Pflegestufe III fällig.

Voraussetzung ist jeweils ein bestimmter Grad an Pflegebedürftigkeit. Viele Versicherungsunternehmen orientieren sich an der Einstufung des Medizinischen Dienstes der Krankenkasse, einige behalten sich eine eigene Überprüfung vor. Vereinzelt verlangen Versicherer in regelmäßigen Abständen einen ärztlichen Nachweis über die Pflegebedürftigkeit, nicht nur bei Minderung oder Wegfall der Pflegebedürftigkeit.

Schwierige Bedarfsermittlung

Eine Bedarfsermittlung ist mit großen Unsicherheiten verbunden. Niemand kann Ihnen sagen, wie in einigen Jahrzehnten die Leistungen der gesetzlichen Pflegeversicherung ausgestaltet oder wie teuer private Pflegeleistungen sein werden. Unsicher dürfte oft auch sein, ob Sie bei Pflegebedürftigkeit von der Familie oder Freunden betreut werden können oder ob nur eine Unterbringung im Heim in Betracht kommt.

Eine Pflegekostenversicherung hat vor allem dann Sinn, wenn Sie mit hohen Pflegekosten rechnen, etwa weil Sie davon ausgehen, dass Sie professionelle Dienste in Anspruch nehmen werden. Das kann der Fall sein, wenn Sie keine Angehörigen haben, die Sie betreuen können. Mit einer Pflegekostenversicherung können Sie einen größeren Teil der Auslagen abdecken, auch wenn es zwischenzeitlich zu erheblichen Preissteigerungen gekommen sein sollte.

Eine Pflegetagegeldversicherung dagegen kommt in Betracht, wenn Sie frei über das Geld verfügen möchten. Vorteilhaft ist sie außerdem, wenn Sie Hilfsleistungen nicht bei professionellen Anbietern »einkaufen«, sondern sich von Angehörigen oder ehrenamtlichen Helfern pflegen lassen. Andererseits kann nicht ausgeschlossen werden, dass Ihnen die Pflegekosten »davonlaufen«.

Beitragsvergleich kaum möglich

Wie in der privaten Krankenversicherung steigen bei allen Pflegezusatztarifen die Beiträge mit zunehmendem Eintrittsalter. Frauen zahlen wegen der höheren Lebenserwartung mehr als Männer. Bei bereits bestehenden Erkrankungen können Risikozuschläge, auch Leistungsausschlüsse, erhoben werden. Ebenfalls kann der begehrte Versicherungsschutz abgelehnt werden.

Ein Beitragsvergleich ist schon zum Zeitpunkt des Vertragsabschlusses nicht einfach, weil die angebotenen Policen in vielen Punkten differieren und unterschiedliche Leistungsbeschränkungen aufweisen. Welche Gesellschaft auf Dauer, also meist bis an das Lebensende des Versicherten, die günstigste ist, lässt sich nicht vorhersagen.

Nach Berechnungen des BdV müssen Sie zum Beispiel für eine private Pflegezusatzversicherung in Form der Pflegetagegeldversicherung mit Anspruch von 50 Euro pro Tag in Pflegestufe III monatlich mit folgenden durchschnittlichen Beiträgen rechnen: Bei einem Eintrittsalter von 40 Jahren zahlt ein Mann 25 Euro (möglich bis zu 45 Euro), eine Frau hingegen 35 Euro (bis zu 70 Euro möglich). Bei einem Einstieg zwanzig Jahre später beträgt der Durchschnittbeitrag eines Mannes 50 Euro (bis zu 130 Euro möglich), für eine Frau bereits 85 Euro (bis zu 195 Euro möglich).

Bei den Angeboten auf Leistungsunterschiede achten

Aus verschiedenen Gründen sollten Sie Informationen und Angebote von mehreren Versicherungsunternehmen einholen. Zum einen müssen Anbieter – wie grundsätzlich bei der privaten Krankenversicherung – nicht jeden Versicherten aufnehmen und die Gesundheitsverhältnisse des Antragstellers prüfen. Zum anderen bestehen erhebliche Leistungsunterschiede. Da die Angebote zudem unübersichtlich sind, sollten Sie die Zusatzversicherungen im Detail prüfen. Achten Sie vor allem auf folgende Punkte:

– Die Versicherung sollte sowohl für die häusliche sowie für die Pflege im Heim aufkommen und Leistungen für alle drei Pflegestufen gewähren, weil Sie nicht im Voraus wissen können, welche Art der Pflege Sie später benötigen.

- Wenn eine Pflege durch Angehörige oder Freunde in Betracht kommt, sollte das Pflegetagegeld nicht niedriger sein als für professionelle Pflegekräfte.
- Bei steigenden Pflegekosten sollten Sie die Möglichkeit haben, das Pflegetagegeld nachträglich zu erhöhen – und zwar ohne erneute Gesundheitsprüfung und Risikozuschläge.
- Die Leistungspflicht sollte einsetzen, wenn die gesetzliche Pflegeversicherung die Pflegebedürftigkeit anerkennt. Die private Versicherung sollte außerdem die Pflegestufe der gesetzlichen Pflegeversicherung übernehmen. So werden zusätzliche medizinische Untersuchungen vermieden. Hilfreich wäre es, wenn der Versicherer nicht in regelmäßigen Abständen Atteste über die Pflegebedürftigkeit verlangt. Ausnahme: Wegfall oder Minderung der Pflegebedürftigkeit.
- Das Versicherungsunternehmen sollte auf das ordentliche Kündigungsrecht innerhalb der ersten drei Vertragsjahre verzichten.
- Problematisch ist die teilweise übliche dreijährige Wartezeit, bei der im Pflegefall erst nach Ablauf dieser Fristen gezahlt wird. Achten Sie darauf, dass der Versicherer auf diese verzichtet.
- Vereinzelt sind Karenzzeiten (meistens 91 Tage) vorgesehen, bevor der Versicherer leistet. Auf diese sollte der Versicherer verzichten.
- Günstig ist es, wenn Sie bei Eintritt des Pflegefalls keinen Beitrag mehr zahlen müssen.

Geben Sie in Ihrem Schreiben zur Angebotseinholung auf jeden Fall Ihr Geburtsdatum, Ihr Geschlecht und Ihren Beruf an und erkundigen Sie sich nach den letzten und eventuell bevorstehenden Beitragserhöhungen.

Probeantrag empfehlenswert

Wie bei der privaten Krankenversicherung müssen Sie Fragen nach Ihrem Gesundheitszustand wahrheitsgemäß beantworten. Vor allem, wenn Sie bereits gesundheitliche Probleme haben, sollten Sie bei mehreren Gesellschaften gleichzeitig Probeanträge einreichen. Erfolgt die Beratung zum Abschluss einer Pflegezusatzversicherung durch einen Versicherungsberater oder Versicherungsmakler ist auch eine anonyme Risikovoranfrage eine gute Alternative (vgl. hierzu Kapitel »Angebote einholen und vergleichen«, S. 337).

- → Berücksichtigen Sie bei der Bedarfsermittlung, dass die Pflegezusatzversicherung nicht alle Pflege- oder Heimkosten abdecken muss. »Hotelkosten« für Unterbringung und Verpflegung können Sie gegebenenfalls von der gesetzlichen Rente und anderen regelmäßigen Einkünften abdecken.
- → Als Anreiz für die Eigenvorsorge können Sie die Beiträge zur privaten Pflegezusatzversicherung bis 184 Euro pro Jahr in der Steuererklärung als Sonderausgaben geltend machen, allerdings nur wenn Sie nach 1957 geboren sind.

11. Berufsunfähigkeitsversicherung

Unverzichtbar für Erwerbstätige

Eine private Berufsunfähigkeitsversicherung benötigt fast jeder. Sie ist unverzichtbar, wenn Sie für den Lebensunterhalt auf Ihr Arbeitseinkommen angewiesen sind. Etwa jeder vierte Arbeitnehmer wird vor dem Rentenalter berufs- oder erwerbsunfähig. Und der staatliche Schutz ist nicht ausreichend. Wer daher aufgrund einer Krankheit oder eines Unfalls nicht mehr oder nur eingeschränkt arbeiten kann, muss mit hohen Einkommensverlusten rechnen. Eine Unfallversicherung reicht in der Regel nicht aus, denn in fast allen Fällen wird die Berufsunfähigkeit durch Krankheit, nicht durch Unfall verursacht.

Besonders hohe Priorität hat die Berufsunfähigkeitsversicherung für Familien mit einem Alleinverdiener oder für Singles, da kein weiteres Einkommen vorhanden ist, um die finanziellen Einbußen aufzufangen.

Schon für junge Leute unerlässlich

Das Risiko berufsunfähig zu werden, wird von den meisten unterschätzt. Wer jung und gesund ist, denkt nicht an Krankheit und Berufsunfähigkeit. Aber es kann jeden treffen. Wenn die Arbeitsfähigkeit voraussichtlich auf Dauer eingeschränkt ist, zahlt die Berufsunfähigkeitsversicherung eine monatliche Rente zusätzlich zu gesetzlichen Renten oder anderen Versorgungsbezügen und sichert so die finanziellen Nachteile ab.

Wichtig ist die Berufsunfähigkeitsversicherung daher generell für Berufstätige und zwar nicht erst im fortgeschrittenen Alter. Im Gegenteil: Schon Schüler, Auszubildende, Studenten und Berufsanfänger sollten eine Berufsunfähigkeitsversicherung abschließen:

- Erstens sind die finanziellen Probleme umso größer, je früher im Berufsleben die Arbeitsfähigkeit eingeschränkt wird.
- Zweitens wurden die Leistungen der gesetzlichen Rentenversicherung für Versicherte, die nach dem 1. Januar 1961 geboren wurden, erheblich eingeschränkt.
- Drittens sollte ein Berufsunfähigkeitsschutz so früh wie möglich abgeschlossen werden. Denn nur wer kerngesund ist, hat die Chance, einen umfassenden Schutz zu günstigem Beitrag zu erhalten. Wer wartet, muss schon bei kleineren Leiden oder Vorerkrankungen mit Risikozuschlägen, eingeschränkten Leistungen oder gar einer völligen Ablehnung durch die Versicherungsunternehmen rechnen.

Unbedingt absichern sollten sich auch Selbstständige, da für sie im Falle der Invalidität keine Versorgung aus der Sozialversicherung vorgesehen ist. Empfehlenswert kann der Schutz weiter für Beamte und Hausfrauen/-männer sein.

Schutz oft nicht zu bekommen

Das Risiko der Berufsunfähigkeit steigt nicht nur mit dem Alter, sondern hängt auch vom Beruf ab. Am geringsten ist die Gefahr bei »Schreibtischtätern«, vor allem bei Akademikern. Die höchsten Risiken bestehen für Beschäftigte mit schweren körperlichen Tätigkeiten oder hohem Erkrankungspotenzial wie Fliesenleger, Kellner und Friseure. Aber auch Künstler werden zu den »hohen Risiken« gezählt. Für Lehrer ist es gleichfalls schwierig, einen uneingeschränkten Schutz zu erhalten. Die Folge: Je riskanter die Tätigkeit, desto teurer wird die Versicherung. Für einige Berufe ist es schwierig, überhaupt Versicherungsschutz zu erhalten. Negativ können sich außerdem gefährliche Hobbys wie Kampfsportarten, Tauchen oder Fallschirmspringen auswirken. Allzu häufig gewähren Versicherungsgesellschaften nur eingeschränkten Schutz oder lehnen einen Kunden ganz ab. Wer nicht mehr kerngesund ist oder in einem Risikoberuf arbeitet, muss damit rechnen, dass nur eine geringere Versicherungssumme akzeptiert wird, Versicherungs- und Leistungszeiten gekürzt und dass bestimmte Krankheiten ausgeschlossen oder nur gegen Zuschlag versicherbar sind.

- → Leistungsausschlüsse für bestimmte Krankheiten sind problematisch. Im Fall einer Berufs- oder Erwerbsunfähigkeit besteht die Gefahr, dass das Versicherungsunternehmen die Vorerkrankung als Ursache ansieht und die Zahlung verweigert.
- → Wenn ein Beitragszuschlag oder ein Ausschluss vereinbart wurde, können Sie versuchen, zu erreichen, dass dieser Zu-

schlag nach einer gewissen Zeit entfällt (Voraussetzung ist Ausheilung der Krankheit).

→ Gruppenverträge von Betrieben, Verbänden oder Vereinen können unter Umständen günstigere Beiträge und eine erleichterte Annahme bieten.

Gesetzliche Unfall- und Rentenversicherung

Die Leistungen der gesetzlichen Unfallversicherung sind begrenzt. Sie zahlt nur bei einer Berufskrankheit oder bei einem Unfall auf dem Weg zur oder von der Arbeit.

Erheblich eingeschränkt wurden 2001 auch die Hilfen aus der gesetzlichen Rentenversicherung. Wer nach dem 1. Januar 1961 geboren ist, hat nur noch Anspruch auf eine Erwerbsminderungsrente. Die volle Rentenhöhe wird erst gezahlt, wenn der Betroffene weniger als drei Stunden täglich in irgendeinem Beruf arbeiten kann. Eine halbe Rente gibt es, wenn der Beschäftigte mindestens drei, aber weniger als sechs Stunden eingesetzt werden kann. Wer mehr als sechs Stunden tätig sein kann, bekommt keine Leistung. Für beide Rentenarten gilt: Es spielt keine Rolle, welche Tätigkeit man zuletzt ausgeübt hat. Grundsätzlich kann auch einem Akademiker zugemutet werden, eine ungelernte Tätigkeit auszuüben. Sollte der Versicherte allerdings keine Tätigkeit auf dem Arbeitsmarkt finden, erhält er die volle Erwerbsminderungsrente.

Nicht betroffen von den Neuregelungen sind Versicherte, die am 31. Dezember 2000 bereits einen Anspruch auf eine Berufs- oder Erwerbsunfähigkeitsrente hatten. Sie erhalten die alten Berufsunfähigkeitsrenten weiter. Allerdings liegen die Leistungen der Rentenversicherung ein Viertel unter den bisherigen Renten.

Berechnen Sie Ihre Versorgungslücke

Die Höhe der zu vereinbarenden Berufsunfähigkeitsrente hängt von Ihren persönlichen Umständen ab, vor allem von Ihrem Lebensstandard und Ihrer Versorgungslücke. Sie müssen daher klären, welches Einkommen Sie benötigen bzw. wünschen, um Ihren Lebensunterhalt und laufende Verpflichtungen abzudecken. Ermitteln Sie dazu die erforderlichen Summen für Ausgaben wie

- Lebensunterhalt,
- Wohnen,
- Ausbildung, Unterhaltszahlungen und andere Ausgaben für Kinder/Unterhaltsberechtigte,
- laufende Verpflichtungen wie Kredite und Versicherungen sowie
- Sparen (z. B. für die Altersvorsorge).

Bedenken Sie, dass Sie bei einer schweren Erkrankung möglicherweise zusätzlichen Bedarf haben, sei es für Gesundheits- und Pflegeleistungen oder eine Haushaltshilfe.

Davon müssen Sie Einnahmen abziehen, über die Sie und Ihre Familienangehörigen unabhängig von ihrem eigenen Erwerbseinkommen verfügen. Das können folgende Posten sein:

- Erwerbseinkommen des Ehepartners oder anderer Familienangehöriger,
- Staatliche Berufs- oder Erwerbsminderungsrente,

- Leistungen der Berufsgenossenschaft (nur bei Berufsunfall/-krankheit),
- Beamtenpension,
- betriebliche oder berufsständische Versorgung,
- Mieten,
- Kapitalerträge,
- private Berufsunfähigkeitsversicherung,
- private Unfallversicherung (nur bei Unfällen) sowie
- verwertbares Vermögen und Erbe.

Die Differenz aus beiden Summen ergibt Ihre Versorgungslücke.

→ Vergessen Sie bei der Berechnung der Versorgungslücke die zusätzliche Altersvorsorge nicht. Kalkulieren Sie einen ausreichenden Betrag mit ein, damit Sie auch im Fall einer Berufsunfähigkeit einen regelmäßigen Betrag für das Alter zurücklegen können. Im Optimalfall gelingt es Ihnen, Ihr gegenwärtiges Nettoeinkommen im Notfall zu halten. Die Versicherungsunternehmen sind aber vielfach nicht bereit, das gesamte Nettoeinkommen abzudecken.

→ Schätzen Sie Ihre Einkünfte realistisch und lieber niedriger als zu hoch ein. Dies gilt auch für Leistungen der gesetzlichen Sozialversicherung. Sie werden vielfach überschätzt. Erkundigen Sie sich daher bei den zuständigen Sozialversicherungsträgern, wie der gesetzlichen Renten- und Unfallversicherung. Bleiben Sie aber auch hier auf »der sicheren Seite«. Denn die individuellen Vorausschätzungen z.B. der Rentenversicherer gehen von der jetzigen Rechtslage aus und legen teilweise relativ optimistische Szenarien zugrunde. Außerdem müssen Sie die Möglichkeit weiterer Einschnitte in die sozialen Sicherungssysteme einkalkulieren.

→ Als Beamter sollten Sie bei Ihrer Personalstelle einen »Antrag auf vorläufige Festsetzung Ihrer ruhegehaltfähigen Dienstzeit unter Berücksichtigung aller Kann- und Sollzeiten nach dem Beamtenversorgungsgesetz« stellen, um Ihre Ansprüche zu klären.

→ Vermögenswerte sollten Sie mit dem Faktor 0,004 multiplizieren, um die monatlich erzielbaren Einnahmen zu ermitteln. Mit einem höheren Faktor (bis zu 0,006) können Sie kalkulieren, wenn Sie schon älter sind und das Kapital auch aufgezehrt werden kann.

Mit oder ohne Lebensversicherung?

Die Berufsunfähigkeitsversicherung wird in drei Varianten angeboten:

- als selbstständige Berufsunfähigkeitsversicherung,
- als Risikolebensversicherung mit Berufsunfähigkeitszusatz (BUZ),
- als Kapitallebensversicherung oder private Rentenversicherung mit Berufsunfähigkeitszusatz.

Gängig sind Kombitarife, also Lebensversicherungen mit BUZ. Damit werden zwei Fälle abgesichert: Wird der Versicherungsnehmer berufsunfähig, erhält er eine Rente. Stirbt er, haben die Angehörigen Anspruch auf Zahlungen. Zunehmend werden aber auch selbstständige Berufsunfähigkeitsversicherungs-Policen angeboten. Ob Sie sich für die

Solo- oder die Kombivariante entscheiden, ist primär ein Rechenexempel:

- Ein Kombiprodukt von Risikolebensversicherung und BUZ kann Sinn machen, wenn Sie zusätzlich zum Berufsunfähigkeitsschutz auch für Angehörige im Todesfall vorsorgen möchten. Die Koppelung ist finanziell vielfach günstiger als die separate Absicherung beider Risiken. Aber auch wenn Sie keinen Hinterbliebenenschutz benötigen, ist das Kombipaket teilweise die günstigere Alternative (vor allem bei geringer Versicherungssumme für die Risikolebensversicherung).
- Bei der Verknüpfung von Kapitallebensversicherung oder privater Rentenversicherung und BUZ sparen Sie zusätzlich für das Alter. Grundsätzlich gelten hier die gleichen Vorbehalte wie bei der Kapitallebensversicherung: Sie haben keinen Überblick, wofür Ihre Beiträge im Einzelnen verwendet werden (vgl. dazu Abschnitt »Kapitallebensversicherungen«, S. 240). Sie sollten daher die Absicherung gegen Berufsunfähigkeit und den Sparvorgang voneinander trennen. Außerdem ist die Police sehr teuer. Wer in finanzielle Schwierigkeiten kommt und den Beitrag nicht mehr bezahlen kann, verliert auch den unverzichtbaren Berufsunfähigkeitsschutz. Ein Neuabschluss könnte aufgrund des höheren Alters oder bestehender Erkrankungen Probleme bereiten.
- Eine selbstständige Berufsunfähigkeitsversicherung sollten Sie in Betracht ziehen, wenn keine Vorsorge für Familienangehörige im Todesfall notwendig ist, wenn Sie bereits einen Todesfallschutz haben oder anderweitig besser

absichern können. Sie hat außerdem den Vorteil, dass Sie bei der Festlegung der Rentenhöhe flexibler sind. Denn die Jahresrente kann bei einem Kombiprodukt durch die Summe der Lebensversicherung begrenzt sein.

Wann tritt Berufsunfähigkeit ein?

Die private Berufsunfähigkeitsversicherung zahlt eine monatliche Rente, wenn der Versicherte durch eine Krankheit, Körperverletzung oder Kräfteverfall in einem vertraglich festgelegten Umfang (in der Regel ab 50 Prozent) berufsunfähig wird, also seinen Beruf »auf Dauer« nicht mehr ausüben kann.

Das war – und ist – aber vielfach nur Theorie. In vielen Verträgen fand und findet sich teilweise noch die Formulierung, dass der Versicherte außerstande sein muss, »seinen Beruf oder eine andere Tätigkeit auszuüben, die aufgrund seiner Kenntnisse und Fähigkeiten ausgeübt werden kann und seiner bisherigen Lebensstellung entspricht«. Im Klartext bedeutet dies, dass der Versicherte kein Geld erhält, solange er einen anderen Beruf ausüben kann, vorausgesetzt, er entspricht seiner Ausbildung, Erfahrung und bisherigen Lebensstellung. Die Zahlung kann selbst dann verweigert werden, wenn diese Möglichkeit nur theoretisch besteht. Bei dieser sogenannten »abstrakten Verweisung« kommt es nicht darauf an, ob der Betroffene tatsächlich eine neue Anstellung findet. Wer sich im Ernstfall nicht noch zusätzlich mit der Versicherung herumstreiten will, sollte ein Versicherungsunternehmen wählen, welches auf die abstrakte Verweisung verzichtet. Falls dies nicht gelingt, sollten Sie zumindest versuchen, einen Verweisungsverzicht ab einem bestimmten Alter zu vereinbaren. Beim Verweisungsverzicht werden Sie allerdings mit einem höheren Beitrag belastet.

Ob Ihnen eine Rente bewilligt wird oder nicht, kann auch vom Prognosezeitraum abhängen. Das ist die Dauer, in der Sie nach Einschätzung eines Arztes berufsunfähig sein werden. Während ein Teil der Versicherungsunternehmen sich damit begnügt, dass der Arzt eine Berufsunfähigkeit für sechs Monate prognostiziert, verlangen andere eine ärztliche Vorhersage für einen Zeitraum von drei Jahren. Für diese längerfristige Zeitdauer ist es natürlich sehr viel schwieriger, eine verlässliche medizinische Einschätzung und damit eine Rentenzahlung zu erhalten.

Vorteilhaft ist es, wenn Ihnen klare Voraussetzungen den Nachweis der Berufsunfähigkeit erleichtern. Dazu gehören Regelungen, dass eine private Berufsunfähigkeitsrente automatisch gewährt wird, wenn Sie für einen bestimmten Zeitraum arbeitsunfähig sind und die gesetzliche Rentenversicherung oder die Pflegekasse leisten.

→ Achten Sie darauf, dass auf die abstrakte Verweisung verzichtet wird. Wichtig ist auch, dass die folgende Klausel aus den Musterbedingungen nicht verwandt wird: »Vollständige Berufsunfähigkeit liegt vor, wenn die versicherte Person in Folge Krankheit, Körperverletzung oder mehr als altersentsprechenden Kräfteverfalls, die ärztlich nachzuweisen sind, voraussichtlich auf Dauer [alternativ: mindestens … Monate/Jahre] ihren zuletzt ausgeübten Beruf, so wie er ohne gesundheitliche Beeinträchtigung ausgestaltet war, nicht mehr ausüben kann und außerstande ist, eine andere Tätigkeit auszuüben, zu der sie aufgrund ihrer Ausbildung und Fähigkeiten in der Lage ist und die ihrer bisherigen Lebensstellung entspricht.«

Pauschal- oder Staffelregelung?

Voraussetzung für die volle Rentenzahlung ist meist eine Berufsunfähigkeit von mindestens 50 Prozent (»Pauschalregelung«). Andere Gesellschaften bieten eine Staffelregelung an. Bei einer 50-prozentigen Berufsunfähigkeit etwa haben Sie nur Anspruch auf die halbe Rente. Die volle Rente würden Sie in diesem Fall erst ab 75 Prozent Berufsunfähigkeit erhalten. Der Vorteil dieser Staffelregelung wäre, dass Sie bereits bei einer geringeren Beeinträchtigung eine anteilige Rente erhalten würden.

Problematisch ist allerdings, dass die bisherige Tätigkeit bei einer 50-prozentigen Berufsunfähigkeit nicht mehr ausgeübt werden kann. Bei der Staffelregelung würden Sie hier nur eine halbe Rente erhalten, die dann zu einer bedrohlichen finanziellen Lücke führen kann. Umgekehrt besteht bei einer 25-prozentigen Berufsunfähigkeit eine relativ hohe Wahrscheinlichkeit, dass noch eine Erwerbstätigkeit möglich ist und sich die finanziellen Einbußen auch ohne Rente in Grenzen halten. Nicht zuletzt kann es bei einer Staffelregelung mehr Auseinandersetzungen um die konkrete Einstufung geben. In den meisten Fällen empfiehlt sich daher die Pauschalregelung.

Leistungs- und Versicherungszeiten

Theorie ist oft auch, dass die Berufsunfähigkeitsversicherung vom Eintritt der Berufsunfähigkeit bis zum regulären Rentenalter zahlt. Vor allem bei Risikoberufen beschränken die Gesellschaften die Versicherungs- und Leistungszeit vielfach auf das 50. oder 55. Lebensjahr. Das führt zu empfindlichen Lücken. Denn nur, wenn die Berufsunfähigkeit innerhalb der Versicherungszeit eintritt, erhalten Sie eine Rente. Sie haben daher keinen Schutz, wenn die Versicherungszeit mit 50 Jahren endet und die Berufsunfähigkeit mit 51 Jahren eintritt. Die Leistungszeit ist der Zeitraum, bis zu dem Sie bei einer anerkannten Berufsunfähigkeit eine Rente erhalten. Hört die Leistungszeit mit 55 auf, müssen Sie die Jahre bis zum regulären Beginn der gesetzlichen Altersrente mit eigenen Mitteln überbrücken.

Einige Versicherungsunternehmen leisten erst nach sechs Monaten Berufsunfähigkeit oder noch später, andere bereits rückwirkend mit Eintritt der Berufsunfähigkeit. Negativ können sich auch Meldefristen auswirken, falls eine verspätete Benachrichtigung der Versicherungsgesellschaft zu einem späteren Zahlungsbeginn führt. Günstig ist dagegen eine rückwirkende Leistung, wenn der Versicherte die Berufsunfähigkeit verspätet meldet. Denn das kann zu starken finanziellen Einbußen führen, etwa wenn bei einem schleichenden Beginn die Berufsunfähigkeit erst mit Verzögerung festgestellt wurde.

→ Bevorzugen Sie ein Versicherungsunternehmen, das bei verspäteter Meldung rückwirkend leistet (mindestens bis zu drei Jahren).

Vereinbaren Sie die Leistungszeit und nach Möglichkeit die Versicherungszeit bis zum Beginn Ihrer Altersrente.

Anpassung durch Dynamik und Nachversicherungsgarantie

Wer eine Berufsunfähigkeitsversicherung abschließt, muss darauf achten, dass er auch in Zukunft ausreichend abgesichert ist. Für die Anpassung der Rentenhöhe an Inflation und erhöhte Bedürfnisse, z.B. wegen Familiengründung, bestehen zwei Möglichkeiten – die Dynamisierung und die Nachversicherungsgarantie. Beides kann ohne erneute Gesundheitsprüfung erfolgen.

Eine Dynamik wird von den meisten Versicherungsunternehmen für die Zeit vor Eintritt der Berufsunfähigkeit angeboten. Bei einigen Versicherungsunternehmen kann man auch vereinbaren, dass sich die Berufsunfähigkeitsrente nach Eintritt des Leistungsfalles dynamisch erhöht.

Mit der Dynamik wird die Berufsunfähigkeitsrente regelmäßig um einen festgelegten Prozentsatz erhöht. Vor Eintritt der Berufsunfähigkeit steigen damit gleichzeitig die Beiträge. Sie können aber in einzelnen Jahren die Dynamik aussetzen. Sie können Jahr für Jahr entscheiden, ob Sie die Erhöhung mitmachen oder ablehnen und beispielsweise nur jedes zweite Jahr dynamisieren. Unbegrenzt ist dies allerdings nicht möglich. Nach der zweiten Ablehnung in Folge gilt meist für den Rest der Laufzeit ein Dynamisierungsstopp.

Flexibel sind Sie mit der Nachversicherungsgarantie. Hierdurch haben Sie die Möglichkeit, unter bestimmten Voraussetzungen wie Heirat, Geburt eines Kindes oder Gehaltserhöhung eine Erhöhung der Berufsunfähigkeitsrente zu erwirken. Zusätzlich empfiehlt es sich aber meist, eine Dynamik zu vereinbaren.

Spezialfall Ausbildung/Studium

Bei einigen Gesellschaften können junge Menschen, die (noch) keinen Beruf haben oder nicht arbeiten, eine Berufsunfähigkeitsversicherung abschließen. Die Vorteile: Die Gesundheitsprüfung wird in den meisten Fällen problemlos durchlaufen, die Prämien sind aufgrund des frühen Eintrittalters relativ gering. Die Rentenhöhe ist allerdings meist auf 500 Euro bis 1000 Euro monatlich begrenzt. Außerdem wird häufig erst bei Erwerbsunfähigkeit gezahlt, also wenn der Betroffene überhaupt nicht mehr in der Lage ist zu arbeiten. Nach der Ausbildung bzw. dem Studium tritt die Versicherung dann aber auch bei Berufsunfähigkeit ein.

→ Achten Sie darauf, dass Sie im Rahmen der Nachversicherungsgarantie die Berufsunfähigkeitsrente ohne erneute Gesundheitsprüfung nach erfolgreichem Abschluss der Ausbildung bzw. des Studiums erhöhen können.

Spezialfall Beamte

Ergänzend zur Absicherung durch den Staat hat eine private Berufsunfähigkeitsversicherung auch für Beamte Sinn. Wer aber schon bei Dienstunfähigkeit Leistungen beziehen will, sollte in seinen Vertrag die sogenannte »Dienstunfähigkeitsklausel« vereinbaren. Für Dienstunfähigkeit gelten andere Maßstäbe als für Berufsunfähigkeit. Grundsätzlich ist ein Beamter dienstunfähig und wird in den Ruhestand versetzt, wenn er aus gesundheitlichen Gründen dauerhaft nicht mehr in der Lage ist, seine Dienstpflichten zu erfüllen. Dienstunfähigkeit kann aber auch schon vorliegen, wenn der Beamte innerhalb von sechs Monaten drei Monate krank war und keine Aussicht besteht, dass er in den nächsten sechs Monaten wieder voll gesund wird. Für die Dienstunfähigkeitsklausel gibt es verschiedene Formulierungen.

Nur eine vollständige (echte) Dienstunfähigkeitsklausel gewährleistet den besten Schutz, da Versetzung und Entlassung in den Ruhestand eindeutig geregelt und privilegiert sind. Die Klausel wird aber nur selten angeboten. Die Formulierung für die vollständige Dienstunfähigkeitsklausel lautet je nach Versicherer:

– »Ist die versicherte Person Beamter des öffentlichen Dienstes, so gilt die Versetzung in den Ruhestand wegen allgemeiner Dienstunfähigkeit bzw. die Entlassung wegen allgemeiner Dienstunfähigkeit als Berufsunfähigkeit.«

Angeboten wird eine Dienstunfähigkeitsklausel z.B. von folgenden Gesellschaften:

- Hamburg-Mannheimer, IDUNA Leben, Neue BBV, WWK

Spezialfall Hausfrauen/-männer

Hausfrauen und -männer erhalten nur bei rund der Hälfte der Anbieter Versicherungsschutz. Wie bei Auszubildenden werden außerdem die Leistungen teilweise auf 500 Euro bis 1000 Euro und den Fall der Erwerbsunfähigkeit begrenzt.

Berufsunfähigkeitsschutz – teuer, aber wichtig

Billig ist der Berufsunfähigkeitsschutz in keinem Fall. Wer aber bereits als junger Mensch einsteigt, hat gute Chancen, sich relativ günstig für das gesamte Berufsleben abzusichern. Denn die Beiträge hängen sehr stark vom Eintrittsalter ab. Sie sind so zudem geschützt, wenn die Berufsunfähigkeit schon frühzeitig eintreten sollte. Vereinzelt bieten Gesellschaften auch eine »technisch einjährige Versicherung« an. Hier sind variable Beiträge zu zahlen. In jedem Jahr der Versicherungsdauer wird ein dem dann gültigen Eintrittsalter entsprechender Beitrag berechnet. Somit sieht dieser Vertrag einen geringen Anfangsbetrag vor, welcher im Laufe der Zeit in der Regel allmählich ansteigt. Sie würden zu Vertragsbeginn trotz des geringen Beitrages vollen Versicherungsschutz genießen.

Eine wichtige Rolle für die Beitragsbemessung spielen außerdem das Geschlecht und Ihr Beruf. Zusätzlich können weitere Faktoren wie Rauchen oder gefährliche Hobbys hinzukommen.

Nach Erhebungen des BdV müssen Sie bei empfehlenswerten Unternehmen mit folgenden Beiträgen rechnen (siehe Tab. S. 209 u. 210).

Insbesondere bei folgenden Versicherungsgesellschaften empfiehlt es sich, ein Angebot einzuholen:

- Allianz (Tarif Vorsorge plus), Alte Leipziger (Tarif SBU/ SBV), Öffentliche Berlin (Tarif SBV/ BUZ Optimal), Continentale (Tarif BUV/ BUZ Premium), Hannoversche Leben (Tarif Comfort- BUZ Plus), HanseMerkur (Tarif Profi Care SBU), Swiss Life (Tarif BUZ BG –3), VOLKSWOHL BUND (Tarif BUZ/ SBU), Württembergische (Tarif SBU)

Der Bund der Versicherten hat über die BdV Mitgliederservice GmbH einen Gruppenvertrag für seine Mitglieder zur Risikolebensversicherung mit Berufsunfähigkeitszusatz sowie zur selbstständigen Berufsunfähigkeitsversicherung abgeschlossen. Hierzu können sich auch Schüler (ab dem 15. Lebensjahr), Studenten, Auszubildende und Hausfrauen/-männer bis 1000 Euro monatlich gegen Berufsunfähigkeit versichern. Eine Anpassung des Versicherungsschutzes ist über Dynamik und Nachversicherung möglich. Es kann ein Tarif mit geringem Anfangsbeitrag und mit dem Alter steigenden Beiträgen (»technisch einjährige Versicherung«) abgeschlossen werden. Überschussanteile werden im Wege einer Sofortgutschrift mit dem Tarifbeitrag verrechnet.

Brutto- und Nettobeträge durch Überschussbeteiligung

Die Tarifbeiträge werden vorsichtig kalkuliert, damit die Leistungen auch bei einem schlechten Risikoverlauf sicher sind. In der Praxis entstehen so Überschüsse bei den Gesellschaften, die unterschiedlich verwendet werden können:

- Das Bonussystem führt dazu, dass sich die garantierte Berufsunfähigkeitsrente entsprechend der Überschussbeteilung erhöht.
- Bei der Beitragsverrechnung erhalten Kunden eine Gutschrift auf den Beitrag. Statt des ursprünglich kalkulierten Bruttobeitrags wird nur ein niedrigerer Nettobeitrag fällig.

Selbstständige Berufsunfähigkeitsversicherung

ca. Jahresbeiträge (Zahlbeiträge), 1000 € monatliche Rente bei Berufsunfähigkeit, Nichtraucher/in, kaufm. Angestellte/r				
	Versicherungsschutzdauer = Laufzeit			
	Männer Rente bis Alter		Frauen Rente bis Alter	
Eintrittsalter	60	65	60	65
20	252	338	220	308
25	276	373	255	365
30	289	419	299	437
35	320	486	349	524
40	360	572	405	629
45	383	649	438	714
50	403	742	440	781
55	362	794	350	769
60	–	708	–	788

– Bei der verzinslichen Ansammlung oder dem Schlussüberschuss wird die gesamte Summe bei Vertragsende ausgeschüttet.

Einige Gesellschaften bieten nur eine Form der Überschussbeteiligung an, bei anderen können Sie im Antrag wählen. Empfehlenswert aus Sicht des BdV ist die Beitragsverrechnung. Denn Versicherte profitieren durch die niedrigeren Prämien unmittelbar von den Überschüssen. Außerdem ist die Rentenhöhe eindeutig festgelegt, während sie beim Bo-

Risikolebensversicherung mit Berufsunfähigkeitszusatz

ca. Jahresbeiträge (Zahlbeiträge), Versicherungssumme 100 000 € bei Tod, 1000 € monatliche Rente bei Berufsunfähigkeit, Nichtraucher/in, kaufm. Angestellte/r

	Männer Laufzeit/Rente bis Alter		Frauen Laufzeit/Rente bis Alter	
Eintrittsalter	60	65	60	65
20	326	465	279	387
25	361	514	320	454
30	401	579	373	539
35	451	673	436	645
40	521	799	512	773
45	578	928	565	890
50	642	1087	589	993
55	659	1223	529	1021
60	–	1787	–	1424

nussystem davon abhängt, wann der Versicherte berufsunfähig wird.

Guter Schutz = Leistungen und Konditionen im Blick

Wichtiger als der Beitrag sind bei der Berufsunfähigkeitsversicherung die Vertragskonditionen und die Leistungen. Denn eine günstige Versicherung nützt Ihnen nichts, wenn sie im Ernstfall nicht zahlt. Überlegen Sie sich daher zunächst, welche Kriterien Ihr Vertrag erfüllen soll, bevor Sie an den Beitragsvergleich gehen. Achten Sie z.B. auch darauf, dass der Versicherungsschutz weltweit gilt.

Angebote einholen

Wer die Berufsunfähigkeitsversicherung besonders dringend benötigt, bekommt sie oft nicht. Wer in einem Risikoberuf arbeitet oder schon erste Vorerkrankungen hat, muss Einschränkungen des Versicherungsschutzes oder Risikozuschläge akzeptieren. Wer Pech hat, findet überhaupt keine Gesellschaft, die ihn aufnimmt. Beharrlichkeit kann sich aber auszahlen.

Probeantrag

Wenn Sie eine Berufsunfähigkeitsversicherung beantragen, müssen Sie grundsätzlich umfangreiche Angaben zu Ihrem Gesundheitszustand machen. Es ist wichtig, dass Sie diese Fragen vollständig und wahrheitsgemäß beantworten, auch wenn ein Vertreter das Gegenteil behaupten sollte. Denn wenn sich im Fall einer Berufsunfähigkeit nachträglich herausstellt, dass Sie gegen diese sogenannte »vorvertragliche Anzeigepflicht« verstoßen haben, muss die Versicherung möglicherweise nichts bezahlen.

- → Machen Sie auf keinen Fall falsche Angaben zu Ihrem Gesundheitszustand und stellen Sie bei mehreren Gesellschaften gleichzeitig Probeanträge. Lesen Sie dazu das Kapitel »Angebote einholen und vergleichen«, S. 337).
- → Wählen Sie ein Versicherungsunternehmen, bei dem sich die Gesundheitsfragen nur auf einen kurzen Zeitraum (z.B. fünf Jahre) beziehen.
- → Günstig ist es außerdem, wenn das Versicherungsunternehmen auf eine Vertragsanpassung oder Kündigung des

Vertrages nach § 19 des Versicherungsvertragsgesetzes verzichtet, sofern Sie Gesundheitsprobleme ohne eigenes Verschulden nicht angegeben haben.

Im Fall einer Berufs- oder Erwerbsunfähigkeit

Eine Berufsunfähigkeit muss ärztlich nachgewiesen werden. Reichen Sie beim Versicherungsunternehmen so frühzeitig wie möglich folgende Unterlagen ein:

- eine Darstellung über die Ursache der Berufsunfähigkeit,
- ausführliche Berichte der Ärzte, die den Versicherten gegenwärtig behandeln bzw. behandelt oder untersucht haben, in denen Ursache, Beginn, Art, Verlauf und voraussichtliche Dauer des Leidens sowie die Auswirkungen auf die Berufsfähigkeit oder Art und Umfang der Pflegebedürftigkeit erläutert werden,
- Unterlagen über den Beruf des Versicherten, seine Stellung und Tätigkeit beim Eintritt der Berufsunfähigkeit sowie Veränderungen, die seither eingetreten sind,
- bei Pflegebedürftigkeit zusätzlich eine Bescheinigung über Art und Umfang der Pflege, die von der Person oder der Einrichtung ausgestellt wird, die mit der Pflege betraut ist.

Die Versicherungsgesellschaften können im Leistungsfall weitere notwendige Nachweise und ärztliche Untersuchungen von den beauftragten Ärzten verlangen.

12. Unfallversicherung

Schutz für alle

Die Unfallversicherung ist vor allem für diejenigen wichtig, die keine Berufsunfähigkeitsversicherung abschließen können. Sie sichert zumindest nach einem Unfall den Verlust der Arbeitskraft ab und bietet auch Nicht-Erwerbstätigen wie Kindern einen Schutz. Sie ist aber keinesfalls ein Ersatz für die Berufsunfähigkeitsversicherung!

Unfallrisiko

Ein Unfall ist schnell passiert und kann erhebliche gesundheitliche und finanzielle Folgen haben. Wer einen Arm verliert, erblindet oder auf den Rollstuhl angewiesen ist, muss möglicherweise hohe Einkommensverluste in Kauf nehmen und große Summen in den behindertengerechten Umbau der Wohnung oder eine Umschulung investieren. Wenn ein Unfall zu einer bleibenden Invalidität führt, erhalten Sie aus der Unfallversicherung eine finanzielle Entschädigung.

Auch bei Bestehen einer Berufsunfähigkeitsversicherung kann eine zusätzliche Unfallversicherung sinnvoll sein, weil nach einem Unfall eine sehr hohe Summe benötigt werden könnte (z.B. für den behindertengerechten Umbau des Hauses/der Wohnung/des Autos, Hilfsmittel usw.). Diese Geldsumme können Sie nicht direkt aus einer Berufsunfähigkeitsversicherung erhalten, da bei dieser Versicherung in der Regel nur eine monatliche Rentenzahlung erfolgt. Aus der Unfallversicherung erhalten Sie dagegen bei Invalidität meist eine einmalige Zahlung, mit der Sie diesen Geldbedarf decken können.

Bedenken Sie außerdem, dass bei der Berufsunfähigkeitsversicherung meist das Pauschalsystem vereinbart wird. Dies bedeutet, dass Sie die Rente erst erhalten, wenn Sie zu mindestens 50 Prozent berufsunfähig sind. Viele Unfälle haben aber eine dauernde Invalidität zur Folge, die unterhalb dieser Grenze bleibt und daher nicht zu einer Berufsunfähigkeit führt. In so einem Fall kann die Unfallversicherung helfen.

Aus diesen Gründen raten wir zusätzlich zum Abschluss einer Unfallversicherung. Für den Fall, dass eine Berufsunfähigkeitsversicherung in ausreichender Höhe besteht oder abgeschlossen werden soll, kann auf eine Progression verzichtet werden, weil die Berufsunfähigkeitsversicherung auch bei einem Unfall bei höheren Invaliditätsgraden (z.B. ab 50 Prozent Berufsunfähigkeit) Zahlungen leistet, also eine Art »Progression« zur Unfallversicherung wäre.

Die gesetzliche Unfallversicherung zahlt bei beruflichen Unfällen und Berufskrankheiten sowie bei Unfällen auf dem Weg zur und von der Arbeit. Abgesichert sind außerdem weitere Personen wie Kinder in Kindergarten und Schule, Studenten, ehrenamtliche Helfer sowie Haushaltshilfen. Die Höhe der gesetzlichen Unfallrenten ist jedoch zu gering, um den Lebensunterhalt abzusichern. Überhaupt kein gesetzlicher Schutz besteht zu Hause und in der Freizeit. Dort passiert aber jeder zweite Unfall.

→ Der Abschluss einer privaten Unfallversicherung ist sinnvoll. Wer keine Berufsunfähigkeitsversicherung abschließen kann, um sich umfassend abzusichern, erhält zumindest einen eingeschränkten Schutz bei Unfällen. Außerdem kann sie die Absicherung der gesetzlichen Unfallversicherung ergänzen oder ersetzen. Denn sie deckt berufliche wie private Unfälle rund um die Uhr und weltweit ab. In Betracht kommt sie daher vor allem für Kinder, Rentner und Hausfrauen sowie für Berufstätige, die wegen Vorerkrankungen oder Risikoberuf keinen Berufsunfähigkeitsversicherungsschutz erhalten.

Wann die Unfallversicherung zahlt

Leistungen aus der Unfallversicherung erhalten Sie nur, wenn die dauernde Invalidität durch eine Einwirkung von außen oder – bei Vorliegen bestimmter Voraussetzungen – durch erhöhte Kraftanstrengung verursacht wurde, also beispielsweise durch einen Autounfall oder Muskelriss. Keine Leistungen gibt es z. B. bei seelischen Problemen, Selbstmordversuch, Selbstverstümmelung und Kriegsereignissen.

Voraussetzung für eine Leistung aus der Unfallversicherung ist außerdem, dass es sich um eine dauerhafte Invalidität handelt. Sie muss innerhalb eines Jahres nach dem Unfall auftreten und nach spätestens 15 Monaten vom Arzt bescheinigt werden. Leer gehen Sie aus, wenn eine Verletzung wieder ausheilt.

Bei Invalidität erhält der Versicherte normalerweise eine

einmalige Auszahlung. Die Höhe hängt vom Grad der Invalidität ab. Je nach Schwere wird ein bestimmter Prozentsatz der vereinbarten Versicherungssumme gezahlt. Grundlage ist die sogenannte Gliedertaxe. Anspruch auf die volle Summe besteht nur bei 100-prozentiger Invalidität. Beim Fehlen eines ganzen Armes erhalten Sie 70 Prozent, bei einer Hand 55 Prozent. Für den Verlust der großen Zehe oder des Geruchssinns können Sie fünf Prozent geltend machen. Im Gegensatz zur Berufsunfähigkeitsversicherung zahlt die Unfallversicherung also bereits bei kleinen Beeinträchtigungen und auch wenn der Beruf weiter ausgeübt werden kann. Sind mehrere Gliedmaßen betroffen, werden die Invaliditätsgrade zusammengezählt – mehr als 100 Prozent werden aber nicht gezahlt.

→ Die Gliedertaxe, die Ihrem Vertrag zugrunde liegt, finden Sie in Ihren Versicherungsbedingungen.

→ Für bestimmte Berufsgruppen (z. B. Ärzte, sonstige Heilberufe und Musiker) gibt es bei einigen Versicherungsunternehmen besondere Gliedertaxen, die z. B. bei Verlust eines Fingers eine Vollinvalidität vorsehen.

→ Wenn Gebrechen den Unfall (mit) ausgelöst oder mit zur Invalidität beigetragen haben, wird dies berücksichtigt und entsprechend in Abzug gebracht.

Gliedertaxe*

Arm	im Schultergelenk	70 %
	bis oberhalb des Ellenbogengelenks	65 %
	unterhalb des Ellenbogengelenks	60 %
Hand	im Handgelenk	55 %
Finger	Daumen	20 %
	Zeigefinger	10 %
	anderer Finger	5 %
Bein	über der Mitte des Oberschenkels	70 %
	bis Mitte des Oberschenkels	60 %
	bis unterhalb des Knies	50 %
	bis zur Mitte des Unterschenkels	45 %
Fuß	im Fußgelenk	40 %
Zehen	große Zehe	5 %
	andere Zehe	2 %
Auge	beide Augen	100 %
	ein Auge	50 %
Ohr	Gehör auf beiden Ohren	60 %
	Gehör auf einem Ohr	30 %
Sinnesbeeinträchtigung	Geruchssinn	10 %
	Geschmackssinn	5 %

* Laut Musterbedingungen des Gesamtverbandes der Versicherungswirtschaft

Verzichten Sie auf Extras

Unfallversicherer bieten verschiedene Varianten und Bausteine an. Entscheidend ist die Absicherung bei Invalidität (vgl. folgender Abschnitt). Ergänzend kann es sinnvoll sein, eine geringe Versicherungssumme für den Todesfall mitzuversichern. Diesen Schutz benötigen Sie zwar nur, wenn Angehörige versorgt werden müssen. Und dafür ist eine Risikolebensversicherung meist die bessere Wahl. Vorteilhaft ist der Todesfallschutz aber, damit Sie nach einem Unfall einen Vorschuss beantragen können. Bei einer eindeutigen Unfallinvalidität (z. B. Amputation) wird dann im ersten Jahr nach dem Unfall eine Vorauszahlung in Höhe der Todesfallsumme geleistet, und so können die 15 Monate bis zur endgültigen Zahlung einer Invaliditätsleistung überbrückt werden.

Auf weitere Extras wie Unfall-Krankenhaustagegeld, Genesungsgeld, Übergangsleistung und Tagegeld können und sollten Sie verzichten. Diese dienen nur dazu, die Angebote optisch zu erhöhen und überteuerte Prämien dahinter zu verstecken. Sinnvoll ist deshalb allein die Mitversicherung einer kleinen Summe für den Fall des Unfalltodes neben der Invaliditätssumme.

Abzuraten ist auch von einer Unfallversicherung mit Prämienrückgewähr. Es hört sich zwar verlockend an, wenn damit geworben wird, dass Sie am Ende die Beiträge zurückbekommen. Dahinter versteckt sich jedoch eine Unfallversicherung, die mit einem Sparvorgang gekoppelt ist. Die Zinsen dafür sind mäßig. Legen Sie Ihr Geld daher lieber anderweitig an und entscheiden Sie sich für eine reine Invaliditätsversicherung.

Zu Unfallversicherungen wird oft auch eine Dynamik angeboten. Diese Dynamik führt dazu, dass Beitrag und Leistung jährlich um einen bestimmten Prozentsatz angehoben werden. Es ist sinnvoller, wenn Sie von Beginn an hohe Versicherungssummen vereinbaren, weil vor allem in jungen Jahren große Versorgungslücken bestehen, die später durch steigende Renten- und Versorgungsansprüche und steigendes Vermögen kleiner werden können.

Die richtige Versicherungssumme

Die Versicherungssumme können Sie frei wählen. Dabei müssen Sie zwischen der Summe für
- Invalidität und
- Todesfall

unterscheiden. Vorrangig kommt es darauf an, dass Sie einen ausreichend hohen Betrag für den Invaliditätsfall vereinbaren. Die Todesfallsumme sollte in der Regel sehr viel niedriger angesetzt werden (z. B. bei 10 000 Euro). Bei einer Vollinvalidität muss die einmalige Kapitalzahlung der Versicherung ausreichen, damit Sie und Ihre Familie von den Zinsen leben können. Wenn Sie im Fall einer Invalidität Anspruch auf andere Zahlungen oder Vermögen besitzen, müssen die Zinsen die Einkommenslücke abdecken.

In vielen Tarifen ist auch die Vereinbarung einer monatlichen Rentenzahlung möglich.

Die Vereinbarung einer solchen Unfallrente erscheint jedoch nicht sinnvoll, weil Leistungen erst ab sehr hohen Invaliditätsgraden (meist ab 50 Prozent) erbracht werden.

Eine wichtige Orientierung für die richtige Versicherungssumme bieten Ihr Einkommen und Ihr Alter. Als Faustregel benötigen Sie

- mit 30 Jahren das Sechsfache des Brutto-Jahreseinkommens,
- mit 40 Jahren das Fünffache des Brutto-Jahreseinkommens,
- mit 50 Jahren das Vierfache des Brutto-Jahreseinkommens.

Alternativ können Sie davon ausgehen, dass Sie in jungen Jahren ein Drittel Ihres jetzigen Einkommens als Rente aus der Sozialversicherung erhalten. Zwei Drittel müssen Sie aus der Unfallversicherung finanzieren. Errechnen Sie daher zunächst, wie viel Rente Sie pro Monat zusätzlich benötigen. Aus der Tabelle können Sie dann ablesen, welche Grundversicherungssumme erforderlich ist für jeweils 1000 Euro Monatsrente zusätzlich.

Für je 1000 Euro, die Sie zusätzlich an monatlicher Rente aus der Unfallversicherung benötigen, brauchen Sie etwa nachstehende Grundversicherungssummen:

Ihr Alter	Grundversicherungssumme für den Fall der Invalidität (mit Progression)
30 Jahre	140 000 Euro
40 Jahre	120 000 Euro
50 Jahre	100 000 Euro
60 Jahre	80 000 Euro

Progression

Progression bedeutet, dass Sie bei einem höheren Invaliditätsgrad höhere Leistungen erhalten. Verbreitet sind Angebote, bei denen die Leistungen ab einem bestimmten Invaliditätsgrad (meist ab 25 Prozent) kontinuierlich progressiv ansteigen und bei Vollinvalidität maximal 225 Prozent erreichen, in einigen Fällen sogar mehr. Die Vereinbarung einer höheren Progression als 225 Prozent ist in der Regel jedoch nicht sinnvoll. Möchten Sie eine höhere Auszahlungsleistung erzielen, so sollten Sie eine höhere Grundsumme vereinbaren. Eine hohe Grundsumme garantiert auch bei »kleineren« Invaliditäten, die einen im täglichen Leben aber doch stark einschränken können, eine ausreichend hohe Zahlung.

Der Beitragszuschlag für die Progression beträgt etwa 30 bis 40 Prozent. Sie bietet daher eine günstige Möglichkeit, sich gegen das existenzbedrohende Risiko einer schweren Invalidität abzusichern.

- Junge Leute und Hausfrauen sollten sich mit einer Invaliditätsgrundsumme von mindestens 200 000 Euro versichern und zusätzlich eine Progression vereinbaren.
- Wenn Sie eine Unfallversicherung ergänzend zum Berufsunfähigkeitsschutz abschließen, können Sie erwägen, die Versicherungssumme der Unfallpolice zu reduzieren sowie auf die Progression zu verzichten. Hat ein Unfall sowohl eine dauernde Invalidität als auch eine Berufsunfähigkeit zur Folge, zahlen beide Versicherungen.
- Im Rentenalter kann eine kleine Absicherung sinnvoll sein, um zusätzliche Kosten wie den behindertengerechten Um-

bau des Hauses, der Wohnung oder des Autos zu finanzieren. Eine Progression hat für Rentner meist wenig Sinn.

→ Wenn Sie bereits eine Unfallversicherung haben, die Versicherungssumme jedoch zu gering und der Vertrag nicht kündbar ist, können Sie bei einem anderen Anbieter einen weiteren Vertrag abschließen. Bei einem Unfall zahlen dann beide Gesellschaften.

Lohnender Beitragsvergleich

Gerade bei der Unfallversicherung lohnt sich der Vergleich. Denn selbst bei ähnlicher Leistung unterscheiden sich die Beiträge um ein Vielfaches.

Die Beiträge werden in der Regel nach zwei Gefahrengruppen berechnet:

- Die Gefahrengruppe A umfasst Berufe mit nicht körperlicher Tätigkeit, wobei Frauen generell in die Gefahrengruppe A eingestuft werden.
- Der Gefahrengruppe B sind dagegen alle Berufe mit körperlicher und gefährlicher Tätigkeit zugeordnet.

Risikozuschläge werden teilweise für besonders gefährliche Berufe erhoben, falls ein Versicherungsschutz nicht generell abgelehnt wird.

Beitragshöhe

Als Anhaltspunkt nachfolgend die Beitragssätze des Rahmenvertrages für BdV-Mitglieder:

Beitragssätze je 1000 Euro Versicherungssumme inklusive Versicherungssteuer						
	Unfall-Invalidität				Unfall-Tod	
	Gefahrengruppe A		Gefahrengruppe B		A	B
	ohne Progression	mit 225 % Progression	ohne Progression	mit 225 % Progression		
BdV*	0,37	0,52	0,48	0,62	0,37	0,48

* nur für Mitglieder des Bundes der Versicherten

- → Vergleichen Sie die Beiträge immer auf der Basis der Grundversicherungssumme.
- → Achten Sie beim Vergleich auf identische Progressionsstaffeln.
- → Beitrag sparen können Sie mit Familien- und vor allem mit Gruppenversicherungen wie dem BdV-Rahmenvertrag.

Angebote einholen und Antrag stellen

Angebote einholen sollten Sie insbesondere bei den folgenden Versicherungsgesellschaften, die nach einer Erhebung des BdV günstige Unfallversicherungen anbieten:

- Degenia (Tarif premium), Haftpflichtkasse Darmstadt (Tarif Top 2005 Plus), Häger Versicherungsverein (Tarif HUV Kompakt 2004), Janitos (Tarif Basic), Medien-Versicherung (Tarif Komfort), Ostangler Brandgilde (Tarif Exklusiv-Deckung), VHV (Tarif Exklusiv Franchise)

Bitten Sie um Angabe der Beitragssätze für jeweils 1000 Euro Invaliditäts- und Todesfallsumme (ohne weitere Zusatzleistungen). Alternativ können Sie um ein Angebot für

die Versicherungssumme bitten, die Sie abschließen möchten. Geben Sie Ihren Beruf und Ihr Geburtsdatum an. Männer sollten bei der Berufsangabe zusätzlich mitteilen, ob sie überwiegend körperlich tätig sind oder nicht. Ergänzend sollten Sie ein Antragsformular, die Bedingungen und die Verbraucherinformation anfordern.
Soweit nach Vorerkrankungen gefragt wird, müssen Sie die Fragen wahrheitsgemäß und vollständig beantworten.

Nach einem Unfall

Melden Sie dem Unfallversicherungsunternehmen einen Unfall sofort und möglichst detailliert, am besten schriftlich. Lassen Sie sich nach einem Unfall außerdem unverzüglich vom Arzt untersuchen, wenn Sie davon ausgehen, dass ein Leistungsanspruch bestehen könnte. Dies gilt auch, wenn die Gesundheitsschäden erst zu einem späteren Zeitpunkt erkennbar werden. Denn Anspruch auf Leistungen haben Sie für Unfallfolgen, die innerhalb eines Jahres eintreten. Mit dem Antrag auf Zahlung der Leistung müssen Sie eine ärztliche Beurteilung über die Einschränkungen der körperlichen und geistigen Leistungsfähigkeit vorlegen.

- Im Todesfall muss das Versicherungsunternehmen innerhalb von 48 Stunden mit genauen Angaben zum Unfallhergang informiert werden.

→ Wenn mehrere Unfallversicherungen bestehen, sind alle Versicherungsunternehmen im Schadensfall zur Leistung verpflichtet.

→ Auch wenn Sie eine Berufsunfähigkeitsversicherung oder der Unfallverursacher eine Haftpflichtversicherung besitzen, entbindet dies das Unfallversicherungsunternehmen nicht von der Zahlung.

→ Leistungen müssen spätestens 15 Monate nach dem Unfall beantragt werden, andernfalls muss das Versicherungsunternehmen nicht zahlen. Versäumen Sie daher keinesfalls die Meldefrist!

→ Falls zweifelsfrei eine dauernde Invalidität vorliegt und Sie eine Todesfallsumme vereinbart haben, können Sie einen Vorschuss in Höhe der Todesfallleistung beantragen.

Kinderunfall- und Kinderinvaliditätsversicherung

Lebenslanger Schutz bei schwerwiegenden Gesundheitsschäden

Die Versicherung von Kindern gegen bleibende Gesundheitsschäden hat eine hohe Priorität. Denn sie ist die einzige Möglichkeit, um für einen angemessenen Unterhalt im Fall einer schweren Behinderung und einer eventuell lebenslangen Erwerbsunfähigkeit vorzusorgen.

Begrenzte staatliche Hilfen

Über 150000 Kinder unter 18 Jahren sind schwerbehindert. Meist sind Krankheiten, nicht Unfälle die Ursache. Bei rund einem Drittel der Kinder ist die Behinderung angeboren. Damit sind zwar insgesamt nur sehr wenige Kinder betroffen. Aber wenn der Fall eintritt, hat dies für alle Beteiligten schwerwiegende Konsequenzen. Denn möglicherweise ist das Kind für den Rest seines Lebens auf fremde Hilfe und finanzielle Unterstützung angewiesen. Gegen diese Folgen einer schweren Krankheit oder eines Unfalls sind Kinder unzureichend geschützt. Die gesetzliche Unfallversicherung zahlt nur für Unfälle in der Schule, im Kindergarten oder auf dem Weg dorthin und auf dem Weg zurück. Diese Rente reicht jedoch nicht aus, um auf Dauer den Unterhalt bei Invalidität zu sichern. Bei einem Unfall in der Freizeit oder bei Invalidität aufgrund einer Erkrankung leistet sie nicht. Behinderte Kinder und ihre Eltern haben unter Umständen Anspruch auf Leistungen, wie Kindergeld ohne zeitliche Begrenzung, Pflegegeld, Grundsicherung oder Sozialhilfe. Trotz staatlicher Hilfen sollte zusätzlich durch private Vorsorge ein ausreichendes, notfalls lebenslanges Grundeinkommen gesichert werden.

Kinderunfallversicherung/Versicherungsschutz bei Unfällen

Die Kinderunfallversicherung zahlt, wenn ein Kind durch einen Unfall eine dauerhafte Invalidität erleidet. Die Versicherung sollte mit einer Versicherungssumme für den Invaliditätsfall abgeschlossen werden, die so hoch ist, dass daraus im Falle einer dauernden Invalidität zumindest zu einem gewissen Teil der Lebensunterhalt bestritten werden kann. Um auf Dauer eine monatliche Rente mit einer Kaufkraft von 1000 Euro abzusichern, wird ein Kapitalbetrag von über 200 000 Euro benötigt. Das sollte also die Mindestversicherungssumme für ein Kind sein. Auf jeden Fall sollte eine Progression vereinbart werden. Für Kinder mit einem Alter ab

18 Jahren muss im Allgemeinen der »Erwachsenenbeitrag« gezahlt werden.

- → Überprüfen Sie bestehende Kinderunfallversicherungen. Wenn Sie feststellen, dass die Invaliditätssumme einer bestehenden Versicherung nicht ausreicht und ein (vermutlich zu teurer) Vertrag noch nicht kündbar ist, können Sie anderweitig eine weitere Unfallversicherung abschließen.
- → Schüler ab dem 15. Lebensjahr, Studenten und Auszubildende können auch schon eine Berufsunfähigkeitsversicherung abschließen, die im Falle einer Berufsunfähigkeit ab 50 Prozent eine monatliche Rente zahlen würde – und das nicht nur bei einer unfallbedingten, sondern auch bei einer krankheitsbedingten Berufsunfähigkeit. Lesen Sie dazu das Kapitel »Berufsunfähigkeitsversicherung«, S. 192).

Beitragshöhe

Pro 200 000 Euro Grundversicherungssumme zahlen Sie bei günstigen Anbietern zwischen 75 Euro und 129 Euro jährlich für einen Vertrag ohne Progression und zwischen 114 Euro und 167 Euro, wenn Sie eine Progression von 225 Prozent vereinbaren. Bei der BdV-Gruppenversicherung erhalten Sie diese Leistungen schon für jährlich 56 Euro ohne und 76 Euro mit Progression. Hinzu kommt eine Verwaltungsgebühr in Höhe von 4,00 Euro. Bei der BdV-Gruppenversicherung kann die Kinderunfallversicherung beitragsfrei bis zum vollendeten 18. Lebensjahr des Kindes fortgeführt werden, wenn die versorgende Person stirbt. Eingeschlossen sind die Rooming-In-Leistungen nach einem Unfall eines Kindes bis zum 14. Lebensjahr sowie bestimmte Vergiftungsfälle bei Kindern unter zehn Jahren. Außerdem gilt auch das fehlerhafte Verschlucken und Erbrechen von Nahrungsmitteln als Unfall.

- Angebote einholen sollten Sie insbesondere bei den folgenden Versicherungsgesellschaften, die nach einer Erhebung des BdV günstige Kinder-Unfallversicherungen anbieten: Ammerländer (Tarif Exclusiv-Schutz), Baden-Badener (Tarif KinderSicher), Degenia (Tarif premium), Haftpflichtkasse Darmstadt (Tarif Top 2005 Plus), Janitos (Tarif Basic), Ostangler Brandgilde (Tarif Exklusiv-Deckung), VHV (Tarif Exklusiv Franchise), Volkswohlbund (Tarif Unfall Easy KomfortPlus).

Kinderinvaliditätsversicherung

Die Kinderinvaliditätsversicherung schützt zusätzlich bei einer krankheitsbedingten Behinderung. Meist zahlen die Versicherungsunternehmen aber erst bei einem Grad der Behinderung (GdB) von 50 Prozent, ab der eine Person als schwerbehindert gilt.

Die Bedingungen der Verträge weisen häufig sehr große Einschränkungen auf. So sind bei den meisten Anbietern Geburtsschäden, Psychosen, Neurosen oder Entwicklungsstörungen ausgeschlossen. Außerdem ist das erste Lebensjahr bei vielen Gesellschaften nicht versicherbar. Somit bleiben viele Eltern, die mit der Kinderversicherung zumindest finanzielle Sicherheit haben wollten, auf einem Großteil des Invaliditätsrisikos sitzen.

Grundsätzlich besteht die Wahl zwischen einer einmaligen

Kapitalzahlung, einer monatlichen Rente oder einer Kombination aus beiden. Der Mindestbedarf sollte für die Rente bei 1000 Euro monatlich, eine Einmalzahlung im günstigsten Fall bei 200 000 Euro liegen. Meist ist die Vereinbarung einer Einmalzahlung jedoch nur bis zu einer Summe von 100 000 Euro möglich. Ein Vertrag mit Einmalzahlung ist grundsätzlich vorzuziehen. Diese Angebote sind günstiger und bieten im Versicherungsfall mehr Freiheiten, da das Geld nach den jeweiligen Bedürfnissen verwendet werden kann. Aus den Zinseinnahmen kann man eine lebenslange Rente erzielen.

Empfehlenswerte Angebote mit wenigen Leistungsausschlüssen:

- Bruderhilfe (Tarif Kinderversicherung), HUK-Coburg (Tarif Kinderversicherung), LBN (Tarif Unfallversicherung mit Leistung für Invalidität durch Krankheit), R + V (Tarif Kinderversicherung)

13. Lebensversicherungen und private Rentenversicherung

Risikolebensversicherung

Grundlegender Schutz für Angehörige im Todesfall

Eine Risikolebensversicherung ist sehr wichtig, wenn Angehörige abgesichert werden sollen. Vor allem junge Familien mit kleinen Kindern und einem Haupternährer sollten auf diesen relativ günstigen Schutz keinesfalls verzichten.

Eine Risikolebensversicherung sollte auch abgeschlossen werden, wenn ein hoher Kredit aufgenommen wird, der bei einem Todesfall von den Hinterbliebenen nicht allein abgezahlt werden kann. Hier empfiehlt sich jedoch eine sogenannte Restschuldversicherung, bei der sich die Versicherungssumme entsprechend der Rückzahlungen kontinuierlich verringert.

Existenzsicherung für die Familie im Todesfall

Der Tod eines Partners, gar des Hauptverdieners, kann Familienangehörige in große finanzielle Bedrängnis bringen. Vor allem bei jungen Familien sind die Renten- und Versorgungsansprüche meist zu gering, um den Lebensunterhalt ausreichend zu bestreiten. Vermögen ist kaum vorhanden. Gleichzeitig bestehen oft hohe, langfristige Belastungen, sei es für die Abzahlung größerer Anschaffungen oder die Versorgung von Kindern. Aber auch bei nicht-verheirateten Paaren kann es für den überlebenden Partner finanziell eng werden. Denn von der gesetzlichen Rentenversicherung gibt es keinen einzigen Cent und auch die Erbschaftssteuer schlägt zu, da die Freibeträge sehr gering sind.

Falls dazu noch ein Kredit für größere Finanzierungen wie für ein Haus aufgenommen wurde, können die Angehörigen vor einem unbezahlbaren Schuldenberg stehen. Ein Verkauf ist dann oft unvermeidlich – womöglich unter Wert. Zur Trauer kommen dann der Verlust der Wohnung und hohe Restschulden.

Wer diese Finanznöte vermeiden will, sollte die Lücke mit einer Risikolebensversicherung schließen. Sie zahlt im Todesfall eine vereinbarte Kapitalsumme an die Hinterbliebenen. Dabei ist es völlig gleichgültig, ob der Vertrag erst wenige Tage oder schon Jahrzehnte besteht. Weil die Risikolebensversicherung nur das Sterberisiko abdeckt, sind die Beiträge erschwinglich und in jedem Fall gut investiertes Geld.

Unterschiedliche Wege für unterschiedliche Zwecke

Die Absicherung kann erfolgen in Form

- einer Risikolebensversicherung bei Tod einer versicherten Person,
- der verbundenen Risikolebensversicherung auf das Leben von zwei Personen, einer Restschuldversicherung mit gleichmäßig fallender Versicherungssumme oder nach Tilgungsplan (für Kredite),
- einer Risikolebensversicherung in Kombination mit einer

Berufsunfähigkeitsversicherung (vgl. Kapitel »Berufsunfähigkeit«, S. 192).

Der Versicherungsnehmer ist oft identisch mit der versicherten Person. Das ist derjenige, bei dessen Tod die Versicherungssumme gezahlt wird, vielfach also der Hauptverdiener einer Familie. Bei unverheirateten Paaren ist dies keine gute Lösung. Der begünstigte Partner hat dann im Todesfall nur einen geringen Freibetrag und muss für den restlichen Betrag hohe Erbschaftssteuern zahlen. Tipp: Dies lässt sich umgehen, wenn dieser Bezugsberechtigte, der die Versicherungssumme erhalten soll, gleichzeitig den Vertrag als Versicherungsnehmer abschließt. Versicherte Person ist dann der andere Partner, bei dessen Tod die Zahlung erfolgt.

Bei Paaren oder Geschäftspartnern, die sich gegenseitig für den Sterbefall absichern möchten, kommt eine »verbundene« Lebensversicherung oder Risikolebensversicherung auf zwei Leben in Betracht. Die Versicherungssumme wird nur beim Tod des Partners ausbezahlt, der zuerst stirbt. Sie hat also Sinn, wenn danach keine weitere Absicherung für die Überlebenden benötigt wird, etwa weil keine Kinder zu versorgen sind. Die Kosten sind niedriger als für zwei Einzelpolicen. Bei eheähnlichen Gemeinschaften sind aber wegen der beschriebenen Erbschaftssteuerproblematik zwei unabhängige Policen meist vorteilhafter.

Eine spezielle Art der Risikolebensversicherung ist die Restschuldversicherung. Sie ist wichtig zur Absicherung von hohen Krediten und zwar immer dann, wenn der überlebende Partner die Tilgungslast nicht allein tragen kann. Bei einer

Hausfinanzierung wird sie sogar oft von den Kreditgebern verlangt. Im Todesfall kann die Auszahlung aus der Restschuldversicherung für die noch ausstehenden Kreditschulden verwendet werden. Weil die noch zu zahlende Darlehenssumme durch die laufende Tilgung immer geringer wird, ist die Versicherungssumme nicht fest, sondern verringert sich mit der sinkenden Restschuld. Aus diesem Grund sind die Prämien auch niedriger.

→ Lassen Sie sich keine Kapitallebensversicherung aufschwatzen, wenn Sie nur das Todesfallrisiko versichern wollen. Die Kapitallebensversicherung bringt geringe Renditen und ist unnötig teuer. Die Kombination von Kapitallebensversicherung und Baufinanzierung birgt erhebliche Risiken. Außerdem gilt generell, dass Sie Risikoabsicherung und Sparen grundsätzlich trennen sollten (vgl. dazu Kapitel »Kapitallebensversicherungen«, S. 240).

Versorgungslücke ermitteln

Die notwendige Versicherungssumme hängt von Ihrer persönlichen finanziellen und familiären Situation ab. Sie müssen daher Ihre monatlichen Ausgaben berechnen und sie den Einnahmen gegenüberstellen, die Sie beim Tod der versicherten Person erwarten können.

Sie gehen ähnlich vor wie bei der Ermittlung der Versorgungslücke bei Berufsunfähigkeit. Bei den Ausgaben müssen Sie mindestens feste Posten wie Lebensunterhalt, Wohnen, Ausgaben für Unterhaltsberechtigte, Verpflichtungen wie Kredite, Versicherungen und die Vorsorge fürs Alter berücksichtigen. Kalkulieren Sie nicht zu knapp. Nicht nur unvorhergesehene größere Anschaffungen oder Reparaturen können ein Loch in die Kasse reißen. Auch ein paar »Extras«, seien es Hobbys, Reisen oder andere Herzenswünsche, sollten erfüllbar sein, ohne jeden Cent dreimal umdrehen zu müssen. Außerdem müssen Sie berücksichtigen, dass die Kaufkraft durch die Inflation sinkt.

Auf der Einnahmenseite müssen Sie verbuchen, über welche Einkünfte, Renten- und Versorgungsansprüche die überlebenden Familienangehörigen verfügen. Dazu können gehören

- die große oder kleine Witwen-/Witwerrente,
- eine Beamtenpension für Witwe/Witwer,
- betriebliche oder berufsständische Versorgungsansprüche für die Angehörigen,
- Halb- oder Vollwaisenrente (oder -geld) für alle Kinder,
- Arbeitseinkommen der Hinterbliebenen,
- weitere Einnahmen, wie Mieten oder Kapitalerträge,
- Leistungen aus bereits bestehenden Lebens- und Unfallversicherungen (nur bei Unfalltod),
- Zahlungen der Berufsgenossenschaft (nur bei Tod durch Berufsunfall/-krankheit),
- verwertbares Vermögen und Erbe.

Hinweis: Vermögenswerte wie Erbe oder Kapitalauszahlungen aus Versicherungen sollten Sie mit dem Faktor 0,004 multiplizieren, um die monatlich erzielbaren Einnahmen zu ermitteln. Wenn Sie das Kapital erst im höheren Alter einsetzen und auch aufzehren wollen, können Sie mit höheren Faktoren bis zu 0,006 rechnen.

Die Differenz von Ausgaben und Einnahmen stellt Ihren monatlichen Vorsorgebedarf dar. Wenn bei einem Paar sowohl der Todesfall des Mannes wie auch der Frau abgesichert werden sollen, müssen Sie beide Versorgungslücken separat berechnen. Denn sie können unterschiedlich hoch ausfallen.

Um die Versicherungssumme für die Risikolebensversicherung zu ermitteln, müssen junge Hinterbliebene mit Kindern diese monatliche Versorgungslücke mit 200 multiplizieren. Wer auf Nummer sicher gehen will, kann den Multiplikator auf 240 erhöhen. Einzelne Experten empfehlen sogar das 300-fache des monatlichen Zusatzbedarfs. Im fortgeschrittenen Alter, wenn die Kinder schon größer sind und Vermögen angespart wurde, können Sie den Multiplikator auf bis zu 100 reduzieren.

Auch die Laufzeit der Risikolebensversicherung müssen Sie individuell festlegen. Vielfach entspannt sich die Versorgungslage mit etwa 50 Jahren. Dann sind Kinder selbstständig und Versorgungsansprüche (wie z.B. gegenüber Sozialversicherungsträgern) und Ersparnisse sind gestiegen. Als Faustregel können Sie für den Ablauf der Versicherung also rund 25 Jahre nach der Geburt des jüngsten Kindes vorsehen oder ein Versicherungsende im Alter von 50 bis 55 Jahren.

Alternativ können Sie die Versicherungssumme an veränderte Lebensverhältnisse anpassen. Wer nur anfangs eine hohe Absicherung benötigt, kann eine günstigere Risikolebensversicherung mit fallender Summe abschließen. Sie können aber auch die Versicherungssumme senken oder den Vertrag kündigen, sobald der Vorsorgeschutz nicht mehr oder nur in verringertem Umfang benötigt wird.

- → Eine Verringerung der Versicherungssumme ist jederzeit problemlos möglich.
- → Achten Sie auf eine Nachversicherungsgarantie. Dann können Sie die Todesfallsumme ohne erneute Gesundheitsprüfung erhöhen, wenn sich Ihre Lebensverhältnisse ändern, z. B. durch Heirat, Geburt, Haus- oder Wohnungskauf, Existenzgründung. Anderenfalls ist eine positive Gesundheitsprüfung Voraussetzung für eine Aufstockung.

Die Beitragshöhe entscheidet

Die Leistungen der Risikolebensversicherer unterscheiden sich kaum. Die Beitragshöhe ist daher das wesentliche Entscheidungskriterium. Was sich simpel anhört, ist in der Praxis leider nicht ganz so einfach.

Der Beitrag für die Versicherung hängt wesentlich von der durchschnittlichen Lebenserwartung ab. Wer eine höhere Lebenserwartung hat, zahlt weniger. Frauen und Nichtraucher versichern sich daher günstiger, für Ältere ist der Vertragsabschluss teurer. Bei einigen Gesellschaften werden weitere Kriterien wie der Beruf, Übergewicht oder gefährliche Hobbys mit berücksichtigt.

Außerdem werden häufig Tarif- bzw. Bruttobeiträge einerseits und Zahl- bzw. Nettobeiträge andererseits unterschieden. Hintergrund ist eine vorsichtige Kalkulation der Beiträge. Damit soll sichergestellt werden, dass selbst bei einem schlechten Sterblichkeitsverlauf alle vereinbarten Leistungen erbracht werden können. Auch bei einer Risikolebensversicherung erwirtschaftet das Unternehmen daher Risikoüberschüsse und Kostenüberschüsse, wenn es weniger Todesfallleistungen erbringen und geringere Kosten aufwenden muss als kalkuliert. Diese Überschüsse kommen dem Versicherungsnehmer entweder als Bonus im Todesfall oder als Beitragsverrechnung zugute. Bei einer günstigeren Entwicklung müssen mindestens 90 Prozent der Überschüsse an die Kunden weitergegeben werden. Das kann auf unterschiedliche Weise geschehen:

- Beim Beitragsnachlass, auch unter Bezeichnungen wie Sofortrabatt oder -gutschrift, wird der Überschuss auf den Beitrag angerechnet. Aktuell zahlen Sie daher nur einen oft deutlich niedrigeren Nettobeitrag. Dieser Rabatt schwankt allerdings je nach Geschäftsverlauf und ist keineswegs während der gesamten Laufzeit garantiert. Im Extremfall müssen Sie den Bruttobeitrag zahlen. Diese Variante ist in den meisten Fällen empfehlenswert.
- Alternativ können die Überschüsse genutzt werden, um beim Bonussystem die Versicherungssumme zu erhöhen.
- Als dritte Variante werden die Überschüsse verzinst und bei Vertragsende ausgezahlt, mit relativ niedriger Rendite.

Den Tabellen auf der nächsten Seite können Sie die jährlichen Beitragshöhen entnehmen, die Sie für eine Todesfallsumme von 100 000 Euro einplanen müssen:

→ Fragen nach Ihrer Gesundheit oder ob Sie Raucher sind, müssen Sie wahrheitsgemäß beantworten. Anderenfalls kann es passieren, dass das Versicherungsunternehmen im Todesfall nur eine reduzierte Summe auszahlt oder Ihre Angehörigen ganz leer ausgehen (vgl. Kapitel »Angebote einholen und vergleichen«, S. 337).

Jahresbeiträge (Zahlbeiträge) Versicherungssumme 100 000 €, Nichtraucher/in								
	Männer bis Alter				Frauen bis Alter			
Eintrittsalter	50	55	60	65	50	55	60	65
20	59	74	95	125	40	47	59	76
25	67	79	105	140	47	54	67	88
30	75	93	118	159	53	64	78	101
35	85	108	138	177	61	75	93	116
40	100	129	168	211	72	86	108	139
45	120	158	203	260	82	100	126	164
50		197	253	323		120	152	198
55			308	403			188	241
60				502				297

Jahresbeiträge (Zahlbeiträge) Versicherungssumme 100 000 €, Raucher/in								
	Männer bis Alter				Frauen bis Alter			
Eintrittsalter	50	55	60	65	50	55	60	65
20	100	152	194	252	64	82	102	130
25	115	150	217	287	76	89	128	160
30	137	156	229	331	85	102	133	184
35	157	198	246	361	98	118	140	214
40	188	237	293	360	115	139	164	194
45	227	287	353	430	136	164	193	227
50		355	429	519		196	227	265
55			514	620			262	307
60				742				358

Günstige Anbieter

Angebote für eine Risikolebensversicherung oder Restschuldversicherung sollten Sie bei folgenden Anbietern einholen:

- ASSTEL, Cosmos, Dialog, EUROPA, Hannoversche Leben (BdV-Kollektivvertrag), HUK-COBURG/HUK24, InterRisk, KarstadtQuelle Versicherungen, Legal & General, ONTOS, WGV

Machen Sie in Ihrem Schreiben zur Angebotseinholung folgende Angaben:
- Höhe der gewünschten Todesfallsumme,
- Geburtsdatum, Beruf,
- Raucher oder Nichtraucher,
- die gewünschte Vertragsdauer,
- erwähnen Sie, wenn Sie in Beruf oder Freizeit besonderen Gefahren ausgesetzt sind.

Im Todesfall

Melden Sie den Tod der versicherten Person unverzüglich telefonisch, per Fax, per E-Mail oder schriftlich dem Versicherungsunternehmen und reichen folgende Unterlagen ein:
- Versicherungsschein,
- Sterbeurkunde (Original oder beglaubigte Kopie),
- ausführliches ärztliches oder amtliches Zeugnis über die Todesursache, Beginn und Verlauf der Krankheit, die zum Tode des Versicherten geführt hat.

Kapitallebensversicherungen

Nicht empfehlenswert

»Finger weg von Kapitallebensversicherungen« lautet die Devise – abgesehen von wenigen Ausnahmen.

→ Unser Rat: Trennen Sie den Versicherungsschutz für Ihre Angehörigen im Fall Ihres Todes und die Geldanlage für Ihre eigene Altersvorsorge. Schließen Sie für den Todesfall eine Risikolebensversicherung ab. Ein vergleichbarer Versicherungsschutz für den Todesfall kostet meist nur etwa fünf Prozent des Beitrages zur Kapitallebensversicherung. Die verbleibenden 95 Prozent sollten Sie selbst anlegen. Im Kapitel »Altersvorsorge« erfahren Sie, wie Sie dies besser, rentabler, flexibler, inflationssicher und überschaubarer machen (vgl. S. 255).

Bestehende Kapitallebensversicherung verändern

Überprüfen Sie Ihre Police, wenn Sie bereits eine Kapitallebensversicherung abgeschlossen haben. Wenn sich herausstellt, dass Sie die falsche Entscheidung getroffen haben, könnten Sie die Kapitallebensversicherung kündigen, beitragsfrei stellen oder die Laufzeit verkürzen. Wie Sie dabei vorgehen müssen, erläutern wir Ihnen im Kapitel »Versicherungen beenden« (S. 345).

Intransparente Kombination von Risikoschutz und Sparen

Eine Kapitallebensversicherung kombiniert zwei Leistungen. Sie sichert zum einen die Hinterbliebenen ab, wenn der Versicherte stirbt. Wie bei der Risikolebensversicherung erhalten die Angehörigen im Todesfall eine vereinbarte Summe ausbezahlt. Zum anderen wird ein Teil des Beitrags für die Altersvorsorge angespart. Im »Erlebensfall«, also wenn der Versicherte am Ende der Vertragslaufzeit noch lebt, erhält der Versicherte das Ersparte und eventuell eine Überschussbeteiligung.

Was auf den ersten Blick sinnvoll erscheint, hat bei näherem Hinsehen sehr viele Tücken. Zwar ist die Kapitallebensversicherung eine verhältnismäßig sichere Anlageform. Der Kunde trägt kein Verlustrisiko. Das gilt allerdings nur, wenn er den Vertrag bis zum Ende durchhält. Tatsächlich bleiben aber nicht einmal die Hälfte der Verträge bis zum regulären Ablauf bestehen. Mit dem sogenannten Garantiezins ist eine, wenn auch geringe, Mindestverzinsung gesichert. Zudem müssen deutsche Lebensversicherungsunternehmen die Kundengelder breit streuen und überwiegend in sicheren Anlageformen wie festverzinslichen Papieren und Immobilien investieren. Maximal 35 Prozent dürfen sie in risikoreichere Investments wie Aktien stecken. Außerdem müssen deutsche Lebensversicherer einem Sicherungsfonds (Protektor Lebensversicherung) beitreten, der in Aktion tritt, wenn eine Gesellschaft in finanzielle Schwierigkeiten kommt.

Die Kapitallebensversicherung hat aber eine Reihe gravierender Nachteile:

- Die Absicherung für den Todesfall ist meist zu niedrig. Denn die Kombination mit dem Sparvorgang führt zu hohen Prämien. Für eine Versicherungssumme, die unter dem Risikoaspekt notwendig wäre, sind die Prämien kaum bezahlbar. Als Folge wird oft eine zu geringe Versicherungssumme gewählt.
- Die Rendite ist in aller Regel schlecht und kaum nachvollziehbar. Denn der Beitrag teilt sich in drei Bestandteile auf – in den Risikoanteil zur Deckung des Todesfallrisikos, den Kostenanteil für Verwaltung und Provisionen sowie den Sparanteil. Von den Beiträgen der ersten Jahre zieht das Versicherungsunternehmen zunächst die Provision für den Vermittler und Verwaltungskosten ab sowie Kosten für den Risikoschutz. Die genaue Höhe der jeweiligen Kostenanteile musste Ihnen das Versicherungsunternehmen bis zum 30. Juni 2008 nicht mitteilen. Erst für danach abgeschlossene Verträge müssen konkrete Angaben zur Höhe der Abschluss- und Verwaltungskosten gemacht werden. Durch die Abzüge verbleiben zum Sparen etwa 50 bis 70 Prozent des Beitrags. Nur dieser Rest wird mit dem »hoch« gepriesenen Garantiezins von zurzeit 2,25 Prozent verzinst. Bezogen auf den gezahlten Gesamtbeitrag ist die Verzinsung deutlich niedriger und liegt je nach Vertrag irgendwo zwischen unter ein und etwa zwei Prozent.
- Die zusätzliche Überschussbeteiligung, mit der oft vollmundig geworben wird, ist eine unverbindliche Prognose

und daher keineswegs sicher. Sie hängt von der Lage auf dem Kapitalmarkt ab, vom Geschick des Versicherungsunternehmens bei der Geldanlage, der Höhe der Verwaltungskosten und der Entwicklung der Sterblichkeit. Niedrige Zinsen und der Verfall der Aktienkurse haben in den letzten Jahren zu massiven Kürzungen bei den Gewinnbeteiligungen geführt und vereinzelte Gesellschaften in ernste finanzielle Schwierigkeiten gebracht. So hat es bereits manch böses Erwachen gegeben, wenn sich Versicherte auf die Vorhersagen verlassen haben und diese Beträge fest einkalkuliert hatten, sei es für die Altersvorsorge oder um ein Haus abzuzahlen.

- Die Versicherungsunternehmen müssen 90 Prozent der Überschüsse an die Kunden weiterreichen. Fraglich ist jedoch, wie hoch die Bezugsgröße zu diesen 90 Prozent ist, denn 90 Prozent von einem Euro ist natürlich wesentlich weniger als 90 Prozent von 1 000 000 Euro. Die Bezugsgröße konnten die Versicherer bisher durch die Bildung stiller Reserven und ähnlicher buchhalterischer Tricks gering halten. Das neue Versicherungsvertragsgesetz schafft hier nur zum Teil Abhilfe: Es sieht eine Überschussbeteiligung nach einem »verursachungsorientierten Verfahren« und eine 50-prozentige Beteiligung des Versicherungsnehmers an den stillen Reserven vor.
- Die Vereinbarung einer Dynamik, also die automatische Erhöhung des Beitrags und der Versicherungssumme, schmälert die Rendite der Kapitallebensversicherung weiter. Denn das Versicherungsunternehmen kann einen Teil der Beitragssteigerung für Provision und Abschlusskosten

einbehalten. Die Dynamik kann lediglich dann Sinn machen, wenn Sie einen höheren Todesfallschutz benötigen, aber beispielsweise aus gesundheitlichen Gründen keine adäquate Risikolebensversicherung mehr erhalten.

- Die Flexibilität beim Sparen mittels einer Versicherung ist gering. Wer nicht bis zum Vertragsende durchhält, weil er vorzeitig Geld benötigt oder die Prämien nicht mehr bezahlen kann, muss mit Verlusten rechnen. Hier liegt ein Hauptrisiko der Kapitallebensversicherung. Vor allem bei langen Laufzeiten von über zwei oder drei Jahrzehnten kann es viele Gründe von Familiengründung bis Arbeitslosigkeit geben, warum ein Vertrag nicht fortgesetzt werden kann. In den ersten zwei Jahren wurde nach der Berechnung des Versicherungsunternehmens oft sogar das ganze eingezahlte Geld verloren. Denn aus den Prämien wird zunächst nur die Provision für den Vermittler gezahlt. Das neue Versicherungsvertragsgesetz sieht eine Verteilung der Abschlusskosten auf die ersten fünf Jahre vor. Dadurch wird dieses Problem für Verträge, die ab dem 1. Januar 2008 abgeschlossen wurden, abgeschwächt; der Verlust in den ersten Jahren ist aber immer noch groß.
- Hinzu kommt, dass die steuerfreie Auszahlung von Erträgen aus Kapitalversicherungen der Vergangenheit angehört. Bei Verträgen für Kapitallebens- und privaten Rentenversicherungen, die ab Januar 2005 abgeschlossen wurden, werden die Erträge zur Hälfte besteuert. Voraussetzung ist, dass der Vertrag mindestens zwölf Jahre läuft, fünf Jahre Beiträge eingezahlt werden und erst nach Vollendung des 60. Lebensjahres ausgezahlt wird. Entfällt

auch nur eine der Voraussetzungen, wird volle Kapitalertragssteuer auf die Erträge fällig.

Achtung Täuschungsmanöver! – Oder: Viele Namen – gleicher Inhalt

Weil die Kapitallebensversicherung zunehmend in Verruf geraten ist, versuchen die Versicherungsunternehmen, ihre Angebote im »neuen Gewand« an Mann und Frau zu bringen. Ob Sie daher für Ihre Kinder oder Enkel eine Ausbildungsversicherung abschließen, für das Begräbnis eine Sterbegeldversicherung oder für die Heirat eine Aussteuerversicherung – der Inhalt ist immer gleich: Es handelt sich um eine Kapitallebensversicherung. Auch hinter vielen anderen wohlklingenden Namen wie Jugendschutzbrief, Programm mietfreies Wohnen, Große Kapitalbildung oder Kapitalaufbauplan versteckt sich eine Kapitalversicherung mit Sparvorgang.

Verzicht ist daher auch bei diesen Angeboten angesagt.

Nur in wenigen Fällen sinnvoll

Eine Kapitallebensversicherung kann eventuell erwägenswert sein

- im Rahmen einer betrieblichen Altersvorsorge, insbesondere wenn der Arbeitgeber einen Teil der Beiträge übernimmt.

→ Hinterfragen Sie Prognosen kritisch und orientieren Sie sich beim Vergleich unterschiedlicher Angebote zunächst an den Garantiewerten. Darüber hinaus sollten Sie auch die Ertragslage der vergangenen Jahre einbeziehen. Eine Garantie für die künftige Wertentwicklung bietet sie aber keinesfalls.

→ Widersprechen Sie einer bereits vereinbarten Dynamik. Dafür haben Sie Zeit bis zum Ende des ersten Monats nach dem Termin der Erhöhung. Alternativ können Sie die Dynamik zum Ende des Versicherungsjahres herauskündigen.

Unsinnige Zusätze zur Kapitallebensversicherung

Auf Zusätze zu Kapitalversicherungen sollten Sie verzichten. Die Kombinationen sind in der Regel unsinnig, unrentabel und teuer. Beim Unfallzusatz (UZ) wird bei Unfalltod eine höhere Leistung ausgezahlt. Warum die Familienangehörigen beim Tod durch Unfall eine höhere Absicherung benötigen als beim Tod durch Krankheit, bleibt das Geheimnis der Versicherungsgesellschaften. Als Vorsorge für die Angehörigen ist aber eine reine Risikolebensversicherung mit ausreichend hoher Summe die beste Lösung. Falls schon ein Unfallzusatz besteht, können Sie ihn herauskündigen.

Als Zusatz werden außerdem Absicherungen für den Fall der Berufsunfähigkeit (BUZ) angeboten. Probleme treten auf, wenn Sie die Prämien nicht mehr bezahlen können oder wollen, sei es weil es Familienzuwachs gegeben hat, Sie ein Haus bauen oder weil Sie arbeitslos oder krank geworden sind. Bei den Gesellschaften gilt das Prinzip »ganz oder gar nicht«. Sie können also die Zusatzversicherung in der Regel nicht fortführen, wenn Sie den Sparvorgang kündigen wollen. Wer dann schon älter oder nicht mehr ganz gesund ist, wird eine neue Berufsunfähigkeitsversicherung eventuell nur unter Schwierigkeiten oder gar nicht mehr abschließen können. Auf jeden Fall bezahlen Sie mehr als in jungen Jahren. Oder Sie müssen die Kapitallebensversicherung gegen Ihren Willen fortführen, wenn Sie den Berufsunfähigkeitsschutz nicht gefährden wollen.

→ Auch hier gilt: Schließen Sie eine Berufsunfähigkeitsversicherung getrennt von der Kapitallebensversicherung ab. Die Kombination mit einer Risikolebensversicherung kann Sinn machen (vgl. Kapitel »Berufsunfähigkeitsversicherung«, S. 192).

→ Den Berufsunfähigkeitszusatz gibt es in zwei Formen: Erstens als Beitragsbefreiung bei Berufsunfähigkeit und zweitens als Beitragsbefreiung plus Zahlung einer Monatsrente. Nun meinen viele Vertreter, Beitragsfreiheit bei Berufsunfähigkeit und trotzdem Auszahlung des Kapitals bei Ablauf könne man mit einer Risikoversicherung nicht erreichen. Dies ist einer der vielen Vertretertricks, der wie folgt zu entlarven ist: Natürlich ist für die Zusatzversicherung ein gewisser Beitrag in die Prämie zur Kapitalversicherung einkalkuliert. Diesen Betrag wenden Sie besser für die Erhöhung einer Berufsunfähigkeitsrente auf, die Sie am besten in Verbindung mit einer Risikolebensversicherung abschließen (als Berufsunfähigkeitszusatz). Und im Falle eines Berufsunfähigkeitsfalles könnten Sie aus dieser Zusatzrente das erforderliche Kapital für später ansparen. Die Rechnung ist ganz einfach: Sie versichern eine Berufsunfähigkeitsrente plus den Beitrag zur Kapitallebensversicherung, mit dem Sie ja auch über diese Versicherung

Ihre zusätzliche Altersversorgung selbst angespart hätten. So hätten Sie für wesentlich weniger Beitrag eine Berufsunfähigkeitsrente versichert zuzüglich einem Betrag, den Sie, falls Sie kein Geld mehr verdienen, für Ihr Alter anlegen könnten. Ein »Zuschlag« von 300 Euro monatlich auf eine Berufsunfähigkeitsrente würde bei einer vernünftigen Anlage, einschließlich Zinsen oder Erträgen, nach 20 Jahren einen Betrag von etwa 200 000 Euro, nach 30 Jahren von etwa 400 000 Euro ergeben.

Beitragsvergleich kaum möglich

Die Beiträge für eine Kapitallebensversicherung hängen von zahlreichen individuellen Faktoren wie Eintrittsalter, gewünschter Laufzeit und gewünschter Versicherungssumme ab. Ein aussagekräftiger Beitragsvergleich ist daher im Rahmen von allgemeinen Informationsmaterialien kaum möglich. Eine Entscheidung kann letztlich nur aufgrund individueller Angebote erfolgen.

Falls Sie zu den wenigen Personen gehören, für die sich der Abschluss einer Kapitallebensversicherung lohnen kann, empfiehlt der BdV, Angebote bei folgenden Versicherungsunternehmen einzuholen:

Allianz, ASSTEL, Cosmos, EUROPA, VOLKSWOHL BUND

→ Berücksichtigen Sie außerdem aktuelle Untersuchungen von Zeitschriften wie FINANZtest, Capital und Wirtschaftswoche.

Der Versicherungsantrag

Bei der Antragstellung gelten die gleichen Prinzipien wie bei der Risikolebensversicherung (vgl. S. 230).

Der Todesfall

Den Tod des Versicherten müssen Sie der Versicherungsgesellschaft unverzüglich anzeigen. Dazu müssen Sie
- den Versicherungsschein,
- eine amtliche Sterbeurkunde mit Alter und Geburtsort des Verstorbenen sowie
- ein ausführliches ärztliches oder amtliches Zeugnis über die Todesursache sowie über Beginn und Verlauf der Krankheit, die zum Tode des Versicherten geführt hat,

einreichen.

Private Rentenversicherung

Allenfalls lohnend für Ältere

Von einer privaten Rentenversicherung ist insbesondere jungen Leuten abzuraten. Für Ältere um die 60 Jahre kann sich eine Rentenversicherung per Einmalzahlung lohnen, bei der die Rentenzahlung (Leibrente) sofort beginnt.

»Prinzip Kapitallebensversicherung« in neuem Gewand

Die private Rentenversicherung ist eigentlich ein reiner Sparvertrag, keine Versicherung. Sie zahlt ab einem vereinbarten Termin eine monatliche Rente. Wer ein Kapitalwahlrecht vereinbart hat, kann bei Ablauf des Vertrages auch die einmalige Auszahlung einer bestimmten Kapitalsumme (»Ablaufleistung«) verlangen. Garantiert ist wie bei der Kapitallebensversicherung jeweils nur ein Teil der Auszahlung, der Garantiezins auf den Sparanteil liegt bei 2,25 Prozent (Stand 2009). Die sogenannte Überschussbeteiligung ist unsicher.

Bei der Privatrente gibt es zwei Formen. Bei der Sofortrente wird einmalig ein größerer Betrag in die Rentenversicherung eingezahlt. Damit können ältere Menschen sofort einen Anspruch auf eine monatliche Rentenzahlung erwerben. Das kann sich lohnen bei guter Gesundheit und damit der Aussicht auf ein langes Leben. Bei der aufgeschobenen Rente dagegen wird über viele Jahre zum Beispiel monatlich eingezahlt. Die Zahlung wird aufgeschoben – meist erfolgt sie ab dem Eintritt ins Rentenalter.

Bei Tod vor Eintritt des Rentenalters erhalten die Erben meist nur die eingezahlten Beiträge zurück. Nach Rentenbeginn haben die Erben grundsätzlich keine Ansprüche. Es kann jedoch vereinbart werden, dass die Rente noch mehrere Jahre an die Erben weitergezahlt wird. Man spricht hier von der sogenannten Rentengarantiezeit. Ebenso kann vereinbart werden, dass die Rente an den hinterbliebenen Partner weitergezahlt wird. Diese Zusatzleistungen schmälern allerdings die Rentenhöhe.

Letztlich funktioniert die private Rentenversicherung nach den gleichen Prinzipien wie die Kapitallebensversicherung. Versichertengelder sind nicht von Unternehmensgeldern getrennt. Sie können daher zum Teil in stillen Reserven verschwinden. Zudem ist die private Rentenversicherung sehr unflexibel. Wer sich einmal, womöglich langfristig gebunden hat, kommt aus unattraktiven Verträgen nur mit Verlust wieder heraus.

Niedrige Renditen mit programmierten Kürzungen

Seit die Kapitallebensversicherung in Verruf geraten ist und die Versorgungslücken bei der Rente immer größer werden, werden verstärkt private Rentenversicherungen angeboten. Dabei wird gern mit dem Hinweis auf eine höhere Rendite geworben, weil der Todesfallschutz entfällt. So richtig diese Überlegung in der Theorie ist, als so falsch hat sie sich in der Praxis erwiesen. Hinsichtlich der Rendite gelten grundsätzlich die Aussagen zur Kapitallebensversicherung. Mehr noch: Im Vergleich zur Kapitallebensversicherung sind die Überschüsse sogar oft noch niedriger ausgefallen. Der Grund ist die steigende Lebenserwartung. Das führt dazu, dass die Versicherungsunternehmen die Rentenzahlungen länger als erwartet erbringen müssen. Die ursprünglichen Überschussversprechen, die auf den Sterbetafeln mit einer niedrigeren Lebenserwartung beruhen, müssen nach unten korrigiert werden. Die Garantierente bleibt zwar erhalten, aber die Überschussrenten werden gekürzt. Diese Veränderungen wirken sich umso negativer aus, je jünger der Sparer bei Vertragsabschluss ist. Wegen dieser Ungewissheiten sind Renditeberechnungen kaum möglich.

Bei Neuverträgen ab 2005 muss bei einer einmaligen Auszahlung mindestens die Hälfte der Erträge versteuert werden, wenn das Geld erst ab dem 60. Lebensjahr verfügbar ist und der Vertrag mindestens zwölf Jahre läuft. Entscheidet sich der Steuerpflichtige dagegen für eine (lebenslange)

Rente, so ist diese weiterhin nur mit dem sogenannten Ertragsanteil zu versteuern. Die Ertragsanteile wurden ab dem Jahr 2005 um ca. ein Drittel gesenkt. Der Ertragsanteil für einen 65-Jährigen beträgt damit z.B. ab 2005 nur noch 18 Prozent (vorher: 27 Prozent). Dies gilt sowohl für bestehende als auch für neu abgeschlossene Rentenversicherungen.

Keine Gesundheitsprüfung

Eine Gesundheitsprüfung findet nicht statt, da ein schlechter Gesundheitszustand das Sterberisiko erhöht und damit für das Versicherungsunternehmen die Leistungsdauer verkürzt.

→ Eine Privatrente lohnt sich allenfalls für Ältere, die unmittelbar vor der Rente stehen und sich berechtigte Hoffnung auf ein langes Leben machen können.

Von folgenden Gesellschaften können Sie sich Angebote einholen, wenn Sie sich in dieser Situation befinden:

- Allianz, ASSTEL, Cosmos, Debeka, EUROPA, VOLKSWOHL BUND

Fondsgebundene Lebens-/Rentenversicherung

Bessere Rendite mit »Haken«

Bei einer fondsgebundenen Versicherung wird eine Fondsanlage mit einer Lebens- oder Rentenversicherung kombiniert. Sie hat in der Vergangenheit bessere Ergebnisse erzielt als normale Kapitallebensversicherungen. Ein Grund ist, dass vor allem gute Aktienfonds bessere Renditen bringen können als festverzinsliche Anlagen. Ein weiterer entscheidender Vorteil im Gegensatz zur normalen Kapitalversicherung ist, dass bei der fondsgebundenen Lebensversicherung klarere Vermögensverhältnisse herrschen. Die Sparanteile der Versichertengelder werden als (Fonds-)Sondervermögen gehalten. Sie werden getrennt vom Unternehmenskapital verwaltet und bilanziert und sind damit Manipulationsmöglichkeiten entzogen. Erträge kommen so den Kunden zugute und können nicht zum Ausgleich von hohen Kosten missbraucht oder als Unternehmensgewinne verbucht werden.

Wie bei den Kapitallebensversicherungen fallen aber auch hier anfangs hohe Abschlussprovisionen und -kosten an. Bei einer vorzeitigen Kündigung entstehen daher vor allem in den ersten Jahren große Verluste. Nur wenige Gesellschaften haben diese Kosten in der Vergangenheit auf mehrere Jahre verteilt. Seit dem 1. Januar 2008 müssen die Abschlusskosten für Neuverträge auf die ersten fünf Jahre verteilt werden. Das führt zu etwas höheren Rückkaufswerten als früher üblich, beseitigt den Verlust im Falle einer Kündigung aber noch nicht.

Ein weiterer Nachteil ist wie bei der Kapitallebensversicherung, dass normalerweise kein ausreichender Risikoschutz enthalten ist. Denn die Sparanteile treiben die Beiträge in die Höhe. Damit die Prämien bezahlbar bleiben, wird der Anteil für den Risikoschutz zu niedrig angesetzt.

Außerdem sind fondsgebundene Lebens-/Rentenversicherungen oft an wenige Fonds gebunden, selbst wenn sie schlecht laufen. Auch wenn sich Ihr Gesundheitszustand verschlechtert, können Sie unter Umständen nicht mehr wechseln, weil Sie anderweitig keinen Versicherungsschutz mehr erhalten.

Für Verträge, die vor 2005 abgeschlossen wurden, besteht der Vorteil der steuerfreien Auszahlung der Erträge. Dies galt aber für die Zeit vor dem 1. Januar 2009 auch für Kurswertsteigerungen bei Fonds, wenn sie mindestens ein Jahr behalten wurden. Erst seit dem 1. Januar 2009 gibt es bei der eigenen Fondsanlage die Abgeltungssteuer. Für nach dem 1. Januar 2005 abgeschlossene Lebensversicherungsverträge fällt das Steuerprivileg weg. Die Erträge müssen daher bei Auszahlung der Ablaufleistung zumindest zu 50 Prozent versteuert werden.

- → Auch bei der fondsgebundenen Lebensversicherung gilt grundsätzlich der Rat, Versicherung und Geldanlage zu trennen. Schließen Sie daher statt einer fondsgebundenen Versicherung besser eine Risikolebensversicherung ab und sparen separat in einem guten Investmentfonds oder einer anderen Geldanlage.
- → Eine fondsgebundene Versicherung hat keinen Sinn für die Risikoabsicherung.

14. Altersvorsorge

Die richtige Strategie

Top-Priorität schon in jungen Jahren

Die private Altersvorsorge ist unverzichtbar und gewinnt zunehmend an Bedeutung. Denn die staatliche Rente wird in den kommenden Jahrzehnten deutlich reduziert werden. Beginnen Sie mit der Altersvorsorge schon in jungen Jahren. Zuerst sollten Sie aber die Existenz bedrohenden Risiken, insbesondere Berufsunfähigkeit und Schutz der Angehörigen im Todesfall, absichern (vgl. dazu die Kapitel »Berufsunfähigkeits- und Risikolebensversicherung«, S. 192 und S. 230).

Individuelle Strategien statt »Patentlösungen«

Lange Zeit galt die gesetzliche Rentenversicherung als Garant für ein ausreichendes Einkommen im Alter. Wer als Arbeitnehmer regelmäßig seine Beiträge zahlte, machte sich vielfach keine Gedanken um seine Versorgung als Rentner. Das hat sich gründlich geändert. Wer den Lebensabend ohne Geldsorgen genießen will, kommt heute an einer zusätzlichen Vorsorge nicht vorbei.

Eine verwirrende Vielzahl unterschiedlicher Wege stehen zur Wahl. Sie führen mal schneller, mal langsamer, mal sicherer und mal risikoreicher zum Ziel. Und manch einer erweist sich als Sackgasse. Die Entscheidungen zur Altersvorsorge müssen daher wohlbedacht sein, denn sie haben langfristige und erhebliche Auswirkungen.

Eine »Patentlösung« gibt es leider nicht. Letztlich muss jeder sein individuelles »Paket« schnüren, das von seinen ganz persönlichen Verhältnissen, seinem Einkommen und weiteren unterschiedlichen Faktoren wie den eigenen Lebensperspektiven und der Risikobereitschaft abhängt.

Um einen besseren Durchblick zu erhalten, sollten Sie sich als Anleger zunächst mit den wesentlichen Strukturen der Altersvorsorge befassen und mit den Grundprinzipien der Geldanlage vertraut machen. Bereits auf dieser Basis können Sie erste strategische Entscheidungen über die Ausrichtung der Altersvorsorge treffen.

Die Altersvorsorge beruht auf verschiedenen Säulen (sog. Schichten)

Neben der gesetzlichen Rentenversicherung erhalten drei weitere Formen der Altersvorsorge stärkeres Gewicht:
– die betriebliche Altersvorsorge,
– die Riester- und Rürup-Rente, eine private Vorsorge mit staatlicher Förderung und
– die private Altersvorsorge ohne staatliche Unterstützung.

Je nach Form der Altersvorsorge stehen mehrere Anlagealternativen zur Auswahl. Insbesondere angeboten werden
– Sparanlagen und festverzinsliche Wertpapiere,
– Aktien,

- Investmentfonds,
- Immobilien/Bausparen und
- Versicherungen.

Diese Angebote unterscheiden sich in Bezug auf Renditechancen, die Sicherheit Ihres Gesparten, hinsichtlich der Verfügbarkeit und der steuerlichen Vorteile. Jeder Anleger muss genau abwägen, welche Aspekte für ihn besonders wichtig sind. Maßgeschneiderte Lösungen sind daher erforderlich, die Qual der Wahl bleibt Ihnen nicht erspart.

Altersvorsorge ist kein Versicherungs-, sondern ein Geldanlageproblem!

Erliegen Sie nicht dem verbreiteten und verhängnisvollen Irrtum, dass Altersvorsorge etwas mit Versicherung zu tun hat und nur mit einer privaten Kapitallebens- oder Rentenversicherung funktioniert. Sie sind eine unflexible Geldanlage und bringen nur eine mäßige Rendite (vgl. Kapitel »Kapitallebensversicherungen«, S. 240).

Früh übt sich – Zinseszins und Preissteigerung

Zeit oder Geld ist ein zentrales Grundprinzip bei der Geldanlage. Wer früh beginnt, kann selbst mit kleinen Beträgen erhebliche Summen ansparen. Denn bei langen Laufzeiten profitieren Sie vom Zinseszinseffekt. Wer erst mit 40 oder gar mit über 50 Jahren beginnt an den Lebensabend zu denken, muss erheblich höhere Geldmittel einsetzen, um das gleiche Resultat zu erzielen.

Wer beispielsweise 3000 Euro jährlich beiseitelegt, also

etwa 250 Euro monatlich, hat bei vier Prozent Zinsen nach zehn Jahren 37 500 Euro angespart, nach 30 Jahren bereits das 4,5-fache. Bei höheren Zinssätzen öffnet sich die Schere sehr viel weiter. Wer also – wie in der Vergangenheit mit guten Aktienfonds – zehn Prozent Rendite erzielt, hat nach 30 Jahren beim gleichen Sparbetrag zehn Mal mehr auf dem Konto als nach zehn Jahren.

So vermehrt sich Ihr Geld

Monatliche Sparrate 250 Euro				
Zinssatz/Spardauer	4 %	5,5 %	7 %	10 %
10 Jahre	37 500 €	41 000 €	44 500 €	52 500 €
20 Jahre	93 000 €	110 500 €	132 000 €	189 000 €
30 Jahre	175 000 €	229 000 €	303 000 €	543 000 €

Kleiner Einsatz, auf Dauer große Wirkung

Für ein Kapital von 100 000 Euro müssen Sie monatlich folgende Beträge sparen:				
Verzinsung	4 %	5,5 %	7 %	10 %
Spardauer	Sparbetrag monatlich	Sparbetrag monatlich	Sparbetrag monatlich	Sparbetrag monatlich
5 Jahre	1506 €	1450 €	1396 €	1295 €
10 Jahre	679 €	629 €	581€	496 €
20 Jahre	274 €	332 €	196€	138 €
30 Jahre	145 €	112 €	85 €	48 €

Zudem machen sich über einen längeren Zeitraum selbst kleine Zinsunterschiede deutlich bemerkbar. Schon bei 1,5 Prozent Zinsdifferenz ergeben sich Unterschiede von mehreren Zehntausend Euro.

Nicht unterschätzt werden darf die Wirkung der Preissteigerung. Bei einer Preissteigerung von drei Prozent kommt es in 30 Jahren zu einem Kaufkraftverlust von 47 Prozent. Zwar lagen die Preissteigerungsraten in Deutschland im vergangenen Jahrzehnt durchschnittlich unter zwei Prozent. Aber wer sein Geld in der letzten Zeit auf dem Sparbuch oder in einer Lebensversicherung angelegt hat, hat am Ende kaum etwas gewonnen. Denn die Renditen für diese Produkte lagen ebenfalls in diesen Größenordnungen. Gemessen an der aktuellen Kaufkraft ist die höhere Sparsumme daher nicht mehr wert als die eigenen Einzahlungen ohne Verzinsung.

Wer dagegen in Sachwerte wie Immobilien, Aktien und Aktienfonds investiert, hat gute Chancen, der Preissteigerung zu trotzen. Denn sie sind über lange Zeiträume hinweg renditestärker als Zinsanlagen. Kurzfristig kann sich das Verhältnis aber auch umkehren, wie durch die Finanzmarktkrise 2008 erneut verdeutlicht wurde.

→ Beginnen Sie möglichst frühzeitig mit der privaten Altersvorsorge. Es ist besser, regelmäßig einen kleinen Betrag zu sparen, als später eine größere Summe anzulegen. Selbst bei kleinen Beträgen profitieren Sie bei langen Laufzeiten vom Zinseszinseffekt.

→ Berücksichtigen Sie die Auswirkungen der Preissteigerung, zum Beispiel indem Sie den errechneten Sparbetrag um drei bis vier Prozent erhöhen.

- → Legen Sie nach Möglichkeit zumindest einen Teil der Altersvorsorge in Sachwerten wie Immobilien, Aktien und Aktienfonds an.
- → Lassen Sie sich nicht von Werbeaussagen wie hohen Bonuszahlungen oder Wertzuwachs locken. Nutzen Sie die effektive Rendite bzw. den Effektivzins beim Vergleich unterschiedlicher Angebote. Fragen Sie nach, wenn diese Angaben fehlen.
- → Achten Sie auch auf scheinbar kleine Differenzen bei der Verzinsung und bei den Kosten. Sie beeinflussen das Sparergebnis langfristig in erheblichem Ausmaß.

Das magische Dreieck – Rendite, Sicherheit, Verfügbarkeit

Die wichtigsten Eckpunkte bei einer Geldanlage sind
- Rendite,
- Sicherheit und
- Verfügbarkeit.

Außerdem muss die Besteuerung berücksichtigt werden. Auch der zeitliche Aufwand, der für die Auswahl und die Überwachung einer Anlage anfällt, kann eine Rolle spielen. Alles auf einmal gibt es nicht. In der Regel müssen Sie für eine hohe Rendite ein höheres Risiko in Kauf nehmen. Als sicherheitsbewusster Anleger müssen Sie sich umgekehrt meist mit geringeren Wertzuwächsen begnügen. Deutsche Anleger setzen nicht erst nach den sinkenden Börsenkursen der vergangenen Jahre hauptsächlich auf Sicherheit.

Wie viel Risiko Sie eingehen können, hängt entscheidend

von der Zeitspanne ab, die Ihnen zum Sparen bleibt. Je länger der Anlagehorizont ist, desto eher können Sie in renditestarke Anlagen mit höherem Risiko investieren. Zehn Jahre, besser mehr, sollten Sie veranschlagen, wenn Sie in Aktien oder Aktienfonds investieren wollen. Denn beim lukrativen Aktienmarkt gleichen sich die Schwankungen auf lange Zeit aus und reduzieren die Verlustwahrscheinlichkeit erheblich. Höhere Risiken können Sie auch eingehen, wenn Sie bereits über eine solide Grundabsicherung verfügen.

Eine sicherheitsbetonte Variante dagegen empfiehlt sich, wenn das Ersparte in wenigen Jahren zur Verfügung stehen soll. Springen Sie auch nicht über Ihren eigenen Schatten. Wenn Sie absolut keine Risiken eingehen wollen und Ihnen schon allein der Gedanke an sinkende Aktienkurse und vorübergehende Verluste Schweißperlen auf die Stirn treibt, sollten Sie lieber zu sicheren Anlageprodukten greifen.

Vielfach unterschätzt wird die Bedeutung der Verfügbarkeit, der Liquidität und Flexibilität bei der Altersvorsorge. Aber wer über viele Jahre oder gar Jahrzehnte plant, ist gut beraten, auf unterschiedliche Situationen und Veränderungen vorbereitet zu sein, sei es bei der persönlichen Lebenssituation, der eigenen Einstellung zum Anlagerisiko oder veränderten Rahmenbedingungen wie der wirtschaftlichen Entwicklung oder der Besteuerung. Dann ist es entscheidend, wie schnell und zu welchen Kosten eine Anlage in Bargeld umgewandelt oder anderweitig investiert werden kann. Wer etwa sein Vermögen in Immobilien angelegt hat oder wer an eine langfristige Lebens- oder Rentenversicherung gebunden ist, bekommt Probleme, wenn er rasch einen größeren Bargeldbetrag benötigt oder wenn sich herausstellt, dass der Ertrag weit hinter den Versprechungen herhinkt. Auch wer sich bei der Auszahlung der Rente einseitig auf monatliche Renten oder Kapitalabfindungen festgelegt hat, muss möglicherweise aufgrund veränderter Umstände wie neuer Steuerbestimmungen oder neuen Kalkulationen wegen einer höheren Lebenserwartung feststellen, dass die früher getroffene Entscheidung falsch war.

Sie müssen also abwägen, ob Sie eher ein risikofreudiger oder ein sicherheitsbewusster Anleger sind und wo Ihre Bedürfnisse, Prioritäten, Vorlieben liegen. Sie müssen nicht für die gesamten Gelder und über die gesamte Anlagezeit gleich sein. Im Gegenteil – es ist nicht ratsam, für die gesamte Altersvorsorge auf eine einzige Anlageart zu setzen und einen »Bund fürs Leben« einzugehen. Meist macht es die »richtige Mischung«, die unterschiedliche Anforderungen flexibel berücksichtigt. Zwischen einer rein sicherheitsorientierten und einer renditebetonten Strategie gibt es zahlreiche Mittelwege und Kombinationsmöglichkeiten. Wer beispielsweise bei der Grundabsicherung auf hohe Sicherheit achtet, kann bei der Zusatzvorsorge mehr Risiko eingehen mit dem Ziel höhere Erträge zu erzielen.

Bei einem Teil der Anlage können Sie längerfristig planen und für eine attraktivere Verzinsung ein höheres Risiko in Kauf nehmen. Ergänzend können Sie mit kurzfristigen Anlagen für Flexibilität und Liquidität sorgen. Wer jedoch in absehbarer Zeit einen bestimmten Betrag benötigt, etwa weil er eine größere Anschaffung oder einen Hausbau plant oder in wenigen Jahren in Rente geht, sollte in Richtung festverzinslicher Papiere gehen oder sein Vermögen rechtzeitig umschichten.

- → Setzen Sie nicht alles auf »eine Karte«, sondern kombinieren Sie mehrere Anlageprodukte. Eine breite Streuung des Vermögens erhöht die Ertragschancen, verringert die Risiken und erleichtert es, unterschiedlichen Anforderungen gerecht zu werden.
- → Achten Sie auf ausreichend Flexibilität, damit Sie Ihre Anlagestrategie zu einem späteren Zeitpunkt an veränderte Umstände anpassen können. Schließen Sie daher möglichst keine Verträge ab, die Sie über mehrere Jahrzehnte binden.
- → Lassen Sie sich nicht allein von der staatlichen Förderung leiten. Denn mit der Förderung müssen Sie eine Reihe von Einschränkungen bei der Produktauswahl und der Flexibilität akzeptieren. Es kann daher unter Umständen sogar sinnvoll sein, auf die Förderung (teilweise) zu verzichten und stattdessen in höherverzinsliche und dennoch flexible Anlagen zu investieren.

»Rätsel« Bedarfsermittlung

Die Bedarfsermittlung ist eine Aufgabe mit vielen Unbekannten. Vor allem Jüngere können nur schwer abschätzen, welche Altersversorgung und welchen Bedarf sie in späteren Jahren haben werden und wie hoch ihre Einkünfte, Ausgaben und damit ihr Sparpotenzial in der aktiven Zeit sind. Die genaue Lebenserwartung kann ebenso wenig vorhergesagt werden wie die künftigen Renditen unterschiedlicher Anlagen, die Besteuerung und Fördermöglichkeiten.

Wenn Sie Ihren voraussichtlichen Bedarf im Alter ermitteln, sollten Sie folgende Faktoren berücksichtigen:

- Ihre berufliche Situation und Ihr Einkommen beeinflussen die Art und Höhe der Grundversorgung im Alter (z.B. gesetzliche Rente oder Beamtenpension) und die Möglichkeiten privat vorzusorgen.
- Ihre familiäre Situation bzw. die Familienplanung bis zur Rente und im Rentenalter (Familienstand, Erwerbstätigkeit der Ehepartner und Zahl der unterhaltspflichtigen Kinder) wirken sich in vielfältiger Weise auf die Höhe der Versorgungsansprüche sowie das verfügbare Einkommen aus.
- Ihr Bedarf verändert sich im Alter. Möglichen Einsparungen etwa wegen geringerem Wohnbedarf, einer abgezahlten Immobilie oder dem Verzicht auf den Zweitwagen können höhere Ausgaben etwa für die Behandlung von Krankheiten oder für Pflege entgegenstehen.

Machen Sie gleichzeitig eine Bestandsaufnahme Ihres Vermögens, Ihrer Schulden und der voraussichtlichen Einnahmen im Alter. Mit dieser Aufstellung schlagen Sie »mehrere Fliegen mit einer Klappe«. Sie erhalten einen Anhaltspunkt über Ihre Versorgungslücke im Alter. Sie verschaffen sich gleichzeitig einen Überblick über die Struktur Ihres Vermögens. Daraus können Sie vielfach ablesen, ob Sie eher ein sicherheitsorientierter Anlegertyp sind, der eher in festverzinsliche Papiere anlegt, oder ein stärker risikobetonter Anlegertyp, der mehr auf Aktien und Aktienfonds setzt.

Damit ist in der Regel schon eine Vorentscheidung getrof-

Die folgende Aufstellung hilft Ihnen bei der Zusammenstellung:

Was ist, wenn … ich alt bin bzw. wir alt sind? Im Alter werden benötigt (nach heutiger Kaufkraft) monatlich		
für den Lebensunterhalt		______ €
für Miete/Wohnen/Haus		______ €
für Krankenkasse/private Gesundheitsausgaben		______ €
für Reisen/Auto		______ €
für sonstige Ausgaben (z. B. Hobbys)		______ €
Bedarf an Alterseinkommen		______ €
Im Alter sind voraussichtlich folgende monatliche Einnahmen vorhanden:	**Mann**	**Frau**
Rente	______ €	______ €
Beamtenpension (in Prozent der letzten ruhegehaltfähigen Dienstbezüge)	______ €	______ €
betriebliche Altersversorgung /berufsständische Versorgung	______ €	______ €
Einnahmen aus Vermietung	______ €	______ €
Einnahmen aus Kapitalanlagen	______ €	______ €
private Rentenversicherung	______ €	______ €
Kapitallebensversicherung*	______ €	______ €
verwertbares Vermögen*	______ €	______ €
Erbe*	______ €	______ €
Summe	______ €	______ €
Voraussichtliches Alterseinkommen		______ €

Zur Tabelle
* Multiplizieren Sie mit einem Taschenrechner die Ablaufleistungen der Lebensversicherungen und andere Vermögenswerte mit dem Faktor 0,004. Dann erhalten Sie die monatlich erzielbaren Einnahmen. Beispiel: 100 000 Euro Vermögen x 0,004 = 400 Euro monatliche Einnahme (»Rente«). Wird das Kapital erst im höheren Alter eingesetzt und soll es aufgezehrt werden, können Sie mit höheren Faktoren rechnen (bis zu 0,006). Bei noch länger laufenden Kapitalversicherungen sollten Sie nicht mit den vollen Ablaufleistungen rechnen, weil die Überschussbeteiligung dann noch weitgehend durch die Preissteigerung aufgezehrt wird, während Sie bei anderen Werten (Sachwerten, Mieteinnahmen, Renten, Pensionen) davon ausgehen können, dass sie der Preissteigerung angepasst werden.

fen, ob Sie Ihre künftige Anlagestrategie vorrangig an der Sicherheit oder der Rendite ausrichten wollen. Die Bestandsaufnahme kann gleichzeitig eine Chance sein, das eigene Anlageverhalten zu überdenken. Wer in der Vergangenheit einseitig auf bestimmte Anlageformen gesetzt hat, sollte überlegen, ob nicht eine stärkere Mischung sinnvoll wäre. Wer bisher unsystematisch für das Alter gespart hat, sollte versuchen eine mittel- bis langfristige Strategie zu entwickeln.

Verschaffen Sie sich außerdem einen Überblick über Ihre laufenden Einnahmen und Ausgaben und ermitteln Sie, welchen Betrag Sie für die Altersvorsorge beiseitelegen können.

→ Prüfen Sie Ihre voraussichtlichen Altersbezüge aus der gesetzlichen Rentenversicherung anhand der regelmäßigen Rentenauskünfte. Alternativ können Sie bei den Rentenversicherungsträgern eine kostenlose Berechnung vornehmen lassen, gegen Honorar auch bei Rentenberatern.

→ Informieren Sie sich gründlich, denn Ihre Entscheidung hat langfristige Auswirkungen. Holen Sie auf jeden Fall mehrere Angebote ein und nutzen Sie unabhängige Informationsquellen. Das Bundesministerium für Arbeit und Soziale Sicherung, das Bundesministerium der Finanzen, die Bundesanstalt für Finanzdienstleistungsaufsicht, die Verbraucherorganisationen und Rentenversicherer bieten zahlreiche Informationsmaterialien und Beratungsdienste.

→ Vorsicht vor unseriösen Anbietern! Zurückhaltung ist angesagt bei hohen Gewinnversprechungen, bei unaufgeforderter Kontaktaufnahme per Telefon, teilweise auch über Freunde und Verwandte, bei Geschäftssitz in ausländischen »Steueroasen« und wenn Sie unter Zeitdruck gesetzt werden.

Gesetzliche Rentenversicherung

Zukunftsperspektive: Basisabsicherung

Niedrige Geburtenraten, steigende Lebenserwartung und hohe Arbeitslosigkeit belasten die Rentenkassen. Denn beim Umlageverfahren der gesetzlichen Rentenversicherung werden die laufenden Renten aus den Beiträgen der aktiv Erwerbstätigen finanziert. Die Rentenreformen der letzten Jahre haben versucht, das Problem in den Griff zu bekommen. Unter dem Strich sind die Renten dabei durch verschiedene Maßnahmen wie Erhöhung entsprechend den Nettolöhnen, den Nachhaltigkeitsfaktor, geringere Anrechnung von Ausbildungszeiten, steigende Steuern sowie Kranken- und Pflegekassenbeiträge abgesenkt worden. Gelöst wurde das Grundproblem damit nicht – und für die Zukunft sind weitere Kürzungen wahrscheinlich. Künftige Rentner müssen sich daher darauf einstellen, dass die gesetzliche Rente zunehmend nur noch eine, wenngleich wichtige, Basisabsicherung für das Alter bietet und durch Eigenvorsorge aufgestockt werden muss.

Pflichtversicherung für (fast) alle

In der gesetzlichen Rentenversicherung sind fast alle Berufstätigen pflichtversichert, Selbstständige können sich unter Umständen befreien lassen. Nicht versicherungspflichtige Personen haben die Möglichkeit sich freiwillig zu versichern. Die Beiträge von derzeit 19,9 Prozent sind fällig bis zur Beitragsbemessungsgrenze von 5250 Euro (alte Bundesländer) bzw. 4550 Euro (neue Bundesländer). Auch bei höherem Einkommen müssen daher maximal 1044,75 Euro bzw. 905,45 Euro gezahlt werden. Die Beiträge werden normalerweise je zur Hälfte vom Arbeitgeber und Arbeitnehmer aufgebracht, Selbstständige tragen die gesamten Kosten. In anderen Fällen wie bei Wehr- und Zivildienstleistenden übernimmt der Staat die gesamte Beitragszahlung.

Einflussfaktoren der Rentenhöhe

Im Wesentlichen wird die Rentenhöhe bestimmt durch das Arbeitseinkommen und die Zeiten, in denen Beiträge gezahlt wurden. Zusätzlich zu diesen Beitragszeiten werden spezielle Lebensphasen wie Ausbildung, Wehrdienst, Kindererziehung, Arbeitslosigkeit oder Krankheit berücksichtigt. Die Einkommenshöhe schlägt sich in sogenannten Entgeltpunkten nieder. Wer durchschnittlich 29 304 Euro verdient, erhält einen Entgeltpunkt gutgeschrieben. Liegt das Einkommen darüber oder darunter, werden entsprechend mehr oder weniger Entgeltpunkte verbucht. Diese Entgeltpunkte werden in den Rentenwert umgerechnet, der Ihre monatliche Rente bestimmt. Pro Entgeltpunkt beträgt er zurzeit etwas über 26 Euro für die alten, etwas über 23 Euro für die neuen Bundesländer. Einfluss auf die Rentenhöhe hat außerdem der Zeitpunkt des Rentenbeginns, der mit dem Zugangsfaktor ausgedrückt wird. Er liegt für die Regelaltersrente mit 65 Jahren bei 1,0, bei früherem bzw. späterem Rentenbeginn niedriger oder höher. Je nach Art der Rente (z.B. Alters- oder Teilerwerbsminderungsrente) wirkt sich noch der Rentenartfaktor aus.

Zurzeit liegt die unversteuerte Rente des sogenannten Standardrentners, der 45 Jahre durchschnittlich verdient hat, bei 53 Prozent des Durchschnittseinkommens vor Steuern. Weil die meisten Versicherten Rentenlücken aufweisen, liegen die Ansprüche in der Praxis aber schon heute deutlich darunter. Hinzu kommt, dass dieses Niveau nach den neuen Regelungen bis auf 46 Prozent absinken kann.

Mehr Durchblick gibt die jährliche Renteninformation, die die voraussichtliche Altersrente hochrechnet. Jeder gesetzlich Rentenversicherte, der mindestens 27 Jahre alt ist und mindestens fünf Jahre Beiträge gezahlt hat, erhält sie.

Eine Garantie über die künftige Rentenhöhe bietet die Renteninformation aber keineswegs. Zum einen sind die zugrunde gelegten Steigerungsraten ziemlich optimistisch, zum anderen können bis zum Rentenalter noch viele Reformen die Rahmenbedingungen beeinflussen und auch die persönlichen Verhältnisse können sich aus den unterschiedlichsten Gründen wie Kinder, Arbeitslosigkeit oder Krankheit ändern.

Rentenzahlung

Voraussetzung für die Altersrente ist eine Mindestversicherungszeit von fünf Jahren, die sogenannte Wartezeit, sowie eine bestimmte Altersgrenze. Neben der regulären Altersrente mit 65 erfreuen sich vorzeitige Renten großer Beliebtheit. Ein Anspruch besteht für langjährig Versicherte, Schwerbehinderte, Arbeitslose, Frauen und bei Altersteilzeit, meist aber nur für bestimmte Jahrgänge. Um die Belastungen für die Rentenversicherung zu begrenzen, werden außerdem für jeden Monat des früheren Rentenbeginns 0,3 Prozent von der Vollrente abgezogen. Dieser Abzug gilt für die gesamte Zeit des Rentenbezugs.

Beim Tod eines Versicherten hat der Ehepartner normalerweise Anspruch auf eine Witwen-/Witwerrente, Kinder auf Waisengeld. Die kleine Witwenrente beträgt 25 Prozent der Rente des Verstorbenen. Die große Witwenrente mit 55 Prozent der Rente erhalten Hinterbliebene, die mindestens 45 Jahre alt sind oder ein minderjähriges Kind versorgen oder erwerbsgemindert sind. Eigenes Einkommen wird angerechnet. Für jüngere Versicherte wurden die Ansprüche eingeschränkt.

Die jährlichen Rentenanpassungen richten sich nach der Entwicklung der Nettolöhne. Seit 2005 wird zusätzlich der sogenannte Nachhaltigkeitsfaktor berücksichtigt. Das bedeutet niedrigere Rentenerhöhungen, wenn die Zahl der Beitragszahler im Verhältnis zu den Rentenbeziehern sinkt.

Sozialversicherung und »nachgelagerte Besteuerung«

Negativ auf die Rente wirken sich Sozialversicherungsbeiträge und Steuern aus. Seit 2004 zahlen Rentner den vollen Beitrag zur Pflegeversicherung. Auch auf Versorgungsbezüge wie Betriebsrenten ist neuerdings der volle Satz fällig. Erhebliche Einschnitte bringt das Alterseinkünftegesetz. In Zukunft wird die Rente besteuert. Dazu wird schrittweise die »nachgelagerte Besteuerung« eingeführt. Die Höhe hängt davon ab, wann zum ersten Mal Rente bezogen wird. Wer 2010 in Rente geht, muss 60 Prozent versteuern. Dieser besteuerte Anteil erhöht sich um zwei, ab 2020 um ein Prozent jährlich. Ab 2040 ist so für diejenigen, die in diesem Jahr in Rente gehen, die gesamte Rente steuerpflichtig. Werbekosten und andere Aufwendungen wie Versicherungen oder Haushaltshilfe können abgezogen werden. Nach Berechnungen des Finanzministerium sind bei Alleinstehenden Renten bis 18 900 Euro steuerfrei. Bei Verheirateten verdoppeln sich diese Beträge (Stand 2009).

Im Gegenzug erhalten alle, die noch erwerbstätig sind, Steuervergünstigungen. Sie können ihre Aufwendungen für die Altersvorsorge von der Steuer absetzen. Dazu gehören die Beiträge zur gesetzlichen Rentenversicherung (einschließlich des Arbeitgeberanteils) und zu vergleichbaren Einrichtungen wie berufsständischen Versorgungseinrichtungen sowie privaten Leibrentenversicherungen (vgl. Abschnitt »Rürup-Rente«, S. 287). Für 2009 werden bis zu 68 Prozent der Ausgaben bzw. 13 600 Euro vom Finanzamt anerkannt. Die Abzugsmöglichkeiten werden jährlich erhöht und betragen 100 Prozent ab 2025 bzw. maximal 20 000 Euro.

→ Die Rentenversicherer und das Bundesministerium für Arbeit und Soziale Sicherung informieren mit Broschüren und telefonisch über die gesetzliche Rentenversicherung (vgl. Adressverzeichnis). Persönlich beraten lassen können Sie sich bei den Auskunfts- und Beratungsstellen der Rentenversicherer oder gegen Honorar von einem Rentenberater (vgl. Adressverzeichnis).
→ Achten Sie bei der Renteninformation und Rentenauskunft sorgfältig darauf, dass alle anrechenbaren Zeiten erfasst sind. Prüfen Sie, ob noch beitragsfreie Zeiten wie Erziehungs- und Pflegezeiten berücksichtigt werden können. Wenn Sie Lücken feststellen, sollten Sie möglichst rasch einen Antrag auf Kontenklärung stellen.
→ Freiwillige Versicherungen und Nachzahlungen lohnen sich meist finanziell nicht. Sie können aber sinnvoll sein, um überhaupt einen Anspruch auf Alters- oder Erwerbsminderungsrente zu erwerben oder um die fünfjährige Wartezeit zu erfüllen.
→ Beantragen Sie Ihre Rente rechtzeitig. Selbst wenn alle relevanten Zeiten im Versicherungskonto erfasst sind, müssen Sie mit etwa drei Monaten Bearbeitung rechnen.
→ Details zu den neuen Besteuerungsregelungen erläutert die Broschüre »Das Alterseinkünftegesetz« des Bundesministeriums der Finanzen.

Betriebliche Altersvorsorge

Günstig für Arbeitnehmer

Die betriebliche Altersvorsorge bietet für viele Arbeitnehmer eine attraktive Möglichkeit der Altersvorsorge. Jeder Arbeitnehmer hat Anspruch darauf, dass ein Teil seines Lohns nicht direkt an ihn ausgezahlt, sondern für die betriebliche Altersvorsorge verwendet wird (Entgeltumwandlung). Mitglieder einer Gewerkschaft oder Beschäftigte, für die ein allgemein verbindlicher Tarifvertrag gilt, können ihren Tariflohn allerdings nur umwandeln, wenn der Tarifvertrag das ausdrücklich vorsieht. Diese betriebliche Altersvorsorge fördert der Staat seit dem Jahr 2002 durch Steuervorteile und Sozialabgabenfreiheit (»Eichel-Förderung«). Der Arbeitgeber kann freiwillig zusätzliche Leistungen gewähren.

Unterschiedliche Rendite

Die Rendite fällt je nach Form der betrieblichen Altersversorgung und der Ausgestaltung der einzelnen Verträge unterschiedlich aus. Insgesamt gibt es fünf Durchführungswege:

- Bei der **Direktversicherung** schließt der Arbeitgeber eine Lebens- oder Rentenversicherung für seine Beschäftigten ab.
- **Pensionskassen** sind Versorgungseinrichtungen, die einer Lebensversicherungsgesellschaft ähneln und von einem oder mehreren Unternehmen getragen werden.
- **Pensionsfonds** sind ebenfalls rechtlich selbstständige Einrichtungen, die die Beiträge für die betriebliche Altersversorgung in größerem Umfang am Aktienmarkt anlegen können.

- Bei der **Direktzusage** (auch Pensions- oder unmittelbare Versorgungszusage genannt) zahlt der Arbeitgeber im Alter selbst die Betriebsrente direkt an den Arbeitnehmer. Er kann dafür Rückstellungen bilden.
- Die **Unterstützungskassen** sind rechtlich selbstständige Versorgungseinrichtungen, die die betriebliche Altersversorgung für ein oder mehrere Unternehmen organisieren. Bei der Anlage des Vermögens ist die Unterstützungskasse frei und kann beispielsweise einen Teil in den beteiligten Betrieben belassen.

Statt fester Rentenzusagen gewähren einige Betriebe nur feste Zuschüsse zu einer Pensionskasse oder Lebensversicherung. Bei Direktversicherungen und Pensionskassen erhalten Sie eine garantierte Mindestverzinsung wie bei individuell abgeschlossenen Renten- und Lebensversicherungsverträgen (vgl. Kapitel »Lebensversicherungen und private Rentenversicherung«, S. 230). Die Betriebsrenten sind aber oft günstiger als Einzelverträge, weil die Unternehmen Sonderkonditionen aushandeln können. Niedrigere Verwaltungs- und Abschlusskosten kommen dem Arbeitnehmer zugute. Bei den Pensionsfonds ist nur das eingezahlte Kapital garantiert. Dafür bieten sie grundsätzlich höhere Renditeaussichten, weil sie am Aktienmarkt investieren können. Diese Möglichkeiten schöpfen aber nach Untersuchungen der Stiftung Warentest nicht alle Pensionsfonds umfassend aus, sondern setzen relativ häufig auf sichere Anlagen mit geringeren Ertragsaussichten. Die Rentenhöhe bei Direktzusagen und den Unterstützungskassen kann stark variieren und beispielsweise durch die Dauer der Betriebszugehörigkeit beeinflusst werden. Eine generelle Aussage über die Rendite ist daher nicht möglich. Zusätzliche Leistungen wie Schutz bei Erwerbsminderung oder Berufsunfähigkeit sowie für die Absicherung von Angehörigen im Todesfall sind Kostenfaktoren, die die Rendite drücken. Zur Absicherung des Todesfallrisikos und der Berufsunfähigkeit schließen Sie besser eine separate Versicherung ab (S. 230 und 192).

Garantie für das eingezahlte Kapital

Betriebsrenten sind insgesamt sehr sichere Anlagen. Das eingezahlte Kapital ist auf jeden Fall garantiert. Die erworbenen Ansprüche sind entweder durch den Pensions-Sicherungs-Verein gegen Insolvenz abgesichert. Alternativ unterstehen die Versorgungseinrichtungen der staatlichen Aufsicht durch das Bundesamt für Finanzdienstleistungsaufsicht (BaFin). Die Beiträge aus einer Gehaltsumwandlung, also aus Geldern des Arbeitnehmers, sind vom ersten Tag an geschützt und bleiben auch bei einer Kündigung erhalten. Wenn der Arbeitgeber die Betriebsrente finanziert, sind die Anwartschaften erst unverfallbar, wenn die Zusage fünf Jahre besteht und der Arbeitnehmer mindestens 30 Jahre alt ist.

Für Selbstständige und Freiberufler wurde 2007 außerdem ein gesetzlicher Pfändungsschutz ihrer privaten Altersvorsorge bei Insolvenz eingeführt.

Eingeschränkte Flexibilität

Ein Nachteil der betrieblichen Altersvorsorge ist die geringe Flexibilität. Verträge können in der Regel nicht vor Ablauf gekündigt werden. Bei älteren Verträgen gibt es auch Schwierigkeiten, das angesparte Kapital bei einem Jobwechsel zum neuen Arbeitgeber mitzunehmen. Seit 2005 ist dies bei Neuzusagen möglich, wenn die betriebliche Altersvorsorge über einen Pensionsfonds, eine Pensionskasse oder eine Direktversicherung durchgeführt wird. In diesen Fällen kann der Arbeitnehmer nach der Kündigung selbst Beiträge weiterzahlen. Dafür erhält er aber keine staatliche Förderung. Alternativ kann der Arbeitnehmer die erworbene Anwartschaft beim alten Arbeitgeber belassen und beim nächsten Arbeitgeber in einen neuen Vertrag einzahlen. Er erhält dann später von beiden eine Rente.

Eingeschränkt sind Sie auch bei der Wahl der Kapitalanlagen. Denn der Arbeitgeber kann den Durchführungsweg bestimmen. Wenn eine Pensionskasse oder ein Pensionsfonds besteht, kann nur dort eingezahlt werden. Andernfalls darf der Arbeitnehmer verlangen, dass für ihn eine Direktversicherung abgeschlossen wird. Der Arbeitgeber kann entscheiden, welche Versicherungsgesellschaft gewählt wird.

Eine Kapitalauszahlung der gesamten Summe ist nur bei der »Eichel-Förderung« möglich, bei der »Riester-Förderung« erhalten Sie maximal 30 Prozent auf einmal ausgezahlt (siehe nächster Abschnitt).

Sparen bei Steuern und Sozialabgaben

Bei der Förderung können Sie wählen zwischen der »Riester-Förderung« (oder Nettogeldumwandlung) und der sogenannten »Eichel-Förderung«, die auch als Bruttogeldumwandlung bezeichnet wird.

Staatliche Zulagen bzw. Steuervergünstigungen im Rahmen der Riester-Rente gibt es für Beiträge zu Direktversicherungen, Pensionskassen oder Pensionsfonds. Dies lohnt sich vor allem für Beschäftigte mit geringerem Einkommen und Kindern.

Besser Verdienende ohne Kinder dagegen fahren meist besser mit der »Eichel-Förderung«. Für Beiträge, die in eine Pensionskasse oder Pensionsfonds investiert werden, müssen keine Steuern bezahlt werden, wenn vier Prozent der Beitragsbemessungsgrenze in der gesetzlichen Rentenversicherung nicht überschritten werden. Ab 2009 sind also 2592 Euro steuerfrei. Außerdem wurde der steuerfreie Betrag für Zusagen ab 2005 um 1800 Euro erhöht. Für Neuzusagen können daher insgesamt 4392 Euro steuerfrei für die betriebliche Altersversorgung genutzt werden. Dafür fallen im Alter volle Steuern auf die Rentenzahlungen an (»nachgelagerte Besteuerung«). Vgl. Abschnitt »Gesetzliche Rentenversicherung«, S. 267.

Seit 2005 gilt diese Regelung auch für Direktversicherungen. Für alte Verträge können die Beiträge bis zu 1752 Euro jährlich pauschal mit 20 Prozent besteuert werden. In der Rückzahlphase im Alter bleiben Kapitalauszahlungen dann komplett steuerfrei, bei den Renten wird nur ein geringer Ertragsanteil besteuert. Diese Regelung gilt aber nur, wenn der Arbeitnehmer dies bis Juni 2005 beim Arbeitgeber beantragt hatte.

Außerdem müssen für die 2592 Euro Lohn keine Sozialabgaben abgeführt werden.

Bei den sogenannten internen Durchführungswegen, der Direktzusage und der Unterstützungskasse, sind alle Beiträge unbegrenzt steuerfrei. Auf die Arbeitgeberbeiträge sind außerdem keine Sozialabgaben fällig, bei Arbeitnehmerbeiträgen dagegen gilt die bereits erwähnte 4-Prozent-Grenze.

Förderung	Entgeltumwandlung nach § 3 Nr. 63 EStG (»Eichel-Förderung«)	»Riester-Rente«
Steuerbefreiung	Entnahme der Beiträge aus unversteuertem Einkommen	Beiträge werden aus dem versteuerten Einkommen finanziert. Dafür gibt es Zulagen auf den Vertrag. Ist der Steuervorteil durch den Sonderausgabenabzug größer als die erhaltenen Zulagen, wird die Differenz aus dem Steuervorteil und den erhaltenen Zulagen erstattet.
Höhe der Steuerbefreiung	Bis 4 % der Beitragsbemessungsgrenze	Entsprechend der »Riesterstaffel« bis maximal 2100 Euro pro Jahr
Sozialversicherungsfreiheit der Beiträge	Ja	Nein

→ Erkundigen Sie sich beim Betriebsrat oder der Personalabteilung, ob Ihr Unternehmen eine betriebliche Altersversorgung über eine Pensionskasse oder einen Pensionsfonds anbietet. Anderenfalls sollten Sie nach einer Direktversicherung fragen.

→ Mehr Details zur Betrieblichen Altersvorsorge enthält die kostenlose »Broschüre zur zusätzlichen Altersvorsorge« des Bundesministeriums für Arbeit und Soziales. Individuelle Auskünfte können Sie beim Bürgertelefon einholen (01805-676710 für 0,14 Euro/Min. aus dem deutschen Festnetz).

→ Online erhalten Sie nützliche Informationen beim Bundesarbeitsministerium unter www.bmas.de und unter www.ihre-vorsorge.de, einer Informationsseite der »Deutschen Rentenversicherung«.

→ Prüfen Sie, ob die angebotene betriebliche Altersvorsorge für Sie besser geeignet ist als eine Riester-Rente oder eine renditestarke private Altersvorsorge ohne staatliche Förderung. Informationen und Entscheidungshilfen finden Sie beispielsweise auf der Website www.vorsorgedurchblick.de des Bundesverbandes der Verbraucherzentralen. Aktuelle Testergebnisse zu den unterschiedlichen Durchführungswegen finden Sie regelmäßig bei der Stiftung Warentest.

→ Rechnen Sie durch, ob die Bruttoumwandlung (»Eichel-Modell«) oder die Nettoumwandlung (Riester-Rente) für Sie günstiger ist. Wenn Sie nicht sicher sind, sollten Sie sich neutral beraten lassen, zum Beispiel bei den Verbraucherzentralen oder durch gerichtlich zugelassene Versicherungsberater.

Riester-Rente

Interessant für Geringverdiener und Familien

Mit der Riester-Rente fördert der Staat seit 2002 die private Altersvorsorge durch Zulagen und Steuervergünstigungen. Lohnend ist sie vor allem für Geringverdiener, Familien mit Kindern und Anleger, die eine sichere Geldanlage wünschen. Aber auch Besserverdienende können durch Steuervorteile profitieren.

Anlagen mit begrenzten Renditen

Riester-Sparer können ihr Geld alternativ in
- Banksparplänen,
- Rentenversicherungen und
- Fondssparplänen

anlegen.

Mit dem Eigenheimrentengesetz kann seit 2008 gefördertes Altersvorsorgekapital besser für die selbst genutzte Wohnimmobilie genutzt werden. Die Regelungen zum »Wohn-Riester« betreffen nach Informationen des Bundesfinanzministeriums folgende Teilbereiche:
- Erwerb oder Bau: Das geförderte Altersvorsorgekapital kann für den Erwerb oder den Bau selbst genutzter Wohnimmobilien eingesetzt werden.
- Tilgung: Künftig können Tilgungsleistungen steuerlich begünstigt werden, wenn die zugrunde liegenden Darlehen für die Finanzierung einer selbst genutzte Wohnimmobilien eingesetzt werden.

- Genossenschaftsanteile: Der Kreis der begünstigten Anlageprodukte ist erweitert worden. Zum Beispiel wird der Erwerb weiterer Genossenschaftsanteile gefördert, wenn man in der betreffenden Genossenschaft wohnt.
- Entschuldung: Zu Beginn der Auszahlungsphase kann der Zulageberechtigte das geförderte Altersvorsorgekapital auch für die Entschuldung einer selbst genutzten Wohnimmobilie einsetzen.

Mit langfristig guten Renditen können Sie beim Fondssparen, vor allem in Aktienfonds (vgl. Abschnitt »Investmentfonds«, S. 300), rechnen. Bei den anderen Anlagealternativen, insbesondere Banksparplänen, wie z.B. Sparbüchern, (vgl. Abschnitt »Sparanlagen und festverzinsliche Wertpapiere«, S. 292) und Rentenversicherungen (vgl. Abschnitt »Private Rentenversicherung«, S. 249) ist die Verzinsung – ohne Förderung – dagegen eher gering.

Steuervorteile und Förderung verbessern die Erträge

Die oft nicht sehr hohen Erträge werden durch die staatlichen Zulagen und Steuervorteile aufgebessert. Je nach Vertragslaufzeit, Einkommen und Zulagenhöhe erhöht sich die Rendite um drei bis fünf Prozent. Für Zinsen und Erträge müssen in der Ansparphase keine Steuern gezahlt werden. Wer als Anleger auf sichere Geldanlagen setzt, ist daher mit der Riester-Rente gut beraten. Der Nachteil: Auch für die Riester-Rente gilt die nachgelagerte Besteuerung (vgl. »Gesetzliche Rentenversicherung«, S. 267). Die Auszahlungen in der Rentenphase müssen daher voll versteuert werden.

Gefördert werden unter anderem Arbeitnehmer und Selbstständige, die in der Rentenversicherung pflichtversichert sind, sowie weitere Personengruppen wie Beamte, Wehr- und Zivildienstleistende, Eltern während der Elternzeit, Bezieher von Arbeitslosen- und Krankengeld und Rentner mit voller Erwerbsminderungsrente. Wenn bei Verheirateten nur einer förderberechtigt ist, kann der andere Partner zusätzlich einen eigenen Vorsorgevertrag abschließen. Er hat dann Anspruch auf die Förderung, ohne einen eigenen Sparbeitrag zu leisten.

Keine Förderung dagegen erhalten vor allem Personen, die freiwillig in der gesetzlichen Rentenversicherung oder einer berufsständischen Versorgungseinrichtung versichert sind oder geringfügig Beschäftigte, die den Arbeitgeberbeitrag zur Rentenversicherung nicht durch eigene Beiträge aufstocken.

Um die vollen Zulagen zu erhalten, muss ein bestimmter Anteil des Einkommens aus dem Vorjahr gespart werden. Für 2004 und 2005 betrug diese Gesamtsparleistung zwei Prozent des sozialversicherungspflichtigen Vorjahreseinkommens. Sie stieg in den Jahren 2006 und 2007 auf drei Prozent und beträgt seit 2008 vier Prozent. Dafür gab es für Alleinstehende 76 Euro Zulage in 2004 und 2005, 114 Euro für 2006 und 2007 und 154 Euro seit 2008 (siehe Tabelle). Verheiratete haben Anspruch auf den doppelten Betrag, aber nur wenn beide einen Vertrag abschließen. Für jedes Kind gibt es eine zusätzliche Zulage zwischen 138 Euro (2006) und 185 Euro (ab 2008; für Neugeborene ab dem 1. Januar 2008 sogar 300 Euro). Die Zulage entfällt jedoch, sobald kein Anspruch mehr auf Kindergeld besteht. Durch die Zulagen profitieren Familien in besonderem Maß von der Riester-Förderung (vgl. Tabellen). Berufsanfänger erhalten bis zum 25. Lebensjahr eine einmalige Zulage von 200 Euro.

Jahr	Gesamt-sparleistung*	Grundzulage Alleinstehende	Grundzulage Ehepaare**	Zulage je Kind	Sonderausgaben-abzug bis zu
ab 2008	4 %	154 €	308 €	185 €	2100 €

* als Anteil des sozialversicherungspflichtigen Einkommens des Vorjahres

** bei denen jeder eine eigene Altersvorsorge aufbaut

Riester-Sparer müssen jedoch nicht die volle Gesamtsparleistung aus eigener Tasche bezahlen. Denn die Gesamtsparleistung setzt sich aus den Zulagen und dem Mindesteigenbeitrag zusammen. Mindestens 60 Euro jährlich müssen auf jeden Fall selbst gezahlt werden.

Auswirkungen der staatlichen Förderung

(seit dem Jahr 2008 mit 4 % des Jahreseinkommens)

Alleinstehend ohne Kinder

Einkommen des Vorjahres €	Eigen-beitrag €	Grund-zulage €	Kinder-zulage €	Sparleistung insgesamt €	Zusätzliche Steuerersparnis €	Förder-quote %
5000	60	154	–	214	–	72
15 000	446	154	–	600	–	26
25 000	846	154	–	1000	126	28
40 000	1446	154	–	1600	401	35
50 000	1846	154	–	2000	629	39

Verheiratet, zwei Kinder, ein Rentenversicherungspflichtiger

Einkommen des Vorjahres €	Eigen-beitrag €	Grund-zulage €	Kinder-zulage €	Sparleistung insgesamt €	Zusätzliche Steuerersparnis €	Förder-quote %
5000	60	308	370	738	–	92
15 000	60	308	370	738	–	92
25 000	322	308	370	1000	–	68
40 000	922	308	370	1600	–	42
50 000	1322	308	370	2000	–	34

Außerdem besteht keine Verpflichtung, den vollen Mindesteigenbeitrag aufzubringen. Wer weniger zahlt, erhält aber entsprechend geringere Zulagen. Wer also beispielsweise den halben Mindesteigenbeitrag aufbringt, erhält nur jeweils die Hälfte der Zulagen.

Die Zulagen müssen Sie über den Anbieter der Riester-Rente bei der Zentralen Zulagenstelle für Altersvermögen beantragen. Diese werden dem Vertrag gutgeschrieben. Im Gegensatz zu früher muss der Zulagenantrag nur noch einmal oder bei Änderungen (z.B. Geburt eines Kindes) gestellt werden und nicht mehr jährlich.

Neben den Zulagen besteht die Möglichkeit, die Aufwendungen für die Riester-Rente als Sonderausgabenabzug von der Steuer abzusetzen. Dabei können für Eigenbeiträge plus Zulagen 2100 Euro geltend gemacht werden. Das Finanzamt prüft von sich aus, ob die Zulage oder der Steuerabzug günstiger ist, wenn Sie Ihrer Steuererklärung die Anlage AV beifügen. Wenn die Steuerersparnis höher ist als die Zulagen, erhalten Sie eine Steuerrückzahlung. Davon profitieren vor allem Gutverdienende.

Eingeschränkte Flexibilität mit Sicherheitsnetz

Um die Förderung zu erhalten, müssen Riester-Produkte bestimmte Kriterien erfüllen. Sie weisen dadurch eine relativ hohe Sicherheit auf, sind aber recht inflexibel. Vorteilhaft ist die Kapitalerhaltungsgarantie. Die Anbieter müssen sicherstellen, dass Ihnen bei Ablauf des Vertrages mindestens alle eingezahlten Beiträge mitsamt Zulagen ausgezahlt werden. Dies ist insbesondere bei risikoreicheren Fondssparplänen von Bedeutung.

Wenn Sie unzufrieden sind, haben Sie jederzeit die Möglichkeit, Ihr Geld in eine andere geförderte Anlage zu übertragen. Die Kosten, die dabei anfallen, tragen allerdings Sie. Sie müssen bereits im Vertrag ausgewiesen werden. Außerdem können Sie den Sparvorgang ruhen lassen. Sie müssen jährlich informiert werden über die Vertriebs-, Abschluss- und Verwaltungskosten sowie über die Verwendung der eingezahlten Beiträge, die Höhe des gebildeten Kapitals, die Kosten und Erträge.

Andere Bestimmungen schränken die Flexibilität ein. So kommen Sie erst mit Beginn der Altersrente, frühestens mit 60 Jahren wieder an Ihre Gelder heran. Maximal 30 Prozent können Sie sich als Kapitalsumme auf einen Schlag auszahlen lassen. Die restlichen 70 Prozent erhalten Sie als monatliche Rente oder als regelmäßige Auszahlung bis zum 85. Lebensjahr mit anschließender lebenslanger Rente. Falls ein

Schutz bei Erwerbsunfähigkeit und eine Absicherung der Hinterbliebenen gewünscht wird, muss dies zusätzlich vereinbart werden. Wird die Riester-Rente vererbt, müssen in der Regel die Zulagen und Steuervergünstigungen zurückgezahlt werden. Dies gilt auch, wenn die Riester-Rente im Ausland ausgezahlt wird.

→ Informationen zur Riester-Rente erhalten Sie beim Bundesministerium für Arbeit und Soziale Sicherung (z.B. »Broschüre zur zusätzlichen Altersvorsorge« und Bürgertelefon zur Rente) und bei der »Deutsche Rentenversicherung« (u.a. mit Online-Zulagenrechner) unter www.deutsche-rentenversicherung-bund.de und www.ihre-vorsorge.de.

→ Vergleichen Sie, ob eine betriebliche Altersvorsorge oder die Riester-Rente günstiger für Sie ist, wenn Sie nur über beschränkte Mittel zum Sparen verfügen. Entscheidungshilfen bietet die Website www.vorsorgedurchblick.de des Bundesverbandes der Verbraucherzentralen.

→ Achtung: Das Zertifikat der Bundesanstalt für Finanzdienstleistungsaufsicht (BaFin) sagt nichts über die Qualität oder die Rendite eines Riester-Produkts aus. Es bescheinigt nur, dass das Angebot die gesetzlichen Voraussetzungen für die Riester-Förderung erfüllt.

Private Basisrente (»Rürup-Rente«)

Attraktiv für Selbstständige und Gutverdiener

Die private Basisrente, bekannter als Rürup-Rente, ist vor allem für Selbstständige, Freiberufler, Beamte und gut Verdienende interessant. Sie wird vom Staat durch Steuervorteile gefördert, Zulagen wie bei der Riester-Rente gibt es nicht. Für Selbstständige, die keinen Anspruch auf betriebliche Altersvorsorge oder Riester-Rente haben, ist sie die einzige Möglichkeit mit staatlicher Unterstützung fürs Alter zu sparen.

2007 kamen wichtige gesetzliche Verbesserungen hinzu: Die Rürup-Rente ist jetzt neben Rentenversicherungen auch als reiner Fondssparplan möglich. Außerdem können jetzt die Beiträge zur Rürup-Rente separat vom gesetzlichen Freibetrag für Vorsorgemaßnahmen steuerlich geltend gemacht werden.

Rendite zwischen mager und ungewiss

Die Renditen hängen vom gewählten Vertrag ab. Rürup Renten werden als Rentenversicherung (vgl. Abschnitt »Private Rentenversicherungen«, S. 249), als fondsgebundene Rentenversicherung (vgl. Abschnitt »Investmentfonds«, S. 300) oder seit 2007 als reiner Fondssparplan angeboten. Bei der klassischen Rentenversicherung erhalten Sie eine garantierte Rente. Nach ersten Untersuchungen liegen die zu erwartenden Renditen zwischen 2 bis 2,5 Prozent und sind damit eher bescheiden. Nicht garantierte Überschüsse und Steuervorteile kommen jedoch hinzu. Wer langfristig anlegt, kann bei einer fondsgebundenen Lösung mit höheren Erträgen rechnen. Das Anlagerisiko in der Ansparphase liegt aber beim Anleger, eine Zinsgarantie gibt es nicht. Einige Gesellschaften sichern jedoch eine Mindestrente entsprechend den eingezahlten Beiträgen zu.

Bei der Überschussverwendung gibt es verschiedene Varianten. Bei Rentenversicherungen stehen in der Ansparphase die Bonusrente, die verzinsliche Ansammlung und die Anlage in Investmentfonds zur Auswahl. Empfehlenswert ist meist die Bonusrente, bei der die jährlichen Überschüsse als Einmalbeträge in die Rürup- Rente investiert werden und so die garantierte Rente erhöhen. Bei fondsgebundenen Verträgen fließen die Überschüsse immer in Fonds.

In der Rentenphase haben Sie bei beiden Modellen die Möglichkeit der konstanten oder der dynamisch steigenden Rentenzahlung. Die konstante Überschussrente hat den Nachteil, dass die Kaufkraft durch die Preissteigerung sinkt. Außerdem führt eine Verringerung der Überschussbeteiligung zu einer Rentensenkung. Bei einer teil- oder volldynamischen Rente nimmt der Kunde eine anfangs geringere Rente in Kauf, profitiert dafür aber im Zeitverlauf von kontinuierlichen Erhöhungen.

Auszahlung nur als Rente, frühestens ab 60

Ein Nachteil ist die eingeschränkte Verfügbarkeit und Flexibilität. Die Regelungen sind noch restriktiver als bei der Riester-Rente. Zwar bieten einige Policen flexible Beitragszahlungen. So ermöglichen einige Tarife ergänzende Zahlungen neben den monatlichen Beiträgen. Auch Einmalzahlungen sind möglich. In der Regel fahren Sie damit besser als mit dynamischen Beitragssteigerungen, die Sie jährlich mit höheren Beiträgen belasten.

Bei der Auszahlung gibt es mehrere Einschränkungen. Die Zahlung setzt erst mit Beginn des Ruhestandes ein, frühestens zum 60. Geburtstag. Eine vorzeitige Rückzahlung des Guthabens ist ausgeschlossen. Auch ein Kapitalwahlrecht besteht nicht. Sie können sich also nicht auf einen Schlag eine Kapitalsumme auszahlen lassen, sondern nur eine monatliche Rente bis zum Lebensende.

Das eingezahlte Kapital kann weder weiterverkauft, noch übertragen, beliehen oder vererbt werden. Für enge Angehörige wie Ehepartner und Kinder kann zwar ein Hinterbliebenenschutz vereinbart werden; sie erhalten dann eine monatliche Rente. Auch eine Kombination mit einer Berufsunfähigkeitsversicherung ist möglich. In beiden Fällen kostet das aber zusätzliche Prämien.

Bis zu 20 000 Euro Sonderausgabenabzug

Die Beitragsleistungen können als Sonderausgaben von der Steuer abgesetzt werden. Alleinstehende können bis zu 20 000 Euro jährlich, Ehepaare das Doppelte geltend machen. Allerdings können 2009 nur 68 Prozent der tatsächlichen Aufwendungen abgesetzt werden, also maximal 13 600 Euro. Dieser Anteil erhöht sich jährlich um zwei Prozent, bis 2025 die gesamten Beitragszahlungen bis zu 20 000 Euro steuerfrei gestellt werden können. Den Sonderausgabenabzug für die übrigen Versicherungen gibt es jedoch zusätzlich. Grundsätzlich lässt sich damit die Steuerlast vor allem bei hohen Einkommen in der Ansparphase spürbar senken.

Für die monatlichen Auszahlungen der Rürup-Rente gelten wie für die gesetzliche Rente die neuen Regelungen des Alterseinkünftegesetzes (vgl. Abschnitt »Gesetzliche Rentenversicherung«, S. 267). Je nachdem, ab welchem Jahr die Rente beginnt, müssen also zwischen 50 und 100 Prozent versteuert werden. Die Erhöhung findet schrittweise statt; bis zum Jahr 2020 jährlich um zwei Prozent und danach bis zum Jahr 2040 jährlich um ein Prozent.

→ Setzen Sie nicht nur auf die private Basisrente, damit Sie bei Rentenbeginn ausreichend Flexibilität bewahren.
→ Die Entscheidung für eine renten- oder fondsgebundene Variante hängt vom Anlagezeitraum und Ihrer Risikobereitschaft ab. Denkbar sind auch Kombinationen beider Ansätze. Bei einer Rürup-Rentenversicherung sollten Sie auf eine hohe Garantierente achten.
→ Flexible Beitragszahlungen können günstig sein, vor allem wenn die Einkommenshöhe variiert.
→ Für Arbeitnehmer sind betriebliche Altersvorsorge und Riester-Rente meist die bessere Wahl. Nur wenn die geförderten Höchstbeträge erreicht sind, sollte eine Rürup-Rente als zusätzlicher Baustein erwogen werden.
→ Bei der Überschussbeteiligung ist in der Beitragsphase meist die Bonusrente am günstigsten, in der Rentenphase eine teil- oder volldynamische Rente. Vorteilhaft ist es, wenn Sie sich erst bei Rentenbeginn zwischen konstanter oder dynamischer Rentenzahlung entscheiden können.

→ Achten Sie darauf, dass der Vertrag einen Wechsel des Anbieters zulässt. Über die Kosten muss der Anbieter sie jedoch nicht informieren. Alternativ können Sie einen Vertrag beitragsfrei stellen.

Private Altersvorsorge

Neben der gesetzlichen und der staatlich geförderten Altersvorsorge bleibt es Ihnen unbenommen, individuell Vermögen für den Lebensabend aufzubauen. Wie Sie dabei vorgehen, bleibt Ihnen überlassen. Ob »Sparschwein«, Sparbuch, Immobilie, Fonds oder Aktien – die Palette der Anlagemöglichkeiten ist breit. Einschränkungen gibt es nur durch die rechtlichen und steuerlichen Vorschriften für die einzelnen Anlageformen. Die wichtigsten Charakteristiken erläutern wir Ihnen in den folgenden Abschnitten.

Angebote für die Altersvorsorge

Egal ob Sie mit oder ohne staatliche Förderung vorsorgen – zahlreiche Faktoren müssen beachtet werden, auch individuelle Einstellungen wie Ihre Risikobereitschaft spielen eine Rolle.

Auf das »magische Dreieck« der Geldanlage – Sicherheit, Rendite und Verfügbarkeit (Flexibilität, Liquidität) – haben wir bereits hingewiesen (vgl. Abschnitt »Das magische Dreieck«, S. 260). Berücksichtigt werden müssen außerdem die Anlageziele und -zeiträume:

- kurzfristige Sparziele für Anschaffungen oder bei bevorstehendem Rentenbeginn,
- mittelfristiges Ansparen von Eigenkapital wie zum Erwerb von Wohneigentum (oder einer Immobilie zur Vermietung) oder zum Autokauf und
- langfristige Geldanlage.

Hierfür stehen unterschiedliche Geldanlagen zur Verfügung. Die Tabelle gibt Ihnen einen Überblick, welche Anlageformen je nach Anlagehorizont empfehlenswert sind.

Kurzfristige Geldanlagen	Mittelfristige Geldanlagen	Langfristige Geldanlagen
Termingelder	Aktien-/Rentenfonds	Betriebliche Altersvorsorge
Bundesschatzbriefe	öffentliche Anleihen	Riester-/Rürup-Rente
Finanzierungsschätze	Kommunalobligationen	Wohneigentum
Sonder-Sparverträge	Pfandbriefe	Immobilien (Vermietung)
Tagesgelder	festverzinsliche Wertpapiere	Aktien, Aktienfonds
Geldmarktfonds	Bundesschatzbriefe	Immobilienfonds
	Finanzierungsschätze	Sofort-Rente (Versicherung)
	Bausparen (bei Steuervorteilen, Prämie)	

Sparanlagen und festverzinsliche Wertpapiere

Hohe Sicherheit, geringe Erträge

Die hohe Sicherheit ist das große Plus der festverzinslichen Wertpapiere und Sparanlagen. Geringe, vielfach gar keine Kosten fallen außerdem an für die Verwaltung, also für Konten und Depots. Dafür müssen Sie Abstriche beim Ertrag in Kauf nehmen. Zudem ist die Verfügbarkeit meist eingeschränkt. In einigen Fällen haben Sie keine vorzeitige Kündigungsmöglichkeit und können erst wieder am Ende der Laufzeit auf Ihr Geld zugreifen. Besteuert werden die Zinsen, wenn Sie den Sparerfreibetrag überschreiten. Achtung: Der Sparerfreibetrag für Erträge aus Kapitalanlagen beträgt 801 Euro für Alleinstehende und 1602 Euro für Ehepaare (ab 2009). Den Werbungskostenpauschbetrag gibt es nicht mehr.

Kurzfristig können Sie Gelder anlegen als

- Tagesgeld, über das Sie täglich verfügen können. Flexibel sind Sie auch bei den Einzahlungen; teilweise werden jedoch Mindestsummen bis zu mehreren Tausend Euro verlangt. Die Zinsen liegen mit ca. 2,5 bis 3,5 Prozent (Stand Februar 2009) oberhalb des Sparbuchzinses, können sich aber ebenfalls täglich ändern;
- Termin-/Festgeld, bei dem Sie einen Geldbetrag für eine bestimmte Dauer anlegen. Vor Ende der vereinbarten Laufzeit können Sie daher nicht über das Geld verfügen. Die Zinshöhe steigt in der Regel bei längeren Laufzeiten und höheren Anlagebeträgen, unterscheidet sich jedoch derzeit kaum vom Tagesgeld. Dafür ist der Zins für die gesamte Anlagedauer unveränderlich.

Für die mittel- und langfristige Anlage können Sie wählen zwischen Einmalanlagen und längerfristigen Sparplänen sowie zwischen Angeboten von Banken und der öffentlichen Hand, teilweise auch der Industrie.

Die Einmalanlage bietet sich bereits für Beträge ab einigen Hundert Euro an:

- Sparbriefe der Banken und Sparkassen, mit denen Sie Ihre Gelder für ein bis zehn Jahre binden. Für eine Laufzeit von vier Jahren können Sie über 4,5 Prozent Zinsen erzielen (Stand Feb. 2009). Die Auszahlung der Zinsen erfolgt entweder jährlich oder bei Ablauf (auf- oder abgezinste Sparbriefe).
- Finanzierungsschätze des Bundes, bei denen Sie das Geld für ein bis zwei Jahre festlegen und über zwei Prozent Zinsen erhalten (Stand Feb. 2009).
- Bundesschatzbriefe, die wie die Finanzierungsschätze zu den Bundeswertpapieren gehören, jedoch entweder sechs (Typ A) oder sieben Jahre (Typ B) laufen. Für die Bundesschätze gilt eine einjährige Kündigungssperre, danach können sie mit Einschränkungen jederzeit zurückgegeben werden. Da der Zinssatz jährlich steigt, kommen Sie bei vorzeitiger Rückgabe aber nicht in den Genuss der höchsten Verzinsung. Wer bis zum Ende durchhält, kann mit einer Rendite um 2,5 Prozent rechnen (Stand Feb. 2009). Einmalanlage oder regelmäßiges Sparen ist bereits ab 52 Euro möglich.

Um regelmäßig kleinere Beträge zu sparen, kommen folgende Alternativen in Betracht:

- die Sparpläne der Banken und Sparkassen, die in zahlreichen Varianten erhältlich sind. So reichen die Laufzeiten von einem bis zu über 20 Jahren. Alternativ können Mindestlaufzeiten vereinbart werden. Ein Vergleich wird durch unterschiedliche Regelungen und Kombinationen bei Zinsen und Boni erschwert. Angeboten werden feste, variable und jährlich steigende Zinsen sowie die Zahlung von Boni unter bestimmten Voraussetzungen. Eine vorzeitige Verfügung ist unter Umständen möglich, kann aber zu einem Verlust von Zinsen und Bonuszahlungen führen;

- öffentliche Anleihen (auch als Obligationen, Schuldverschreibungen, Renten bezeichnet), mit denen die öffentliche Hand wie die Bundesrepublik Deutschland oder die Bundesländer ihre Kredite finanzieren. Die Laufzeiten liegen zwischen ein und zehn Jahren, teilweise darüber. Die Zinsen sind meist festgelegt und werden jährlich gezahlt (Nominalzins ca. drei Prozent bei Bundesobligationen, Stand Feb. 2009). Obligationen können aber auch täglich an der Börse verkauft und gekauft werden. Der Kurs wird durch das allgemeine Zinsniveau im Verhältnis zur Verzinsung der Schuldverschreibung beeinflusst. Der vorzeitige Verkauf kann also sowohl zu Verlusten wie auch Gewinnen führen. Kein Kursrisiko besteht, wenn die Anleihe bis zum Ende der Laufzeit gehalten wird, denn dann wird das eingesetzte Kapital vollständig zurückgezahlt;
- Bank-, Industrie- und Auslandsanleihen (= Pfandbriefe, Inhaberschuldverschreibungen) bieten meist eine bessere Rendite als öffentliche Anleihen, sind allerdings auch risikoreicher. Vor allem bei Industrieobligationen und Auslandsanleihen sollten Sie sich daher anhand der Veröffentlichungen der Rating-Agenturen wie Standard & Poor's informieren, wie das Unternehmen bewertet wird, das die Schuldverschreibung herausgibt.

- Lassen Sie sich nicht von hohen Endbeträgen, Nominalzinsen, Bonuszahlungen oder allgemeinen Versprechungen wie überdurchschnittliche Verzinsung locken. Vergleichen Sie immer die jährliche Rendite für eine bestimmte Laufzeit und die gleiche Summe. Bevorzugen Sie Angebote, bei denen die Höhe der Zins- und Bonuszahlungen eindeutig festgelegt ist.
- Als Grundregel gilt, dass Sie länger laufende Anlagen nur in Zeiten hoher Zinsen erwerben, anderenfalls kürzere Laufzeiten bevorzugen sollten.
- Vermeiden Sie lange Bindungen. Legen Sie sich nur für Zeiträume fest, bei denen Sie die Entwicklung mit hoher Wahrscheinlichkeit überblicken können.
- Bundeswertpapiere können Sie kostenlos bei der Deutschen Finanzagentur in Frankfurt/Main (frühere Bundeswertpapierverwaltung) erwerben und verwalten lassen.
- Wer sich ausführlich über festverzinsliche Anlagen informieren will, findet wichtige Hinweise in Ratgebern der Stiftung Warentest und im Internet bei der Deutschen Finanzagentur (www.deutsche- finanzagentur.de).
- Sie sollten sich außerdem Informationen bei verschiedenen Kreditinstituten einholen.

Aktien

Gute Erträge, höhere Risiken

Mit Aktien kaufen Sie Anteile an einem Unternehmen. Sie werden Miteigentümer und sind sowohl an Gewinnen als auch an den Verlusten beteiligt. Das haben Aktionäre nach den Höhenflügen Ende der 1990er und den darauffolgenden Abstürzen der Börsen leidvoll erfahren. Viele Anleger scheuen daher weitere Aktienkäufe.

Untersuchungen zeigen aber, dass eine gut gestreute Aktienanlage vor allem auf längere Sicht bessere Renditen bringt als festverzinsliche Papiere. Die Kehrseite: Sie müssen dabei mit erheblichen Schwankungen rechnen. Dies gilt sowohl für die jährliche Gewinnausschüttung, die Dividende, als auch für die Kursänderungen. Die Dividende hängt ab von der Ertragslage und kann in schlechten Jahren ganz wegfallen. Der Kurswert spiegelt im Wesentlichen unternehmensbezogene Faktoren wie Erträge, Vermögenswerte und langfristige Markterwartungen wider. Der Kurs wird durch Angebot und Nachfrage bestimmt. Dabei können auch Gesichtspunkte wie die Branchen- oder volkswirtschaftliche Entwicklung, Währungsschwankungen, politische Rahmenbedingungen bis hin zu Börsengerüchten und Unternehmensmitteilungen eine Rolle spielen.

Mit Einführung der neuen Abgeltungssteuer 2009 werden Dividendenausschüttungen und Kurswertsteigerungen bei Verkauf einheitlich mit 25 Prozent besteuert. Es gibt keine Spekulationsfrist mehr.

Wer für die Altersvorsorge in Aktien investieren will, sollte nach Möglichkeit in Zeiträumen von zehn Jahren und mehr denken, keinesfalls unter fünf Jahren. Setzen Sie nur auf Aktien, wenn Sie auch bei Kursrückgängen noch gut schlafen können. Eine wesentliche Voraussetzung ist, dass Sie nur Gelder anlegen, auf die Sie nicht kurzfristig angewiesen sind. Anderenfalls können Sie gezwungen sein, bei sinkenden Kursen zu verkaufen. Eine weitere Bedingung ist, dass Sie die Aktien sorgfältig und im Hinblick auf die langfristige Entwicklung auswählen. Dies erfordert, dass Sie sich selbst intensiver mit dem Aktienmarkt befassen und nicht blindlings auf den Rat eines einzigen Beraters hören.

Grundsätzlich gibt es beim Aktienkauf keine Mindestsummen. Aus mehreren Gründen empfiehlt sich jedoch eine Anlagesumme von mindestens 2000 Euro, besser 3000 Euro. Sie sollten bei Aktien keinesfalls »alles auf ein Pferd setzen«, sondern möglichst Ihr Aktieninvestment auf verschiedene Unternehmen, Branchen und Regionen aufteilen. Zehn bis 15 verschiedene Titel bringen eine gute Streuung. Doch je mehr Einzelwerte Sie im Depot haben, desto unübersichtlicher kann es gerade für den Anfänger werden. Für den Start können Sie mit zwei bis fünf Einzelwerten beginnen. Zwar können Sie pro Aktie wenige Hundert Euro investieren, doch Sie sollten dabei sowohl die Depotkosten als auch die Kosten für An- und Verkauf nicht vergessen. Diese sind bei kleinen Stückzahlen überdurchschnittlich hoch, die Gewinnzone wird dadurch oftmals erst spät erreicht. Für den An- und Verkauf berechnen Ihnen die Kreditinstitute An-/ Verkaufsprovision, eventuell Courtagekosten und je nach Ihren Vorgaben unter Umständen auch Limitgebühren, etc.

Fallen diese Kosten zu gering aus, wird auch eine Mindestgebühr für Ihre Order berechnet. Ein Vergleich der Depot- und Ordergebühren lohnt sich allemal.

- → Legen Sie Ihr Geld niemals ausschließlich in Aktien an. Zu einer soliden Altersvorsorge gehören auch Anlageprodukte mit höherer Sicherheit wie festverzinsliche Papiere und Immobilien. Als Faustregel gilt, dass Ihr Aktienanteil maximal 100 abzüglich Ihres Lebensalters betragen sollte.
- → Nutzen Sie mehrere Quellen wie Fachzeitschriften, Wirtschaftszeitungen, verschiedene Fachberater und bilden Sie sich nach Möglichkeit ein eigenes Urteil. Von »todsicheren Tipps« sollten Sie die Finger lassen.
- → Überprüfen Sie die Zusammensetzung Ihres Depots regelmäßig. Behalten Sie genügend Spielraum, um bei niedrigen Kursen kaufen und bei hohen verkaufen zu können. Verzichten Sie gleichzeitig auf häufige Umschichtungen, die vielfach nur der Depotverwaltung hohe Gebühren bringen.
- → Schichten Sie Aktien rechtzeitig um in Anlageformen mit größerer Sicherheit, wenn sich abzeichnet, dass Sie die Gelder benötigen.
- → Bevor Sie ein Depot einrichten, sollten Sie die Gebühren verschiedener Banken für die Depotführung sowie für An- und Verkauf von Aktien vergleichen. Direktbanken oder Discountbroker bieten günstigere Konditionen für die Verwaltung Ihres Aktiendepots. Dafür müssen Sie aber auf die Beratung verzichten.
- → Wer gern in Aktien investieren möchte, aber unsicher ist oder sich nicht intensiv um die Anlage kümmern möchte,

kann auf Alternativen wie Indexzertifikate, Aktienfonds oder Aktienclubs setzen.

→ Einen guten Einstieg in die Anlage mit Aktien bieten Ratgeber der Stiftung Warentest und der Verbraucherzentralen.

Investmentfonds

Vorteile für Kleinanleger

Mit den Börsenturbulenzen sind Aktien in Verruf geraten und so mancher Investmentfonds gleich dazu. Zu Unrecht. Wie für die Aktien gilt auch für Aktienfonds, dass sie nicht nur anhand der letzten Jahre beurteilt werden dürfen. Und die langfristigen Erfahrungen sprechen für sie. Erst recht ist eine generelle Ablehnung der Fonds ungerechtfertigt. Zwar gibt es zweifelsohne Flops, aber gerade für den kleinen Anleger bieten Fonds eine Reihe wichtiger unschätzbarer Vorteile:

- Wem das Fachwissen für die Geldanlage fehlt oder wem die individuelle Geldanlage zu aufwändig ist, kann sich mit einem Investmentfonds ein professionelles Management einkaufen.
- Je nach Risikobereitschaft stehen ganz unterschiedliche Fonds zur Auswahl.
- Im Vergleich zur individuellen Anlage ist vor allem bei kleineren Anlagesummen eine breitere Streuung möglich und eine Investition in Märkte, die für Kleinanleger normalerweise kaum überschaubar und zugänglich sind.

- Investmentfonds sind eine flexible Anlage. Die Anteile können täglich zum aktuellen Kurs verkauft werden. Ein Einstieg in einen anderen Fonds ist ebenfalls jederzeit möglich. Sie können langfristig sparen oder Einmalbeträge anlegen.
- Investmentfonds sind transparenter als Lebensversicherungen. Das Fondsvermögen, also die Gelder der Kunden, muss separat auf einem Treuhänderkonto verwaltet werden und vom Betriebsvermögen getrennt sein. Informationsvorschriften sorgen für besseren Durchblick. So müssen die Kosten für die Verwaltung im Fondsprospekt ausgewiesen werden.
- Zinseinnahmen und Dividenden oberhalb des Freibetrags müssen Sie versteuern, Kursgewinne fallen seit 2009 ebenfalls unter die Abgeltungssteuer.

Als Anleger zahlen Sie entweder einmalig oder regelmäßig in einen Fonds ein und erhalten dafür Fondsanteile. Einzahlen können Sie ab monatlich 25 Euro oder höheren einmaligen Beträgen. Die Fondsgesellschaft (auch Kapitalanlage- oder Investmentgesellschaft) investiert diese Gelder in möglichst gewinnträchtige Anlagen. Wenn alles nach Plan verläuft, steigen der Wert des Fondsvermögens und damit gleichzeitig der Wert der einzelnen Fondsanteile. Umgekehrt kann nicht ausgeschlossen werden, dass es trotz Mischung der Wertpapiere zu Kurssenkungen und Verlusten kommt. Die breite Streuung dient aber dazu, die Schwankungsbreite und das Verlustrisiko zu minimieren.

Fonds für jeden Anlegertyp

Das Ausmaß der Kursschwankungen und das Verlustrisiko hängen außerdem von der Art der Fonds ab, die je nach Ausrichtung in Aktien, festverzinsliche Wertpapiere (Renten), Immobilien, Währungen, Rohstoffe u.a. investieren. Der Schwerpunkt kann auf bestimmten Ländern oder Branchen liegen. Außerdem werden unterschiedliche Mischfonds angeboten, bei denen von defensiver Ausrichtung, also geringem Risiko, bis hin zu offensiver Ausrichtung für spekulative Anleger alles vertreten ist:

- Aktienfonds erwerben unterschiedliche Aktien. Wie bei Aktien sind die Chancen auf eine höhere Rendite, aber auch die Risiken höher als bei anderen Fonds. Dies gilt verstärkt für spezielle Länder- und Regionenfonds oder gar Branchenfonds, die nur in ausgewählte Industriebereiche wie Telekommunikation investieren.
- Rentenfonds legen die Gelder in festverzinsliche Wertpapiere wie Pfandbriefe oder Staatsanleihen an. Sie bringen zwar vergleichsweise geringe Wertsteigerungen, stabilisieren ein Depot aber in Krisenzeiten oder wenn der Sparbetrag in absehbarer Zeit benötigt wird. Möglich ist alternativ eine Direktinvestition in festverzinsliche Anlagen wie Bundeswertpapiere.
- Geldmarktfonds konzentrieren sich auf Tages- und Festgelder, können aber wegen der größeren Anlagesummen bessere Erträge erzielen als Einzelkunden. Für kurzfristige Anlagen sind sie daher eine Alternative zur individuellen Vereinbarung. Voraussetzung ist allerdings, dass die Fondskosten diese Vorteile nicht wieder zunichtemachen.

- Offene Immobilienfonds investieren die eingezahlten Gelder vorwiegend in Immobilien, vor allem in Gewerbeobjekte wie Büro- und Geschäftsgebäude. Eingezahlte Gelder, die noch nicht in eine Immobilie investiert wurden, können z. B. in festverzinslichen Wertpapieren oder Tagesgeldern »geparkt« werden. Je nach Fonds wird national, international oder sogar weltweit investiert. Die Wertzuwächse sind in der Regel moderat.
- Gemischte Fonds verändern ihre Investitionsschwerpunkte je nach Marktlage und können so vor allem das Verlustrisiko begrenzen. Bei guter Börsenlage setzen sie verstärkt auf Aktien, bei Kurseinbrüchen eher auf festverzinsliche Papiere oder parken die Gelder vorübergehend als Tages- und Festgeld. Bei Strategiefonds können Anleger sich von vornherein für eine bestimmte Risikostruktur entscheiden. Bei einem Fonds mit hohem Renten- und geringem Aktienanteil spricht man von konservativen oder defensiven Mischfonds. Die umgekehrte Variante wird als spekulativer oder offensiver Fonds bezeichnet. Sind Aktien und festverzinsliche Anlagen in ungefähr gleichem Ausmaß vertreten, handelt es sich um einen ausgewogenen Fonds. Ein Spezialfall der Mischfonds sind Altersvorsorge-Sondervermögen-Fonds (AS-Fonds), die bisher keine steuerliche Förderung erfahren.
- Dachfonds sind relativ neu auf dem Markt. Sie investieren nicht in einzelne Anlagen wie Aktien oder Immobilien, sondern beteiligen sich an anderen Investmentfonds. Die hohen Erwartungen, die in sie gesetzt wurden, konnten Dachfonds allerdings bisher vielfach nicht erfüllen. Kos-

tengünstiger sind dagegen indexorientierte Fonds, da bei ihnen reduzierte oder sogar keine Ausgabeaufschläge erhoben werden.

Auf die Kosten achten

Geschmälert wird die Rendite der Fonds durch unterschiedliche Kosten. Beim Kauf wird meistens ein Ausgabeaufschlag fällig. Er geht zum Teil an den Vermittler, über den Sie den Fonds erwerben, zum anderen Teil an die Fondsgesellschaft und beläuft sich in der Regel auf etwa fünf Prozent bei Aktien- und offenen Immobilienfonds, zwischen zwei und drei Prozent bei Rentenfonds. Nachlässe können Sie vor allem bei freien Vermittlern aushandeln, die mit mehreren Fondsgesellschaften oder Direktbanken zusammenarbeiten. Im Gegenzug müssen Sie allerdings auf die Beratung entweder ganz verzichten oder zumindest Abstriche machen. Auch No-Load-Fonds verzichten auf den Ausgabeaufschlag, sind dafür aber teurer bei den laufenden Gebühren.

Zu den laufenden Kosten gehören die Verwaltungsgebühren (etwa 1 bis 1,5 Prozent jährlich) und die Kosten der Depotbank. Die Gesamtkostenquote (Total Expense Ratio oder TER) gibt Hinweise zum Anteil der laufenden Kosten, berücksichtigt aber einige Posten wie Erfolgsprämien nicht. Die durchschnittliche TER liegt je nach Fondsart bei zwischen etwa 0,7 Prozent und 1,6 Prozent und schwankt im zeitlichen Ablauf. Aktuelle Zahlen können Sie den Jahresberichten der Fonds entnehmen, Durchschnittszahlen beim Bundesverband Investment und Asset Management (www.bvi.de) in Erfahrung bringen.

- → Klären Sie Ihre Renditeerwartungen und vor allem Ihre Risikobereitschaft. Nur bei einem langfristigen Anlagehorizont und wenn Sie sicher sind, dass Sie auch bei länger andauernden Kursverlusten nicht die Ruhe verlieren, sollten Sie in riskantere Anlageformen wie Aktienfonds einsteigen.
- → Bei der Auswahl eines Fonds können Sie sich zunächst an den unterschiedlichen Fondsarten wie Aktien- oder Mischfonds orientieren.
- → Eine Hilfe bei der Risikoabschätzung ermöglichen detailliertere Bewertungen wie die Chance-Risiko-Klassen seriöser Fachzeitschriften.
- → Eine gute Informationsquelle ist auch der Bundesverband Investment und Asset Management (www.bvi.de), der regelmäßig Ergebnislisten veröffentlicht, mit denen Sie sich kostenlos über die Entwicklung (»Performance«) von Fonds informieren können.
- → Orientieren Sie sich beim Renditevergleich nicht an der Wertentwicklung des letzten Jahres, sondern vergleichen Sie möglichst Zeiträume von fünf Jahren und mehr. Eine Prognosegarantie sind positive Ergebnisse in der Vergangenheit aber keineswegs. Kontrollieren Sie Ihre Fonds daher regelmäßig.

Immobilien und Bausparen

Wichtige Säule der Altersvorsorge

Immobilien sind eine wichtige Säule der Altersvorsorge. Wer im Alter keine Miete bezahlen muss, kann Einkommenseinbußen leichter ausgleichen. Mit einer vermieteten Wohnung kann die Rente durch die Mieteinnahmen aufgebessert werden. Voraussetzung sind allerdings ein angemessenes Eigenkapital und ein ausreichendes Einkommen zur langfristigen Tilgung der Kreditraten.

Wohnen im Eigenheim – mietfrei im Alter, aber inflexibel

Über 40 Prozent der Deutschen haben ihren Traum vom Eigenheim in die Tat umgesetzt. Statt hoher Mieten zahlen sie lieber den Kredit für das eigene Heim ab. Neben den finanziellen Vorteilen spielen oft noch andere Kriterien wie der Wunsch nach Sicherheit und persönlichem Freiraum eine wichtige Rolle. Genaue Vergleiche zwischen Kauf und Miete sowie mit anderen Geldanlagen werden daher vielfach gar nicht angestellt. Dabei muss sich das Wohneigentum als Geldanlage nicht verstecken, darf aber auch nicht unkritisch gesehen werden.

Meist stimmt es, dass der Eigentümer auf lange Frist besser fährt als der Mieter. Weil viele Unbekannte mitspielen, ist eine genaue Vorausberechnung aber kaum möglich. Ob sich das Eigenheim rechnet, hängt ab von Faktoren wie

- dem Preis der Immobilie, einschließlich der Instandhaltungskosten, im Vergleich zur Miete für ein vergleichbares Objekt,

- der Höhe des Eigenkapitals im Verhältnis zur Verzinsung dieses Kapitals in einer anderen Geldanlage,
- der Höhe der Darlehenszinsen und dem Zeitraum für die Tilgung,
- der möglichen Wertsteigerung der Immobilie,
- dem Anspruch auf öffentliche Fördergelder, Länderprogramme oder andere zinsgünstige Darlehen und
- Steuervorteilen.

Selbst kleinere Änderungen bei den Zinssätzen oder beim Eigenkapital können das Ergebnis rasch verändern.

Ein großes Plus ist die hohe Sicherheit des Eigenheims. Bei guter Lage, Qualität und angemessenem Kaufpreis können Immobilienbesitzer mit langfristigen Wertsteigerungen rechnen. Als Sachwertanlage ist das Wohneigentum zudem weitgehend vor Preissteigerungsverlusten sicher. Hinzu kommt der Schutz vor Wohnungskündigung und Mietsteigerungen.

Attraktiv ist die steuerliche Behandlung von Wohneigentum. Erträge wie die Mietersparnis, der Wertzuwachs oder staatliche Zulagen sind steuerfrei.

Ganz ohne Risiko ist das Eigenheim allerdings nicht. Zum einen können Immobilienpreise sinken; die Schwankungen waren bisher jedoch deutlich geringer als bei Anlagen wie Aktien. Oder Sie haben einen überhöhten Preis gezahlt, den Sie beim Verkauf nicht mehr realisieren können. Probleme kann es außerdem geben, wenn die Finanzierung auf unsicheren Füßen steht und das Haus rasch verkauft werden muss, weil die Raten nicht mehr bezahlbar sind. Auch wer die Immobilie bei Scheidung, Arbeitslosigkeit, Krankheit oder aus anderen Gründen unter Druck veräußert, muss mit Verlusten rechnen. Bei einem vorzeitigen Verkauf verlangt die Bank zudem eine Vorfälligkeitsentschädigung für die vorgezogene Tilgung des Kredits. Auch eine ungünstige Lage oder negative Standortveränderungen wie der Bau neuer Straßen oder eine Gewerbeansiedlung können sich nachteilig auf die Wertentwicklung auswirken.

Ein großer Nachteil von Wohneigentum ist die geringe Flexibilität. Oft ist ein wesentlicher Teil des Vermögens im Haus gebunden und steht für andere Ausgaben, Geldanlagen und eine andere Form der Altersvorsorge nicht zur Verfügung. Wer schnell Bargeld benötigt, hat schlechte Karten. Denn ein Verkauf oder auch eine Hypothek aufs Haus benötigen Zeit. Ganz oder gar nicht – eine teilweise Veräußerung der Immobilie ist nicht möglich. Wer einen kleineren Betrag an Bargeld benötigt, kann allenfalls eine (zusätzliche) Hypothek aufnehmen. Wer ein Haus oder eine Eigentumswohnung kauft, sollte daher sicher sein, dass er das Geld für einen längeren Zeitraum nicht benötigt.

Vielfach nicht bedacht wird der hohe Zeitaufwand, sei es für die Suche nach der geeigneten Immobilie, für die Überwachung der Bauarbeiten, den Abschluss von Verträgen und die laufende Instandsetzung, die negativ zu Buche schlagen. Außerdem bringen Immobilien bei guten Börsenphasen im Vergleich zu Aktien oder Fonds geringere Erträge.

→ Einen Excel-Rechner, mit dem Sie berechnen können, ob mieten oder kaufen für Sie die günstigere Alternative ist, können Sie z. B. auf der Website der Stiftung Warentest finden.

→ Kalkulieren Sie nicht zu knapp. Ihr Eigenkapital sollte mindestens 20 Prozent des Kaufpreises oder der Baukosten betragen. Setzen Sie die Eigenleistungen realistisch an. Prüfen Sie, ob Sie die monatlichen Raten langfristig tragen können. Berücksichtigen Sie dabei, dass sich die Belastungen erhöhen, wenn Förderungen wegfallen und falls sich die Zinsen zu einem späteren Zeitpunkt erhöhen.

→ Schreiben Sie niedrige Zinsen möglichst langfristig fest. Erkundigen Sie sich nach Fördermitteln, zum Beispiel wenn Sie bestimmte Einkommensgrenzen nicht überschreiten oder Kinder haben.

→ Tilgen Sie möglichst rasch, wenn Sie über ausreichend Mittel verfügen. Lassen Sie sich im Kreditvertrag ein Recht auf Sondertilgung auch bei festen Zinssätzen zusichern, wobei hier oftmals ein Zuschlag gezahlt werden muss.

→ Achten Sie bei Eigentumswohnungen auf die Höhe des Wohngeldes, mit dem gemeinschaftliche Kosten, etwa für Verwaltung, Hausmeister oder Aufzug, umgelegt werden.

→ Achten Sie auf eine gute Lage, selbst wenn Sie die Absicht haben, bis an Ihr Lebensende im eigenen Heim zu bleiben. Denn falls Sie später verkaufen wollen, ist dies eine wesentliche Voraussetzung dafür, dass Sie keine Verluste realisieren müssen.

→ Die Immobilie sollte bei Rentenbeginn schuldenfrei sein.

→ Tipps und Informationsmaterialien rund um das kostengünstige und qualitätsbewusste Bauen sowie staatliche Hilfen für Bauherren und Käufer erhalten Sie beim Kompetenzzentrum kostengünstig qualitätsbewusst Bauen (www.kompetenzzentrum-iemb.de).

Vermietete Objekte – Mieteinnahmen durch sorgfältige Objektauswahl sichern

Auch Mietobjekte werden als sichere Altersvorsorge angepriesen. Grundsätzlich gelten ähnliche Überlegungen wie beim Eigenheim. Allerdings liegt das Hauptaugenmerk auf den Anlageaspekten wie Rendite, Sicherheit und Liquidität.

Die Rendite ergibt sich aus der Netto-Mietrendite, Wertsteigerungen und Steuervorteilen. In günstigen Fällen kann sie bei sechs Prozent liegen. Bei der Mietrendite müssen Sie von der Jahreskaltmiete die Kosten abziehen, die Sie nicht auf die Miete umlegen, und diesen Nettoertrag zu den Gesamtkosten in Beziehung setzen, also Kaufpreis plus Nebenkosten wie für Makler und Notar. Außerdem müssen Sie die Kreditkosten berücksichtigen. Entscheidend sind eine gute Lage und ein attraktives Objekt mit langfristigen Mietaussichten sowie eine sorgfältige Auswahl der Mieter, um das Risiko eines Mietausfalls zu verringern. Nicht vernachlässigt werden darf der zeitliche Aufwand für Mietersuche, Verwaltung und Reparaturen der Wohnung (oder die Kosten für eine externe Betreuung).

Bei den Wertsteigerungen und bei der Liquidität gelten vergleichbare Aspekte wie beim Eigenheim. Steuerlich können Sie die Herstellungs- und Anschaffungskosten abschreiben und eine Reihe von Ausgaben wie Instandsetzung, Kreditzinsen, Verwaltungskosten geltend machen. Wer dabei Verluste macht, kann dies mit anderen Einkommensarten verrechnen. Veräußerungsgewinne müssen nur versteuert werden, wenn die Immobilie innerhalb von zehn Jahren wieder verkauft wird.

- → Überhöhte Kaufpreise, unrealistische Prognosen für Mieterträge und Wertsteigerungen können Ihnen einen gründlichen Strich durch die Renditeerwartungen machen. Prüfen Sie daher das Wohnobjekt sorgfältig, damit die finanziellen Vorteile nicht nur auf dem Papier stehen. Dazu gehört eine Besichtigung der Immobilie.
- → Noch mehr als beim Eigenheim müssen Sie auf eine gute Lage achten und dabei die Perspektiven der Region einbeziehen.
- → Setzen Sie den Fremdkapitalanteil nicht zu hoch an. Denn Sie müssen für Kreditzinsen auch aufkommen, wenn die Mieteinnahmen ganz oder geringer ausfallen als geplant.
- → Planen Sie langfristig, wenn Sie die Immobilie wieder verkaufen wollen, damit Sie nicht in einem übersättigten Markt mit Verlust verkaufen müssen.

Geschlossene Immobilienfonds – Nur für erfahrene Anleger

Mit geschlossenen Immobilienfonds werden Gewerbeobjekte wie Bürokomplexe, Hotels und Einkaufscenter finanziert. Die Fonds-Initiatoren planen eine begrenzte Zahl an Immobilienobjekten und sammeln hierfür Geld bei den Anlegern. Sobald die benötigte Investitionssumme zusammengekommen ist, werden keine weiteren Einzahlungen mehr angenommen. Der Fonds wird geschlossen. Die Anleger sind Miteigentümer und werden an den Gewinnen, aber auch Verlusten aus der Vermietung beteiligt. Die Anteile sind über einen langen Zeitraum gebunden, teilweise bis zu 20 oder 30 Jahren. Ein vorzeitiger Ausstieg ist in der Regel mit Verlusten verbunden. Der Ertrag ist normalerweise besser als bei Wohngebäuden. Gleichzeitig sind die Risiken höher. Im schlimmsten Fall kann die gesamte Einlage bei einem Konkurs verlorengehen.

→ Eine Investition in geschlossene Immobilienfonds ist nur für erfahrene Anleger geeignet.

Bausparen – In vielen Fällen vorteilhaft

Bausparen hat traditionell einen wichtigen Platz bei der Immobilienfinanzierung. Zunächst sparen künftige Bauherren einige Jahre an. Dafür erhalten Sie niedrige Sparzinsen von etwa 1 bis 1,5 Prozent. Zudem werden Abschlussgebühren von mindestens einem Prozent und teilweise Kontoführungsgebühren fällig. Sobald bestimmte Voraussetzungen wie ein Mindestguthaben, eine sogenannte Bewertungszahl und die Mindestansparzeit erreicht sind, wird dem Bausparer einige Monate später sein Vertrag zugeteilt. Er kann dann ein günstiges Darlehen für die Hausfinanzierung in Anspruch nehmen. Die Zinshöhe wird schon zu Beginn des Vertrages garantiert. Normalerweise liegt er unter den Zinssätzen der Banken. In Phasen niedriger Zinsen wie zurzeit kann sich dieses Verhältnis aber eventuell umkehren.

Ein Bausparvertrag kann aber selbst dann sinnvoll sein. Banken verlangen meist einen Zinsaufschlag, wenn mehr als 60 Prozent des Beleihungswerts oder kleinere Beträge über Kredit finanziert werden sollen. Bausparkassen dagegen berechnen Einheitszinsen bis zu 80 Prozent des geschätzten Werts. Teurer wird es bei den Banken auch, wenn der Kredit nicht an erster Stelle im Grundbuch eingetragen wird.

Bausparkassen begnügen sich dagegen mit einer so genannten Nachrangfinanzierung, also einer Absicherung des Darlehens an zweiter oder dritter Stelle im Grundbuch. Die erste Stelle bleibt dann für den Bankkredit.

Je höher die Bausparsumme ist, desto länger dauert es im Prinzip bis zur Zuteilung. Außerdem wirkt sie sich auf die Tilgungsraten aus. Da ein Bauspardarlehen normalerweise in einem kurzen Zeitraum von sieben bis elf Jahren abgezahlt werden muss, können bei größeren Darlehenssummen hohe monatliche Belastungen entstehen.

→ Rechnen Sie genau durch, ob und in welcher Höhe sich ein Bausparvertrag für Sie lohnt. Vergleichen Sie, welche Bausparkasse die passendsten Konditionen für Sie bietet. Informationen und Rechenhilfe gibt es bei den Verbraucherzentralen und der Stiftung Warentest.

→ Vereinbaren Sie keine höhere Bausparsumme, als Sie benötigen und abzahlen können. Sie erhöhen damit nur die Provision des Vermittlers.

→ Lassen Sie sich einen Spar- und Tilgungsplan erstellen, der den voraussichtlichen Zuteilungstermin enthält. Achten Sie darauf, dass die Zuteilung des Bausparvertrags und der Baubeginn oder geplante Kauftermin zeitlich eng beieinanderliegen.

Kredittilgung durch eine Kapitallebensversicherung

Bei dieser Form der Immobilienfinanzierung wird die gesamte Darlehenssumme bei Ablauf des Darlehens fällig. Das Darlehen soll auf einen Schlag mit der Ablaufleistung einer Kapitallebensversicherung, welche parallel angespart wurde, bezahlt werden.

Diese Finanzierungsform hat jedoch Tücken:

- Weil einerseits ein Darlehen aufgenommen wird und andererseits in einen Sparvertrag parallel eingezahlt wird, muss sich dies immer dann als problematisch erweisen, wenn der Kredit einen vermeintlich höheren Effektivzins aufweist als die tatsächliche Rendite des angesparten Kapitallebensversicherungsvertrages.
- Wenn die prognostizierte Rendite nicht erwirtschaftet wurde, kann die versprochene Ablaufleistung nicht eingehalten werden. Am Ende könnten Zehntausende Euro zur Finanzierung fehlen.
- Die Steuerpolitik wirkt massiv auf das Ergebnis ein, denn seit 2005 müssen die Erträge aus Lebensversicherungen zur Hälfte besteuert werden. Liegt der Ertrag dann über den geltenden Freibeträgen, kann sich die Rendite der Lebensversicherung nochmals erheblich verschlechtern.
- Da der Kredit während der Laufzeit nicht getilgt wird, muss über die gesamte Laufzeit die volle Darlehenssumme verzinst werden. Wer sich etwa für eine zehnjährige Zinsbindung entscheidet, geht das Risiko der Zinserhöhung, bezogen auf die gesamte Darlehenssumme, ein.

- Probleme entstehen auch dann, wenn der Kunde, aus welchen Gründen auch immer, vorzeitig aus der Finanzierung aussteigt. Denn bei der Kündigung des Lebensversicherungsvertrages wird nur der sogenannte Rückkaufswert ausgezahlt.

Private Lebens- und Rentenversicherungen

Nur selten geeignet für die Altersvorsorge

Die private Lebens- und Rentenversicherung wird oft als »dritte Säule« im Alterssicherungs-System angepriesen, als wichtige Ergänzung zur gesetzlichen Rentenversicherung und der betrieblichen Altersvorsorge. Die hohe Zahl abgeschlossener Verträge macht deutlich, dass die offensive Werbung in der Vergangenheit Früchte getragen hat. Nur wer sich bester Gesundheit erfreut und auf eine mindestens zwanzigjährige Rentenauszahlungszeit hoffen kann, für den kann eine Privatrente sinnvoll sein (vgl. dazu Kapitel »Lebensversicherungen und private Rentenversicherung«, S. 230). Vorteilhafter sind meist die anderen, in diesem Kapitel beschriebenen Formen der Geldanlage:

- Die Renditen bei Lebens- und Rentenversicherungen sind mäßig, weil keineswegs der gesamte Beitrag, sondern nur ein Teil davon gespart wird und der angepriesene Garantiezins von 2,25 Prozent (Stand 2009) damit nur einer effektiven Jahresrendite von etwa einem Prozent entspricht. Die Preissteigerung reduziert die tatsächliche Rendite weiter.

- Versicherte erfahren nach der aktuellen Rechtslage nicht, welcher Anteil des Beitrags gespart wird, die Rendite bleibt daher unklar.
- Erträge und Überschüsse, die zu 90 Prozent den Versicherten gutgeschrieben werden müssen, können z. B. durch Querverrechnungen reduziert werden. Im Endergebnis kommt daher nur ein Teil bei den Versicherten an.

Die beworbenen Steuervorteile lösen sich – nicht erst seit den Einschränkungen Anfang 2005 – rasch in Luft auf. Auch bei Grundbesitz, Aktien und Fondsanteilen können Sie einen Großteil der Erträge steuerfrei verbuchen. Auch wer unterhalb des Sparerfreibetrags von jährlich 801 (für Alleinstehende) bzw. 1602 Euro (für Verheiratete) bleibt, zahlt keinen Cent an das Finanzamt.

→ Statt in Versicherungen sollten Sie für die Altersvorsorge lieber in flexible, ertragreichere und steuerfreie oder steuergünstige Anlagen wie einen passenden Investmentfonds oder eine Immobilie investieren.

Teil 2

Versichertenrechte

15. Richtig informieren und versichern – aber wo?

Die »kostenlose Beratung« der Versicherungsvermittler

Der freundliche Versicherungsvertreter, oft ein netter Kollege oder ein guter Bekannter, bietet ein Gespräch an, um den Versicherungsbedarf zu analysieren und die Lücke bei der Altersvorsorge zu bestimmen. Alles soll ganz unverbindlich sein – und obendrein noch kostenlos. Wer will da schon Nein sagen?

Was der Vermittler nicht verrät, ist, dass seine »Beratung« keineswegs kostenlos ist. Beim Abschluss eines Vertrages erhält er Abschluss- und Folgeprovisionen. Sie sind in die Prämien eingerechnet und werden daher von den Versicherten bezahlt. Dabei können je nach Versicherungsart und Vertragsdauer ganz unterschiedliche Provisionen fällig werden:

- Für Sach-, Haftpflicht- und Unfallversicherungen erhält der Vermittler eine einmalige Abschlussprovision zwischen 10 und 15 Prozent der ersten Jahresnettoprämie für eine Vertragslaufzeit von einem Jahr. Für einen dreijährigen Vertrag dagegen werden schon bis 50 Prozent fällig. In den Folgejahren werden Bestandspflegeprovisionen im Bereich von 10 bis 15 Prozent geleistet. Eine Sonderregelung gibt es für Makler (vgl. nächste Seite), die nicht an ein bestimmtes Versicherungsunternehmen gebunden sind und vielfach keine langfristigen Verträge vermitteln. Sie erhalten laufende Courtagen zwischen 20 und 25 Prozent.

- Bei Personenversicherungen wie Lebens-, Renten- und Krankenversicherungen erhalten Vermittler meist nur eine einmalige Provisionszahlung. Bei Kapitallebensversicherungen sind dies ca. vier Prozent des Beitrags, aber bezogen auf die gesamte Laufzeit des Vertrages, bei Krankenversicherungen etwa sechs bis acht Monatsbeiträge.

Dass so mancher Vermittler nach der Devise handelt, »Wer leben will, bringt ›Leben‹« (also eine Kapitallebens- oder Rentenversicherung), ist aufgrund dieser Zahlen leicht nachvollziehbar. Dass er an möglichst langfristigen Verträgen interessiert ist, ist ebenfalls verständlich. Außerdem wird er versucht sein, bei jedem Kunden möglichst viele und vor allem neben Sach- auch Personenversicherungen zu verkaufen, um die durchschnittlichen Provisionen beim jeweiligen Kunden zu erhöhen.

→ Verlassen Sie sich nicht auf den Rat eines einzigen Versicherungsvermittlers oder Anbieters von Altersvorsorgeprodukten. Verzichten Sie nach Möglichkeit auf Vertreterbesuche und informieren Sie sich möglichst breit und aus unabhängigen Quellen wie dem Bund der Versicherten, den Verbraucherzentralen oder Versicherungs- und Rentenberatern, die Sie entgeltlich und ohne Provisionsinteresse beraten. Merke: Nichts ist umsonst! Gute Beratung hat ihren Preis.

→ Unter den Vermittlern bieten Makler, die nicht an ein bestimmtes Versicherungsunternehmen gebunden sind, eher die Gewähr für eine verbraucherorientierte Betreuung als Ein-Firmen- oder Mehrfachagenten, die nur die Produkte einer oder weniger festgelegter Versicherungsgesellschaften vertreiben. Aber bedenken Sie, dass auch bei Maklern die Provisionshöhe bei der Empfehlung für ein bestimmtes Produkt eine Rolle spielen kann. Keinesfalls gefeit gegen schlechte Beratung sind Sie bei den Banken und Sparkassen, die ebenfalls nur die eigenen Verträge an Frau und Mann bringen wollen, deren Angestellte Vorgaben haben und nicht frei von Provisionsinteressen sind.

Bund der Versicherten

Der Bund der Versicherten e.V. (BdV) ist eine unabhängige bundesweit tätige Verbraucherschutzorganisation, die 1982 gegründet wurde. Sein Ziel ist es, die Interessen der Versicherten zu vertreten, Verbraucher unabhängig zu informieren und die Missstände im Versicherungswesen zu beseitigen. Der Verein finanziert sich allein durch seine über 50000 Mitglieder und wird von den Finanzbehörden als gemeinnützig anerkannt.

Der Bund der Versicherten gibt kostenlose Informationsmaterialien wie die Broschüre »Gut und günstig versichert« und Merkblätter von A wie Auslandsreisekrankenversicherung bis Z wie Zahnzusatzversicherungen heraus (eine vollständige Liste der Merkblätter finden Sie im Anhang). Außerdem bietet der BdV online unter www.bundderversicherten.de umfangreiche Informationen zu privaten Versicherungen und informiert die Öffentlichkeit durch aktive Pressearbeit.

Die Mitglieder zahlen einen jährlichen Mitgliedsbeitrag von 40 Euro (bis zur Vollendung des 25. Lebensjahres 20 Euro) und erhalten aktuelle Versicherungsinformationen in der BdV-Mitgliederzeitung sowie individuellen Versicherungs- und Rechtsrat von den Juristen und Versicherungsberatern des BdV. Sie können sich außerdem günstig und provisionsfrei über die BdV-Gruppenversicherungen versichern und dabei viel Geld sparen.

Um Verbraucherinteressen im Versicherungs(un-)wesen durchzusetzen, führt der BdV eine Vielzahl von Verbandsklageverfahren bis hin zu den höchsten deutschen Gerichten. Daneben wird der BdV an Gesetzgebungsverfahren beteiligt und ist auf EU-Ebene, bei Ministerien, dem Aufsichtsamt und Gerichten als qualifizierte Interessenvertretung der Versicherten anerkannt. Die wissenschaftliche Diskussion wird durch einen wissenschaftlichen Beirat, eine eigene wissenschaftliche Schriftenreihe »Versicherungswissenschaftliche Studien« im Nomos-Verlag und die jährlichen BdV-Wissenschaftstagungen gefördert.

Verbraucherschutzorganisationen

Eine wichtige Informationsquelle für Versicherte sind die öffentlich geförderten Verbraucherzentralen und die Stiftung Warentest (Adressen siehe Anhang). Die Verbraucherzentralen veröffentlichen Ratgeber und Broschüren zu speziellen Versicherungsthemen und zur Altersvorsorge. Die Stiftung Warentest untersucht regelmäßig Geldanlage- und Versicherungsangebote. Die Testergebnisse sowie Verbrauchertipps werden in den monatlichen Zeitschriften Test und FINANZtest sowie online unter www.stiftung-warentest.de veröffentlicht. Außerdem können Sie dort gegen ein Entgelt einen individuellen Versicherungsvergleich anfordern.

In den Beratungsstellen der Verbraucherzentralen können Verbraucher Fachinformationen in der Infothek gegen eine geringe Nutzungsgebühr einsehen. Zusätzlich angeboten werden ausführliche persönliche Versicherungsberatungen, für die unterschiedliche Gebühren berechnet werden. Telefonische Auskünfte werden vielfach über kostenpflichtig Nummern erteilt. Online können aktuelle Verbrauchertipps abgerufen werden.

Versicherungs- und Rentenberater

Gewähr für unabhängige Beratung bieten auch die gerichtlich zugelassenen Versicherungs- und Rentenberater, die jeweils in Bundesverbänden zusammengeschlossen sind (www.bvvb.de und www.rentenberater.de). Im Gegensatz zu Versicherungsvertretern und Maklern dürfen sie keine Versicherungen vermitteln und erhalten daher auch keine Provisionen von den Versicherungsgesellschaften. Aus diesem Grund muss der Kunde für die Beratung ein Honorar zahlen. Ein Teil der Berater rechnet pauschal ab, andere nach Stunden mit Sätzen von etwa 100 bis 150 Euro.

»Ein-Firmen-Vertreter« und Mehrfachagenten

Die meisten Verträge werden über Ein-Firmen-Vertreter abgeschlossen. Das sind die klassischen Versicherungsvertreter, die nur Angebote eines einzigen Versicherungsunternehmens vertreiben und von dort ihre Provisionen, manchmal ein Grundgehalt beziehen. Bis 2007 durfte jeder Versicherungen verkaufen, besondere Qualifikationen waren nicht erforderlich. Das Spektrum reicht daher bisher von gelernten Versicherungskaufleuten bis hin zu Nebenberuflern, die einen ganz anderen Beruf ausüben und nur in ihrer Freizeit Versicherungen verkaufen. Ihr Wissen haben sie sich vielfach in Schnellkursen von ein paar Tagen angeeignet, bei denen der Schwerpunkt zudem weniger auf Fachwissen, dafür umso mehr auf Verkaufstricks liegt. Eine bedarfsgerechte Beratung ist hier kaum angestrebt. Seit Mai 2007 benötigen Versicherungsvermittler eine Erlaubnis (§ 34d Gewerbeordnung), die widerrufen oder zurückgenommen werden kann. Sie ist an einen Sachkundenachweis gebunden. Zuständig ist die Industrie- und Handelskammer. Aufgrund einer hohen Zahl von Ausnahmen von der Erlaubnispflicht bleibt abzuwarten, ob die neue Regelung Verbesserungen der Beratung durch Vermittler bringt.

Sofern Vermittler falsch beraten, haften sie in der Regel nicht selbst, sondern die Versicherungsgesellschaft. Bisher mussten die schlecht beratenen Versicherungskunden vor Gericht nachweisen, welche Aussagen oder Zusagen der Vertreter gemacht hat. Das war vielfach kaum möglich. Abhilfe soll nun die gesetzliche Verpflichtung des Vermittlers bringen, den Kunden zu beraten und dies zu dokumentieren (§ 61 Absatz 1 VVG). Ob hieraus tatsächlich eine Verbesserung der Beweissituation erwächst, bleibt abzuwarten.

Mehrfachagenten arbeiten für mehrere Versicherungsgesellschaften. Ansonsten sind sie im Status mit den Ein-Firmen-Vertretern vergleichbar.

Strukturvertriebe

Besonders problematisch sind die Strukturvertriebe. Mit standardisierten Finanz- und Versicherungs-»Analysen« werden angebliche Lücken und Schwachpunkte ausgemacht und auf den Abschluss von Neuverträgen gedrängt – nur allzu oft mit wenig bedarfsgerechten und überteuerten Verträgen. Hinzu kommt, dass Kunden bevorzugt im Verwandten- und Freundeskreis gesucht werden und damit das bestehende Vertrauensverhältnis ausgenutzt wird. Damit wird auch ein Markt- und Prämienvergleich unterbunden. Zusätzlich erzeugt das Provisionssystem Verkaufsdruck. Denn ein Vermittler der untersten Stufe muss einen Teil seiner Provision mit den Vermittlern teilen, die in der Hierarchie über ihm stehen. Nur wer selbst genügend Umsatz gebracht hat, kann aufsteigen und selbst mitkassieren. Die Beratungsqualität steht hinten an. Bekannte Namen sind AWD, OVB, Bonnfinanz oder die Deutsche Vermögensberatung.

Makler

Im Unterschied zu den Versicherungsvertretern vermitteln Makler grundsätzlich Angebote von vielen Versicherungsgesellschaften. Sie können daher das für den Kunden beste Angebot ermitteln. Einige Zusammenschlüsse von Maklern bieten außerdem günstige Konditionen für bestimmte Versicherungen, die sie mit den Versicherungsgesellschaften ausgehandelt haben. Der Makler haftet für die richtige Beratung, die Risikoanalyse des Kunden und die Auswahl des Anbieters. Für eine Falschberatung ist er dem Kunden gegenüber schadenersatzpflichtig. Vielfach verfügt er über eine

Vermögensschaden-Haftpflichtversicherung. Dennoch sollten Sie auch bei einem Makler nicht blind darauf vertrauen, dass Ihnen das optimale Angebot vermittelt wird. Zum einen ist es auch für einen Makler schwierig, den gesamten Markt zu überblicken. Zum anderen besteht auch hier die Verlockung, die Produkte zu vermitteln, die besonders hohe Courtagen abwerfen.

Versicherungsvermittler-Richtlinie

Die Versicherungsvermittler-Richtlinie der EU bzw. deren Umsetzung in deutsches Recht hat den Verbraucherschutz verbessert. Wesentliche Neuerungen sind:

- Die Vermittler müssen eine fachliche Mindestqualifikation nachweisen. Hier gibt es aber Ausnahmeregelungen, zum Beispiel für nebenberufliche Vermittler.
- Vermittler müssen eine Berufshaftpflichtversicherung abschließen. Bei Versicherungsvertretern soll es aber ausreichen, wenn sie eine Haftungsübernahmeerklärung des Versicherungsunternehmens nachweisen, für das sie tätig sind.
- Vermittler müssen sich in einem öffentlichen Register bei den Industrie- und Handelskammern eintragen lassen (www.vermittlerregister.info).
- Der Vermittler muss den Kunden informieren, ob er ein ungebundener Vermittler (Makler) ist oder ein gebundener Vermittler, also ein Ein-Firmen-Vertreter oder Mehrfachagent.
- Bevor ein Vermittler einen Vorschlag macht, muss er die Wünsche des Kunden, den objektiven Bedarf und die Begründung für seine Produktempfehlung dokumentieren.

Internet

Auch online gibt es jede Menge Informationen. Die Qualität ist allerdings höchst unterschiedlich. Vor allem müssen Sie prüfen, wer hinter einem Webauftritt steht. Wenig neutrale Informationen dürfen Sie bei den Versicherungsgesellschaften selbst und ihren Verbänden erwarten. Selbst die Information über die eigenen Angebote lässt so manches Mal an Vollständigkeit und Transparenz zu wünschen übrig. Und wenn bei einem vordergründig unabhängigen Vergleichsrechner für Versicherungen nur ein halbes Dutzend Anbieter berücksichtigt werden, sollten Sie auf diesen »Rat« verzichten. Plattformen, bei denen mehrere Dutzend Angebote miteinander verglichen werden wie www.aspect-online.de, www.fss-online.de oder www.einsurance.de können aber bei der Auswahl eine erste Entscheidungshilfe leisten. Außerdem müssen Sie auf Aktualität achten, da man nicht immer sicher sein kann, dass die eingestellte Information noch korrekt ist.

16. Ihr gutes Versicherungsrecht

Kundeninformation ist Pflicht

Nur wenn Sie als Verbraucher umfassend informiert sind, können Sie die richtige Entscheidung treffen. Deshalb müssen Kunden grundsätzlich schon vor dem Abschluss eines Versicherungsvertrages wichtige Informationen schriftlich erhalten. Dazu gehören

- grundlegende Angaben wie Name, Adresse und Rechtsform der Versicherungsgesellschaft,
- die geltenden Versicherungsbedingungen (das »Kleingedruckte«) und Angaben über Art, Umfang und Zeitpunkt der Leistungen,
- die Laufzeit des Versicherungsverhältnisses,
- die Prämien sowie Angaben über Gebühren und Kosten,
- die Dauer der Antragsbindefrist,
- die Belehrung über das Widerrufs-, Rücktritts- bzw. Widerspruchsrecht,
- die Anschrift der zuständigen Aufsichtsbehörde und Angaben zu vorhandenen Sicherungsfonds.

Die Beratung ist schriftlich zu dokumentieren. Dies bezieht sich nicht nur auf den erteilten Rat selbst, sondern auch auf die Gründe für den Rat. Ein Verzicht des Verbrauchers auf die Beratung ist zulässig, sollte aber im Normalfall nicht erfolgen. Wird die Beratungspflicht verletzt, besteht ein Schadensersatzanspruch gegen den Versicherer und den Vermittler.

Zusätzliche Informationspflichten gelten für Lebens- und Unfallversicherungen mit Prämienrückgewähr. Die Versicherungsunternehmen müssen Auskunft geben, wie hoch die Abschluss- und Vertriebskosten (in Euro) sind, wie die Überschüsse und Überschussbeteiligungen ermittelt werden, wie hoch die Rückkaufswerte sind, wann eine Umwandlung in eine prämienfreie Versicherung möglich ist und welche Leistungen dann gewährt und garantiert werden. Außerdem müssen sie eine Modellrechnung übermitteln und über die geltenden Steuerregelungen informieren. Bei fondsgebundenen Versicherungen müssen Sie erfahren, in welche Fondstypen investiert wird.

Bei der privaten Krankenversicherung muss ausgeführt werden, wie sich der Beitrag in den letzten zehn Jahren entwickelt hat, wie sich steigende Krankheitskosten auf die künftige Beitragsentwicklung auswirken und welche Möglichkeiten bestehen, die Beiträge im Alter zu begrenzen. Außerdem muss darauf hingewiesen werden, dass in fortgeschrittenem Alter eine Rückkehr in die gesetzliche Krankenversicherung in der Regel ausgeschlossen ist.

Ergänzende Informationspflichten gibt es beim Fernabsatz, wenn Sie eine Versicherung ohne persönlichen Kontakt mit einem Vermittler, also ausschließlich im Internet, telefonisch, per Fax oder Brief abschließen.

Aber Achtung: Eine Hintertür wurde den Versicherungsunternehmen offen gelassen. Sie können diese Informationen auch erst später zur Verfügung stellen. Sie haben damit sogar bis zur Zusendung der Versicherungspolice Zeit. Wer nicht aufpasst, erfährt wichtige Vertragsbedingungen daher erst, nachdem er seine Entscheidung längst getroffen hat. Ganz schutzlos sind Verbraucher diesem Treiben allerdings nicht ausgeliefert. Falls Sie sich entscheiden, dass Sie den Vertrag doch nicht abschließen wollen, können Sie den Versicherungsvertrag widerrufen. Dafür haben Sie 14 Tage Zeit. Bei Lebensversicherungen und auch bei Fernabsatzverträgen über Lebensversicherungen und bei Verträgen über die Altersversorgung von Einzelpersonen beträgt die Rücktritts- bzw. Widerrufsfrist dagegen sogar 30 Tage.

Die Informationspflichten bestehen auch während der Laufzeit der Verträge. Versicherte müssen informiert werden

- über Änderungen aufgrund von neuen gesetzlichen Regelungen,
- über den jährlichen Stand der Überschussbeteiligung in der Lebens- und Unfallversicherung mit Prämienrückgewähr,
- bei Versorgungsverhältnissen über die voraussichtlichen Leistungen sowie die Anlagemöglichkeiten, die Struktur des Anlagenportfolios und das Risikopotenzial sowie die Kosten, insbesondere der Vermögensverwaltung,
- in der privaten Krankenversicherung über das Recht zur Umstufung, also dem Wechsel in andere Tarife mit gleichartigem Versicherungsschutz unter Anrechnung der aus dem Vertrag erworbenen Rechte und der Alterungsrückstellung, wenn die Prämien erhöht werden,

– über günstigere Tarife mit vergleichbaren Leistungen sowie den Standard- und Basistarif, wenn Versicherte in der privaten Krankenversicherung über 60 Jahre alt sind.

→ Nutzen Sie die Verbraucherinformation für den Angebotsvergleich.

→ Fordern Sie immer alle Verbraucherinformationen inkl. der Versicherungsbedingungen und des Produktinformationsblattes an, wenn Sie ein Angebot einholen. Falls Sie vergeblich darauf warten, sollten Sie das Versicherungsunternehmen bei Ihrer Wahl nicht berücksichtigen.

Versicherungsbedingungen bestimmen den Leistungsumfang

Vor 1995 waren die Versicherungsbedingungen mehr oder weniger standardisiert. Damit waren auch die Leistungen weitgehend einheitlich. Verbraucher konnten sich daher beim Versicherungsvergleich auf die Prämienhöhe konzentrieren.

Heute gibt es zwar vom Gesamtverband der Versicherungswirtschaft empfohlene Musterbedingungen für die unterschiedlichen Versicherungsarten, daran müssen sich Versicherungsunternehmen jedoch nicht halten. Die Folge ist eine große, oftmals verwirrende Vielfalt an Bedingungen und Tarifen.

Zugegeben, die Lektüre des Kleingedruckten ist mühsam. Sie ist aber wichtig. Denn rechtlich bindend sind die Versicherungsbedingungen, nicht die schönen Hochglanzbroschüren und vollmundigen Versprechungen der Vermittler. Nur im Einzelfall ist es möglich, hieraus später Ansprüche abzuleiten.

Achten Sie vor allem auf folgende Aspekte:

- Welche Leistungen sind in welchem Umfang abgedeckt?
- Wann liegt ein versicherter Schaden vor?
- Welche Ausschlüsse gibt es?
- Welche Pflichten haben Sie als Versicherungsnehmer?
- Welche Angaben müssen Sie als Versicherter machen?

→ Lassen Sie sich vor Unterzeichnung eines Antrages auf jeden Fall auch das Produktinformationsblatt und die Versicherungsbedingungen aushändigen, um eine genaue Vorstellung von den Leistungen und dem übrigen Vertragsinhalt zu erhalten.

→ Lesen Sie die Versicherungsbedingungen in aller Ruhe und vor allem ohne Beisein eines Vertreters.

→ Vergleichen Sie die konkreten Versicherungsbedingungen mit den Musterbedingungen. Die Musterversicherungsbedingungen können Sie beim Bund der Versicherten online abrufen.

→ Prüfen Sie besser zweimal, wenn behauptet wird, dass eine Versicherung teurer sei, weil die Leistungen und Bedingungen besonders gut sind.

→ Achtung: Seien Sie wachsam, wenn Ihnen das Versicherungsunternehmen bei einem bestehenden Vertrag ein neues Vertragsangebot unterbreitet. Der erweiterte Versicherungsschutz dient vielfach nur einer verdeckten Prämienerhöhung oder dem Abschluss eines neuen Langfrist-Vertrages. Solche Angebote sollten Sie besonders kritisch prüfen.

Versicherungsvertragsrecht

Vertrags- und Versicherungsbeginn sind nicht identisch

Wenn Sie schriftlich einen Versicherungsantrag gestellt haben, kommt der Vertrag zustande, sobald das Annahmeschreiben des Versicherungsunternehmens oder die Police bei Ihnen eintrifft.

Der Beginn des Versicherungsschutzes fällt aber oft nicht mit dem Vertragsbeginn zusammen. Meist enthält der Versicherungsschein eine Datumsangabe zum Versicherungsbeginn. In einigen Fällen wie Rechtsschutz- und Krankenversicherungen sind aber auch Wartezeiten von mehreren Monaten üblich. Werfen Sie daher zusätzlich einen Blick in die Versicherungsbedingungen. Eine wichtige Voraussetzung müssen Sie außerdem beachten: Normalerweise beginnt der Versicherungsschutz frühestens mit der Zahlung der ersten Prämie.

Wenn Sie rasch Versicherungsschutz benötigen, kann Ihnen das Versicherungsunternehmen eine vorläufige Deckungszusage gewähren. Formal handelt es sich dabei um einen selbstständigen, befristeten Vertrag, der dem eigentlichen Versicherungsvertrag vorgeschaltet ist. Die Prämie müssen Sie dann innerhalb von zwei Wochen zahlen. Die vorläufige Deckung endet entweder mit Beginn des Hauptvertrages, mit endgültiger Ablehnung des Vertrages oder mit

Zeitablauf. Außerdem müssen Sie einen Nachteil in Kauf nehmen: Sie haben in diesem Fall kein Recht auf Widerruf oder Widerspruch (vgl. Kapitel »Kündigung von Verträgen«, S. 346) hinsichtlich der vorläufigen Deckungszusage.

→ Zahlen Sie Ihre Prämien rechtzeitig und vollständig. Andernfalls riskieren Sie Ihren Versicherungsschutz.

→ Manchmal kann eine Rückdatierung des Vertrags sinnvoll sein, etwa um in der Kranken- und Lebensversicherung auf der Basis eines jüngeren Eintrittsalters abzuschließen.

Rechte und Pflichten während der Laufzeit des Vertrags

Als Versicherungsnehmer müssen Sie zunächst pünktlich Ihre Prämien zahlen. Bei Zahlungsverzug kann eine Kündigung seitens des Versicherungsunternehmens folgen. Da die Nichtzahlung eine Vertragsverletzung des Versicherungsnehmers darstellt, kann das Versicherungsunternehmen in einem solchen Falle zudem sogleich die Prämie für die gesamte Laufzeit als Schadensersatz verlangen. Bei verspäteter Zahlung einer Folgeprämie – also nicht der allerersten Prämie – muss das Versicherungsunternehmen Sie aber zunächst noch einmal mahnen und auf die Rechtsfolgen aufmerksam machen.

Sie müssen während der Vertragslaufzeit auch die Einhaltung bestimmter Nebenpflichten beachten, sog. Obliegenheiten. Sie regeln, wie eigenes (Mit-)Verschulden bezogen auf Eintritt oder Umfang des Schadens zu berücksichtigen ist. Welche Obliegenheiten bei der jeweiligen Versicherungssparte zu erfüllen sind, ergibt sich in der Regel aus den Versicherungsbedingungen. Bei einer Verletzung dieser Nebenpflichten wird das Versicherungsunternehmen unter Umständen von der Verpflichtung zur Leistung frei oder hat ein Kündigungsrecht. Man unterscheidet zwischen Obliegenheiten, die vor dem Versicherungsfall zu erfüllen sind und Obliegenheiten, die nach dem Eintritt eines Versicherungsfalles zu erfüllen sind.

Obliegenheiten vor dem Versicherungsfall sollen einer Gefahr vorbeugen:

- Sie müssen Vorkehrungen treffen, damit der Versicherungsfall nicht eintritt (z.B. Fenster schließen, Wasserzulauf der Waschmaschine absperren).
- Sie dürfen die Gefahren durch Ihr Handeln nicht eigenmächtig erhöhen (»Gefahrerhöhung«, z.B. defekte Türschlösser, Fahren eines nicht verkehrssicheren Autos, unsachgemäße Lagerung von gefährlichen Stoffen).
- Informieren Sie Ihr Versicherungsunternehmen über eine Gefahrerhöhung (z.B. das Anbringen eines Gerüsts am Haus, längere Abwesenheit von der Wohnung).

Obliegenheiten nach dem Versicherungsfall sollen vor allem einen Schaden begrenzen oder bei der Aufklärung helfen.

- Einen Versicherungsfall müssen Sie unverzüglich – meist schriftlich – mitteilen und wahrheitsgemäß Auskunft geben, damit das Versicherungsunternehmen die Möglichkeit hat den Schadensumfang korrekt festzustellen.
- Sie müssen den Schaden möglichst gering halten, also beispielsweise Vorkehrungen treffen, damit sich der Schaden nicht weiter ausweitet.
- Die Polizei müssen Sie insbesondere bei Einbruch, Raub, Brand und Explosion benachrichtigen.

- → Nehmen Sie im Schadensfall möglichst rasch direkten Kontakt mit dem Versicherungsunternehmen auf und klären Sie das weitere Vorgehen. Im Schadensfall sollten Sie auch in Ihren Versicherungsbedingungen nachschauen und sich an diese Vorgaben halten.
- → Falls Sie einen Haftpflichtschaden verursacht haben, sollten Sie ohne vorherige Zustimmung des Versicherungsunternehmens keine Schuld oder Ansprüche anerkennen.

17. Angebote einholen und vergleichen

Unverbindlicher Vergleich

Sie haben sich umfassend informiert, Testergebnisse verglichen und bei einer unabhängigen Stelle einen individuellen Versicherungsvergleich machen lassen. Nun gilt es, bei günstigen Gesellschaften ein individuelles Angebot einzuholen. Denn auch ausgefeilte Vergleichstests können nicht alle persönlichen Umstände berücksichtigen und selbst beim gleichen Versicherungsunternehmen wird teilweise eine verwirrende Tarifvielfalt angeboten. Diese Einholung von Angeboten ist für Sie völlig unverbindlich.

Der Musterbrief auf Seite 339 hilft Ihnen bei der Formulierung. In den Kapiteln zu den einzelnen Versicherungen finden Sie außerdem Informationen, von welchen Bedingungen wie Alter, Geschlecht oder Wohnort die Versicherungskonditionen und Prämienhöhe abhängen. Sie zeigen Ihnen, zu welchen weiteren Leistungsdetails Sie Auskünfte einholen können.

Je konkreter Ihre Vorgaben sind, desto einfacher wird normalerweise der Vergleich. Oft jedoch werden Fragen offenbleiben, die Sie durch zusätzliche Informationsmaterialien, telefonisch, per Internet oder neutrale Beratung klären sollten.

- → Vergleichen Sie keinesfalls nur die Beiträge, sondern immer auch die Leistungen, die Sie detailliert in den Versicherungsunterlagen finden. Lassen Sie sich aber nicht zu einem Zusatz- oder »Super«-Schutz überreden, den Sie nicht benötigen.
- → Versicherungsunternehmen, die Ihnen die Vertragsbedingungen oder die Verbraucherinformation vorenthalten, sollten Sie bei der weiteren Auswahl nicht berücksichtigen.
- → Vergleichen Sie immer die Prämien für den gleichen Zeitraum. Bei jährlicher Zahlweise entfällt ein Ratenzahlungszuschlag.
- → Auch mit Selbstbeteiligungen können Sie oft viel Geld bei den Prämien sparen.
- → Vergleichen Sie die Angebote einzelner Versicherungsunternehmen mit den günstigen Konditionen der Gruppenversicherungen für Mitglieder des Bundes der Versicherten.

Anträge richtig stellen

Wenn Sie sich für einen bestimmten Tarif eines Versicherungsunternehmens entschieden haben, können Sie einen Antrag stellen. An diesen Antrag sind Sie grundsätzlich gebunden. Die Antragsbindefrist ist unterschiedlich und kann bis zu sechs Wochen dauern. In dieser Zeit kann das Versicherungsunternehmen entscheiden, ob es den Vertrag an-

Musterbrief

An die
Muster-Versicherungsgesellschaft
Adresse

Angebot für eine ....-Versicherung

Sehr geehrte Damen und Herren,

bitte unterbreiten Sie mir ein schriftliches Angebot für eine ....-Versicherung und übersenden Sie mir ein Antragsformular, die Versicherungsbedingungen und die schriftliche Verbraucherinformation.

Persönliche Angaben (insbesondere falls Kriterien wie Alter, Geschlecht und Wohnort eine Rolle spielen):

Gewünschte Versicherungssumme, Beitrag, Selbstbeteiligung, Vertragsbeginn/-dauer, o.ä.:

Besonderen Wert lege ich auf folgende Leistungen:
oder: Folgende Leistungen interessieren mich nicht:
oder: Bitte informieren Sie mich über folgende Leistungsvarianten:

Ich wünsche keinen Vertreterbesuch.

Mit freundlichen Grüßen

nimmt oder ablehnt. Nur bei einigen Spezialfällen, z. B. der Kfz-Haftpflichtversicherung, besteht in der Regel ein Annahmezwang seitens der Gesellschaft. Normalerweise kommt ein Versicherungsvertrag also nur zustande, wenn die Versicherungsgesellschaft Ihren Antrag annimmt und Ihnen den Versicherungsschein aushändigt. Auch Sie als Versicherungsnehmer sind in diesem Zeitraum an den Antrag gebunden. Falls das Versicherungsunternehmen nicht reagiert, sind Sie nach Ablauf der Antragsbindefrist nicht mehr an Ihren Antrag gebunden und können bzw. müssen sich nach einem anderen Anbieter umschauen.

Die Antragsbindefrist beginnt aber nicht sofort, nachdem Sie den Antrag gestellt haben, sondern erst nach Ablauf der 14-tägigen Widerrufsfrist.

Alternativ zu diesem »Antragsverfahren« ermöglicht die Reform des Versicherungsvertragsrechts das sogenannte Invitatio-Verfahren, das von wenigen Anbietern verwendet wird. Hier beantworten Sie sämtliche Antragsfragen, bekommen vom Versicherer aber nicht gleich den Versicherungsschein, sondern zunächst nur ein bindendes Angebot mitsamt allen geforderten Informationen, zugesandt. Erst wenn Sie dieses wiederum schriftlich bestätigen, kommt der Versicherungsvertrag zustande. Auch bei diesem Verfahren gilt das Widerrufsrecht.

Gefährdung des Versicherungsschutzes durch unvollständige Gesundheitsangaben

Vor allem bei Personenversicherungen wie Lebens-, Kranken- und Berufsunfähigkeitsversicherungen müssen Sie Fragen zu Ihrer Gesundheit beantworten. Diese Angaben müssen Sie unbedingt vollständig und wahrheitsgemäß machen. Denn wenn Sie diese sogenannten »vorvertraglichen Anzeigepflichten« verletzen, können Sie den gesamten Versicherungsschutz verlieren, selbst wenn Sie jahrelang Beiträge gezahlt haben. Im Versicherungsfall laufen Sie Gefahr, dass Sie keinen einzigen Cent erhalten. Obendrein kann es passieren, dass Sie dann bei keiner anderen Gesellschaft einen neuen Vertrag bekommen oder zumindest – wegen des höheren Alters und möglicher zusätzlicher Gesundheitsschäden – höhere Beiträge zahlen müssen.

Die Versicherungsgesellschaften sind auch nicht verpflichtet, Ihre Angaben bereits im Antragsstadium zu prüfen. Dies geschieht meist erst bei Eintritt des Versicherungsfalles. Dann kann die Krankengeschichte grundsätzlich bis zur Geburt zurückverfolgt werden. Selbst eine ärztliche Untersuchung allein reicht nicht aus, wenn daraus nicht alle Vorerkrankungen erkennbar sind.

Lassen Sie sich keinesfalls von einem Vertreter überreden, angeblich unwichtige Vorerkrankungen nicht anzugeben – der Hauptgrund für dieses Verhalten ist sein Interesse an der Provision, die ihm entgeht, wenn der Antrag wegen Gesundheitsrisiken abgelehnt wird. Der Bundesgerichtshof hat zwar entschieden, dass der Vertreter »Auge und Ohr« der Versicherungsgesellschaft ist. Wenn Sie dem Vertreter Ihre Vorerkrankungen daher im Gespräch mitgeteilt haben, haben Sie Ihre Pflicht erfüllt. Aber: Das müssen Sie nachweisen können. Das ist, ohne neutrale Zeugen und möglicherweise Jahre nach der Unterschrift, meist nicht möglich.

Probeantrag bei gesundheitlichen Einschränkungen und anonyme Risiko-Voranfrage in der Personenversicherung

Was aber tun, wenn schon gesundheitliche Einschränkungen vorliegen und befürchtet werden muss, dass ein Antrag abgelehnt wird? Dann sollten Sie bei mehreren Gesellschaften gleichzeitig einen Probeantrag stellen. Dazu nehmen Sie das Antragsformular der Versicherung und schreiben »Probe-« vor den gedruckten Begriff »Antrag« im Titel. Der Probeantrag ist für Sie als Antragsteller unverbindlich. Sie stehen also nicht plötzlich mit mehreren Versicherungsverträgen da, wenn unterschiedliche Unternehmen Ihren Antrag annehmen.

Umgekehrt ist das Versicherungsunternehmen gebunden, sofern es aufgrund Ihres Antrags ein verbindliches Angebot macht. Hierzu ist das Versicherungsunternehmen indes nicht verpflichtet, ebenso kann es eine unverbindliche Information erteilen; der Probeantrag ist dann nutzlos. Der Probeantrag hat einen weiteren Vorteil: Bei Personenversicherungen werden Sie meist gefragt, ob bereits ein Antrag abgelehnt oder unter Einschränkungen angenommen wurde. Wenn Sie diese Frage bejahen müssen, haben Sie von vornherein schlechtere Chancen. Stellen Sie die Probeanträge aber gleichzeitig, können Sie diese Frage normalerweise guten Gewissens verneinen.

→ Füllen Sie den Versicherungsantrag möglichst selbst aus oder überprüfen Sie vor der Unterschrift die Angaben auf jeden Fall genau.
→ Die Beantwortung der Gesundheitsfragen muss vollständig und wahrheitsgemäß erfolgen, auch wenn der Vertreter Ihnen von der Angabe gewisser Vorerkrankungen abrät. Fügen Sie ggf. dem Antrag ein Zusatzblatt bei.
→ Erkundigen Sie sich bei Ihren Ärzten nach den Diagnosen und durchgeführten Behandlungen. Sie können auch um Unterstützung beim Ausfüllen des Antrags bitten.
→ Stellen Sie Probeanträge bei mehreren Versicherungsunternehmen gleichzeitig, wenn Sie befürchten müssen, dass Ihr Antrag aus gesundheitlichen oder anderen Gründen abgelehnt werden könnte.

Eine Alternative zum Probeantrag ist die sog. anonyme Risiko-Voranfrage, die allerdings nur Dritte für Sie stellen können. Bei der anonymen Risiko-Voranfrage wird der Antrag vollständig ausgefüllt, aber ohne Angabe Ihres Namens, an den Versicherer weitergereicht. Der Dritte erhält die Antwort des Versicherers. Dritte können z. B. Versicherungsmakler oder unabhängige Versicherungsberater sein. Im Internet wird unter www.buforum24.de die Möglichkeit einer kostenlosen anonymen Risiko-Voranfrage für Berufsunfähigkeitsverträge angeboten. Diese Plattform wird von einem Versicherungsmakler betrieben. Sie wird von der Zeitschrift FINANZtest und den Verbraucherzentralen als Hilfe für Interessenten genannt.

Billigungsklausel nach § 5 Versicherungsvertragsgesetz (VVG)

Falls der Inhalt der Police vom Antrag abweicht, muss der Versicherer Sie auf diese Änderungen aufmerksam machen. Widersprechen Sie nicht innerhalb eines Monats nach Erhalt des Versicherungsscheines, gelten die Abweichungen als von Ihnen genehmigt. Hat das Versicherungsunternehmen Sie allerdings nicht deutlich (durch einen auffälligen Hinweis) auf die Änderungen hingewiesen und Sie nicht über Ihr diesbezügliches Widerspruchsrecht informiert, sind die Abweichungen für Sie unverbindlich. Es gilt dann der Inhalt des Versicherungsantrags.

18. Versicherungen beenden

Egal ob Sie ein günstigeres Versicherungsangebot gefunden haben, eine abgeschlossene Versicherung nicht mehr benötigen oder sich über das Versicherungsunternehmen geärgert haben – es gibt die unterschiedlichsten Gründe eine Versicherung zu kündigen.

Die gute Nachricht: Sie haben zahlreiche Möglichkeiten, um aus einem Versicherungsvertrag wieder herauszukommen. Die schlechte Nachricht: Angesichts der vielfältigen Bestimmungen ist es oft nicht einfach, den richtigen Weg zu finden. Licht in diesen Kündigungsdschungel wollen wir mit den folgenden Ausführungen bringen. Einige Grundregeln sollten Sie in allen Fällen beherzigen:

- → Halten Sie die Fristen unbedingt ein. Beim Widerruf, Widerspruch und Rücktritt reicht es aus, wenn sie rechtzeitig abgeschickt werden. In allen anderen Fällen ist der Eingang beim Versicherungsunternehmen entscheidend, nicht das Datum des Poststempels.
- → Versenden Sie Ihr Kündigungsschreiben am besten per Einschreiben mit Rückschein (ggf. das Übergabe-Einschreiben; nicht aber nur das Einwurf-Einschreiben). Nur so können Sie später beweisen, wann Ihr Schreiben beim Versicherungsunternehmen eingegangen ist.

→ Kündigen Sie einen bestehenden Vertrag erst, wenn Ihnen die Zusage des neuen Versicherungsunternehmens vorliegt. Das gilt insbesondere für die Absicherung existenzbedrohender Risiken wie bei Lebens-, Berufsunfähigkeits-, Kranken- und Wohngebäudeversicherungen. Vor allem wenn eine Gesundheitsprüfung erforderlich ist, kann es schwierig werden, den gleichen oder überhaupt einen neuen Schutz zu erhalten.

Kündigung von Verträgen

Versicherungsverträge können in der Regel sowohl vom Versicherten als auch vom Versicherungsunternehmen zum Schluss des laufenden Versicherungsjahres gekündigt werden. Versicherungsjahr ist nicht gleich Kalenderjahr. Es beginnt und endet in der Regel mit dem Beginn- oder Ablaufdatum aus der Police. Abweichungen sind möglich, so endet das Versicherungsjahr in der Kfz-Haftpflichtversicherung meist zum 1. Januar.

In Verträgen zur privaten Kranken-Vollversicherung kann aber auch vereinbart werden, dass in den ersten zwei Jahren keine Kündigung durch den Versicherungsnehmer möglich ist. Eine Kranken- und Pflegeversicherung, die die gesetzliche Sozialversicherung ganz oder teilweise ersetzt (also z.B. eine private Kranken-Vollversicherung), kann vom Versicherungsunternehmen nicht ordentlich gekündigt werden. Private Krankenzusatzversicherungen können von der Versicherungsgesellschaft nur in den ersten drei Jahren gekündigt werden. Einige Versicherungsgesellschaften verzichten auf dieses Recht.

Die Kündigungsfrist darf nicht weniger als einen Monat und nicht mehr als drei Monate betragen. Bei der Haftpflicht-, Hausrat-, Wohngebäude-, Rechtsschutz- und Unfallversicherung müssen Sie meist eine dreimonatige Frist einhalten. Eine Kfz-Haftpflichtversicherung ist grundsätzlich mit Frist von einem Monat kündbar. Wenn Sie die Frist verpassen, verlängert sich der Vertrag automatisch um ein weiteres Jahr.

Lebens- und Berufsunfähigkeitsversicherungen müssen, da sie einen festen Ablauftermin haben, nicht zum Ablauf gekündigt werden. Hier besteht außerdem die Besonderheit, dass bei Vereinbarung von Ratenzahlungen die Kündigung meist auch innerhalb des Versicherungsjahres mit einer Frist von einem Monat zum Schluss eines jeden Ratenzahlungsabschnitts ausgesprochen werden kann. Bei jährlicher Zahlungsweise ist die Kündigung meist ohne Fristeinhaltung zum Ende des Versicherungsjahres möglich.

→ Schauen Sie in den Versicherungsbedingungen nach, welche Kündigungsfrist für Ihren Vertrag gilt.

→ Den Versicherungsbeginn können Sie dem Versicherungsschein entnehmen.

Sonderfall gesetzliche Krankenversicherung

Die Mitgliedschaft in einer gesetzlichen Krankenversicherung können Sie frühestens nach 18 Monaten oder nach einer Erhöhung des Beitragssatzes (vgl. Abschnitt »Außerordentliche Kündigung«, S. 351) kündigen. Danach können

Sie die Versicherung jederzeit zum Ende des übernächsten Monats verlassen. Ihre alte Krankenkasse muss Ihnen die Kündigung innerhalb von zwei Wochen, nachdem sie eingegangen ist, bestätigen. Mit dieser Bestätigung können Sie sich bei der neuen Kasse anmelden. Die Kündigung wird wirksam, wenn die neue Kasse Ihnen die Mitgliedsbescheinigung ausstellt.

→ Dabei ist zu beachten: Keine der gesetzlichen Krankenkassen darf Sie ablehnen oder in irgendeiner Form Risikozuschläge erheben, auch wenn Sie schon älter sind und Vorerkrankungen haben.

Sonderfall Wohngebäudeversicherung

Beim Wechsel einer Wohngebäudeversicherung brauchen Sie die schriftliche Erklärung Ihrer Kreditgläubiger, dass sie mit einem Versicherungswechsel einverstanden sind. Diese Erklärung muss spätestens einen Monat vor dem Kündigungstermin bei der Vorversicherung vorliegen. Dies stellt meist kein Problem dar, wenn die Zusage einer anderen Versicherung vorliegt und die Kreditgeber die Sicherungsbestätigungen von der neuen Versicherung erhalten haben. Die öffentlich-rechtlichen Versicherungsunternehmen, insbesondere die ehemaligen Monopolversicherer, dürfen zusätzlich einen (aktuellen) Grundbuchauszug verlangen. Er muss dann ebenfalls einen Monat vor dem Kündigungstermin vorliegen. Aus diesem Auszug kann die Vorversicherung erkennen, ob alle Einverständniserklärungen der Kreditgläubiger vorliegen.

→ Kümmern Sie sich frühzeitig um den Wechsel einer Gebäudeversicherung und kündigen Sie erst, wenn ein konkretes Angebot für Ihre Immobilie vorliegt.

Auflösung von neuen Verträgen

Wenn Sie schon kurz nach der Antragsstellung oder dem Abschluss des Vertrages Ihre Meinung ändern, können Sie Ihre Willenserklärung widerrufen.

Widerruf nach §§ 8 und 152 Versicherungsvertragsgesetz (VVG)

Sie können Ihre Vertragserklärung innerhalb von zwei Wochen widerrufen; bei Lebensversicherungen haben Sie sogar 30 Tage Zeit. Die Widerrufsfrist beginnt erst mit Erhalt des Versicherungssscheins, der Vertragsbestimmungen, bestimmter Verbraucherinformationen und einer Widerrufsbelehrung.

Der Widerruf muss schriftlich erfolgen. Vom Widerrufsrecht gibt es jedoch verschiedene Ausnahmen. Kein Widerrufsrecht haben Sie insbesondere

- bei Versicherungsverträgen mit einer Laufzeit von weniger als einem Monat,
- bei Versicherungsverträgen über eine vorläufige Deckung, es sei denn, es handelt sich um einen Fernabsatzvertrag,
- bei Versicherungsverträgen bei Pensionskassen, die auf arbeitsrechtlichen Regelungen beruhen, es sei denn, es handelt sich um einen Fernabsatzvertrag,

- bei Verträgen, die von beiden Vertragsparteien auf ausdrücklichen Wunsch des Versicherungsnehmers vollständig erfüllt sind, bevor der Versicherungsnehmer sein Widerrufsrecht ausgeübt hat.
- Fernabsatzverträge sind Verträge, die Sie im Internet oder nur schriftlich, telefonisch oder per Telefax und ohne ein persönliches Treffen mit einem Vermittler/Vertragspartner abschließen.

→ Achten Sie auf die Fristen und erklären Sie den Widerruf rechtzeitig, am besten per Einschreiben (mit Rückschein).
→ Falls die Fristen bereits überschritten sind, sollten Sie prüfen, ob gegen Belehrungs- und Informationspflichten verstoßen wurde. Eventuell können Sie sich dann vom Vertrag lösen. Lassen Sie sich im Zweifelsfall vom BdV (nur als Mitglied möglich) oder den Verbraucherzentralen beraten.

Langfristige Verträge

Langfristige Verträge sind bequem für die Versicherungsunternehmen. Der Versicherungsnehmer kann aufgrund der längeren Laufzeit einen Beitragsrabatt erzielen, ist aber unflexibler, weil er nicht auf Änderungen des Versicherungsmarktes reagieren kann. Wer sich überreden ließ, sollte zusehen, dass er schnellstmöglich wieder aus dem Vertrag herauskommt. Einen langfristigen Vertrag kann man nach Ablauf von drei Jahren und danach jährlich kündigen. Dies gilt auch bei längeren Laufzeiten.

Außerdem haben Sie die Möglichkeit, bei einer Beitragserhöhung, die nicht mit einer Verbesserung des Leistungsumfanges verbunden ist, oder im Schadensfall zu kündigen; in einigen Fällen steht Ihnen die Möglichkeit des Widerrufs offen, falls Sie nicht über Ihre Rechte belehrt wurden (vgl. dazu die speziellen Abschnitte in diesem Kapitel).

- → Bedenken Sie bitte, dass das Vertragsverhältnis nicht automatisch zum Ende der vereinbarten Laufzeit endet, sondern es auch hier einer Kündigung unter Einhaltung einer Frist von drei Monaten bedarf.
- → Falls Sie nicht kündigen können, sollten Sie ein Gegenangebot einholen und versuchen, mit der Versicherungsgesellschaft über eine Prämiensenkung zu verhandeln.
- → Achten Sie bei Neuabschluss oder einer Änderung des Vertrages darauf, dass dieser jährlich kündbar ist.

Außerordentliche Kündigung

Zusätzlich zu den regulären Kündigungswegen haben Sie unter bestimmten Umständen die Möglichkeit einer außerordentlichen Vertragsauflösung.

Prämienerhöhung nach § 40 Versicherungsvertragsgesetz

Ein außerordentliches Kündigungsrecht haben Sie normalerweise, wenn das Versicherungsunternehmen die Prämien erhöht, ohne die Leistungen zu verbessern. Nach dem Erhalt der Mitteilung haben Sie einen Monat Zeit für die Kündigung. Die Kündigung wird sofort wirksam, frühestens zum Zeitpunkt der Erhöhung. Einschränkungen gelten jedoch, wenn Sie die Versicherung vor dem 29. Juli 1994 abgeschlossen haben:

- Wenn Sie sich in der Zeit vom 1. Januar 1991 bis zum 28. Juli 1994 gebunden haben, muss der Beitrag um mehr als fünf Prozent gegenüber dem Vorjahr oder um mehr als 25 Prozent gegenüber dem Erstbeitrag erhöht werden.
- Die Regelungen zur Kündigung der Verträge, die vor dem 1. Januar 1991 abgeschlossen wurden, sind mangels gesetzlichen Regelungen den Bedingungen zu entnehmen. Meist muss eine Erhöhung von mehr als zehn Prozent gegenüber dem Vorjahr vorliegen.

Beitragssatzerhöhung bei der gesetzlichen Krankenversicherung

Auch bei der gesetzlichen Krankenversicherung haben Sie ein Sonderkündigungsrecht, wenn der Beitragssatz erhöht wird und die Erhöhung nicht auf einer Gesetzesänderung beruht. Kündigen müssen Sie dann bis spätestens zwei Monate, nachdem die Beitragssatzerhöhung in Kraft getreten ist. Wirksam wird die Kündigung aber erst zum Ende des übernächsten Monats und zwar gerechnet vom Datum Ihrer Kündigung.

Schadensfall

Nach einem Schadensfall können normalerweise sowohl der Versicherungsnehmer als auch das Versicherungsunternehmen kündigen. Der Versicherer hat eine Kündigungsfrist von einem Monat einzuhalten. Sie können dagegen entweder mit sofortiger Wirkung oder zu einem anderen Zeitpunkt, spätestens zum Ende des Versicherungsjahres kündigen. Wer mehrere, auch kleine Schäden gemeldet hat, läuft Gefahr, dass das Versicherungsunternehmen kündigt. Dann kann es schwer sein, ein neues Versicherungsunternehmen zu finden.

- → Die Kündigung muss spätestens einen Monat nach der Zahlung oder der unberechtigten Ablehnung der Entschädigung erfolgen. Kündigt die Versicherungsgesellschaft oder kündigen Sie nach einem Schadensfall, muss der Versicherer zu viel gezahlte Beiträge zurückzahlen.
- → Falls das Versicherungsunternehmen Ihnen kündigt, können Sie es bitten, dass es die Kündigung zurückzieht und ihm eine eigene Kündigung anbieten. Alternativ können Sie mit dem bisherigen Versicherungsunternehmen über einen angemessenen Risikozuschlag oder eine Selbstbeteiligung verhandeln.

Immobilienverkauf

Wenn Sie eine Immobilie erwerben, »kaufen« Sie die entsprechende Gebäudeversicherung automatisch mit. Damit soll vermieden werden, dass eine Versicherungslücke entsteht. Sie können aber entscheiden, ob Sie den alten Vertrag fortführen wollen oder zu einem anderen Versicherungsunternehmen wechseln.

Die alte Wohngebäudeversicherung können Sie innerhalb eines Monats kündigen. Die Frist beginnt, nachdem Sie als neuer Eigentümer endgültig ins Grundbuch eingetragen sind; die Auflassungsvormerkung reicht nicht aus. Kündigen können Sie auch hier entweder sofort oder zum Ablauf des laufenden Versicherungsjahres. Der Verkäufer muss aber in jedem Fall die Prämien für das gesamte Versicherungsjahr zahlen. Er bekommt diese Kosten vom Käufer nur erstattet, wenn dies vereinbart wird, z.B. im notariellen Kaufvertrag.

Wenn Sie wechseln wollen, sollten Sie sich vom bisherigen Eigentümer den Versicherungsschein zeigen bzw. in Kopie geben lassen. Sie können dann rechtzeitig reagieren, wenn z.B. die Versicherungssumme nicht ausreicht, der Vertrag schlechte Bedingungen hat oder einfach zu teuer ist.

Melden Sie sich bei der bisherigen Versicherungsgesellschaft als neuer Besitzer bzw. nach der Grundbucheintragung als neuer Eigentümer mit Nennung des Übergabetermins.

→ Kündigen Sie einen bestehenden Vertrag erst, wenn Sie eine definitive Zusage eines neuen Versicherungsunternehmens haben.

Autoverkauf

Auch wenn Sie ein Auto erwerben, »kaufen« Sie die Kfz-Versicherung mit. Der Käufer kann die Kfz-Versicherung fortführen, innerhalb eines Monats kündigen oder zu einem anderen Versicherer wechseln. Wenn Sie Ihr neues Fahrzeug bei einer anderen Gesellschaft versichern, gilt dies als Kündigung der alten Police. Eine ausdrückliche Kündigung ist nicht erforderlich.

→ Um Probleme zu vermeiden, sollten Sie Ihr Fahrzeug vor Verkauf abmelden und das Fahrzeug ohne Kennzeichen übergeben.

Sonderkündigungsrecht in der Krankenversicherung

In der gesetzlichen Krankenversicherung haben Sie außerdem ein Sonderkündigungsrecht, wenn die Voraussetzungen für eine Familienversicherung erfüllt sind oder wenn keine Versicherungspflicht mehr besteht und Sie in die private Krankenversicherung wechseln wollen. Sie können die Mitgliedschaft zum Ablauf des übernächsten Kalendermonats auflösen.

Umgekehrt können Sie eine private Kranken-Vollversicherung innerhalb der ersten zwei Monate nach Eintritt der Versicherungspflicht ohne Einhaltung von Fristen kündigen, wenn Sie wieder in der gesetzlichen Kasse versicherungspflichtig werden. Diese Kündigung wirkt rückwirkend zum Eintritt der Versicherungspflicht. Nach Ablauf dieser Frist kann der Versicherungsvertrag nur zum Ende des Monats gekündigt werden, in dem der Versicherungsnehmer den Eintritt der Versicherungspflicht nachweist.

Veränderung der Lebensverhältnisse

Wenn sich die Lebensumstände ändern, haben Sie vielfach die Möglichkeit, den Versicherungsbedarf anzupassen:

- Die Hausratversicherung können Sie kündigen, wenn Sie umziehen und der Beitrag durch eine geänderte Tarifzone steigt.
- Paare (auch nicht-verheiratete), die zusammenziehen, können eine der beiden Privathaftpflichtversicherungen kündigen, wobei hier nur der jüngere Vertrag aufgehoben werden kann. Bei der Rechtsschutzversicherung kann in der Regel der Vertrag aufgehoben werden, der den geringeren

Leistungsumfang aufweist. Bei der Hausratversicherung ist man dabei auf die Kulanz der Versicherer angewiesen.
- Stirbt der Versicherungsnehmer, kann der Versicherungsschutz erlöschen. Mitversicherte sollten das Versicherungsunternehmen über den Todesfall informieren, damit sie nicht ohne Versicherungsschutz dastehen.

Spezialfall: Raus aus falschen Kapitallebensversicherungen

Prüfen Sie Ihre Kapitallebensversicherung

Wenn Sie bereits eine Kapitallebensversicherung abgeschlossen haben, sollten Sie prüfen, ob Ihre Entscheidung richtig war. Gedanken sollten Sie sich machen,
- wenn Sie wichtige Risiken wie Berufsunfähigkeit und die Versorgung der Angehörigen im Todesfall nicht oder nicht ausreichend abgesichert haben (vgl. Kapitel »Berufsunfähigkeitsversicherung«, S. 192 und »Risikolebensversicherung«, S. 230) und stattdessen hohe Beiträge für eine langfristige Kapitallebensversicherung zur zusätzlichen Altersversorgung aufwenden,
- wenn Sie für den Fall der Berufsunfähigkeit mittels einer Zusatzversicherung zur langfristigen Kapitallebensversicherung vorgesorgt oder eine Unfall-Zusatzversicherung eingeschlossen haben,
- wenn Sie den Sparerfreibetrag noch nicht ausgenutzt haben und damit über jede andere Geldanlage – flexibler und besser – steuerfreie Erträge erreichen können,

- wenn Sie eine langfristige Lebensversicherung vor dem 1. Januar 2005 abgeschlossen haben und die Beiträge nicht im Rahmen der voll abzugsfähigen Sonderausgaben von Ihrem Einkommen absetzen können,
- wenn Sie Lebensversicherungen bei einer renditeschwachen Gesellschaft mit einer schlechten Überschussbeteiligung abgeschlossen haben,
- wenn Sie eine langfristige vermögensbildende Lebensversicherung abgeschlossen haben, für die es keine Sparzulagen mehr gibt,
- wenn Sie eine Kapitallebensversicherung zur Tilgung eines Darlehens für selbst bewohnten Grundbesitz abgeschlossen haben (sogenanntes Verrechnungsabkommen, Tilgungsaussetzung oder Lebensversicherungshypothek) oder
- wenn Sie eine dynamische Lebensversicherung haben.

In diesen Fällen sollten Sie nicht resignieren, sondern sich informieren, nachrechnen und handeln.

Beendigung, Laufzeitverkürzung, Beitragsfreistellung oder Verkauf?

Es stehen verschiedene Alternativen zur Auswahl:

1. Die Beendigung eines Vertrags ist oftmals der sinnvollste Weg, wenn Sie weniger als sechs Jahre eingezahlt haben. Die Beiträge bzw. der Rückkaufswert, den Sie zurückerhalten, können Sie in renditestärkere Anlagen stecken. Der »Rückkaufswert« ist der Betrag, den eine Lebensversicherungsgesellschaft Ihnen bei Kündigung der

Versicherung zurückzahlen muss. Er hängt ab von den eingezahlten Beiträgen, von denen Kosten für Verwaltung und Risikoschutz abgezogen werden, außerdem für die Abschlussprovision des Vermittlers. Der Bundesgerichtshof hat am 12. Oktober 2005 entschieden, dass bei gekündigten kapitalbildenden Versicherungen, die zwischen 1995 und Mai 2001 abgeschlossen wurden, der Mindestrückkaufswert etwa 40 Prozent der eingezahlten Beiträge betragen muss. Weitere Informationen hierzu können Sie beim Bund der Versicherten anfordern.

2. Eine Laufzeitverkürzung kommt als Alternative vor allem in Betracht bei Verträgen, die älter als sechs Jahre sind. Eine Laufzeitverkürzung kann den Vorteil haben, dass ein regulärer Ablauf erreicht wird. Damit werden auch bei einer vorgezogenen Auszahlung möglicherweise »Schlussgewinne« fällig, wogegen bei einer vorzeitigen Aufhebung ein »Stornoabzug« erfolgen kann. Gleichzeitig verringert sich die Versicherungssumme durch die Laufzeitverkürzung. Wenn Sie daher auch Ihre Angehörigen im Todesfall absichern wollen, sollten Sie das Versicherungsunternehmen nach den Auswirkungen auf die Höhe der Versicherungssumme fragen.
3. Bei einer Beitragsfreistellung sind bis zum ursprünglichen Ablauf keine Beiträge mehr zu zahlen. Der Rückkaufswert wird als Einmalbeitrag verwendet, um eine beitragsfreie Versicherungssumme zu berechnen. Die Versicherungssumme senkt sich, der Vertrag nimmt aber weiter an der Verzinsung teil. Dies ist allerdings nur möglich, wenn eine Mindestversicherungssumme erreicht ist.

4. Bei Verkauf der Kapitalpolice wird der Vertrag von der aufkaufenden Gesellschaft gegenüber dem Versicherer weitergeführt, d.h. sie übernimmt die laufende Prämienzahlung. Der bisherige Versicherungsnehmer erhält einen erhöhten Rückkaufswert der Police. Der Todesfallschutz bleibt meist sogar bestehen. Dafür verzichtet man auf die Ablaufleistung des Versicherers am Ende der Vertragslaufzeit, die an den Zweitmarktanbieter fließt. Es wird jedoch nicht jeder Vertrag gekauft.

→ Bevor Sie Ihren Vertrag verändern oder kündigen, stellen Sie sicher, dass Sie anderweitig alternativen Versicherungsschutz, z.B. über eine Risikolebensversicherung mit Berufsunfähigkeitszusatz erhalten.

→ Informieren Sie sich bei Ihrem Versicherer und bei dem für Sie zuständigen Finanzamt, inwiefern sich die Veränderung Ihres Vertrages steuerschädlich auswirkt und wie viel Steuern Sie zahlen müssten.

→ Steuerliche Nachteile können entweder über einen Freistellungsauftrag oder durch den Lohnsteuerjahresausgleich bzw. die Einkommensteuererklärung vermieden werden, sofern der Freibetrag für Zinseinkünfte nicht überschritten wird.

→ Vergleichen Sie, ob Sie mit der eigenen Anlage der eingesparten Beiträge (und eventuell dem Rückkaufswert) ein besseres Ergebnis als die prognostizierte Ablaufleistung erzielen können.

→ Entscheiden Sie sich für eine Beitragsfreistellung und eine Laufzeitverkürzung, sollten Sie die Beitragsfreistellung erst beantragen, nachdem die Laufzeitverkürzung durchgeführt wurde. Bei einer beitragsfreien Versicherung können Sie die Laufzeit nicht mehr verkürzen.

→ Achten Sie bei einem Verkauf der Kapitalpolice u.a. darauf, dass der Aufkäufer Mitglied im Bundesverband Vermögensanlagen im Zweitmarkt Lebensversicherungen e.V. ist (Adresse, vgl. Anhang).

→ Um zu entscheiden, welcher Weg für Sie vorteilhafter ist, können Sie sich entsprechende Informationen bei den Verbraucherzentralen oder als Mitglied beim Bund der Versicherten einholen.

Altersvorsorgeverträge

Wer vorschnell einen privaten Altersvorsorgevertrag abgeschlossen hat, kann den Vertrag unter bestimmten Voraussetzungen wieder auflösen:

– Bei einem Riester-Vertrag muss der Anbieter Sie vor Vertragsabschluss, bei einem Versicherungsvertrag bereits vor Antragstellung, schriftlich über verschiedene Kosten informieren. Dazu gehören die Höhe und die zeitliche Verteilung der Abschluss- und Vertriebskosten, die Sie zahlen müssen, die Kosten für die Verwaltung des gebildeten Kapitals und Ihre Kosten im Falle des Anbieterwechsels. Geschieht dies nicht, können Sie bis zu einem Monat nach der ersten Beitragszahlung vom Vertrag zurücktreten. Bei einem Versicherungsvertrag steht Ihnen das allgemeine Widerrufsrecht zu.

- Während der Ansparphase können Sie den Vertrag mit einer Frist von drei Monaten zum Quartalsende auflösen. Sie müssen dann allerdings die Zuschüsse und Steuererleichterungen zurückzahlen. Bei einer Rentenversicherung müssen Sie sich zudem noch mit dem Rückkaufswert begnügen. Wenn Sie dies vermeiden wollen, können Sie den Vertrag auch beitragsfrei stellen. Alternativ können Sie das angesammelte Kapital auf einen anderen Riester-Vertrag übertragen. Für den Wechsel kann der bisherige Anbieter allerdings Gebühren erheben.
- Auch einen Rürup-Vertrag können Sie widerrufen. Eine vorzeitige Kündigung ist nicht möglich, lediglich eine Beitragsfreistellung. Auszahlungen sind frühestens ab dem 60. Lebensjahr möglich und grundsätzlich nur als Rente.
- Eine betriebliche Altersvorsorge ist ebenfalls in der Regel nicht vor Ablauf kündbar. Beim Arbeitgeberwechsel können die erworbenen Ansprüche unter Umständen mitgenommen werden (vgl. Abschnitt »Betriebliche Altersvorsorge«, S. 273).

19. So setzen Sie Ihre Versicherten-rechte durch

Nicht nur im Schadensfall kann es Ärger geben, wenn das Versicherungsunternehmen nicht oder nur weniger bezahlen will als erwartet. Auch hohe Prämien, eine Kündigung des Vertrages durch das Versicherungsunternehmen oder nachteilige Klauseln können Stein des Anstoßes sein.

Erfreulicherweise ist guter Rat nicht immer teuer und auch der Weg zum Gericht ist vielfach nicht notwendig, um die eigenen Rechte durchzusetzen (vgl. dazu auch Abschnitt »Viele Wege führen zum Recht – auch ohne Versicherung«, S. 86).

Rechtsberatung und Rechtsbesorgung

Nicht immer reichen allgemeine Informationsmaterialien wie Broschüren aus, um sich über die eigenen Rechte klar zu werden. Individuellen Rat erteilen die Fachleute vom Bund der Versicherten. Der Bund der Versicherten darf diesen Service aber nur für die eigenen Mitglieder anbieten.

Individuelle und telefonische Rechtsauskünfte zu Versicherungen und Altersvorsorge bieten auch andere Verbraucherorganisationen. Allerdings sind die Angebote und die Beratungskosten nicht in allen Bundesländern einheitlich.

Hilfe in allen Fragen zu privaten und gewerblichen Versicherungen können Sie gegen Honorar auch von gerichtlich zugelassenen Versicherungsberatern erhalten.

Zu Sozialversicherungsfragen, zum Beispiel zu Leistungen der gesetzlichen Krankenkassen, informieren die Sozialverbände wie der Sozialverband Deutschland oder der VdK. Aber auch sie dürfen diese Leistung bislang nur für die eigenen Mitglieder erbringen.

Der richtige Anwalt

Wenn sich ein Streit länger hinzieht oder wenn spezielle Fragen zu klären sind, kann der Gang zum Anwalt sinnvoll sein. Den Richtigen zu finden, ist nicht immer einfach. Bei Versicherungsproblemen allerdings haben Sie eine wichtige Orientierungshilfe, den Fachanwaltstitel. Wer sich als Fachanwalt für Versicherungsrecht bezeichnet, muss besondere theoretische Kenntnisse und praktische Erfahrungen nachweisen. Er muss eine Mindestanzahl von einschlägigen Fällen bearbeitet haben und Lehrgänge absolvieren.

Deutlich geringere Anforderungen gelten für andere Angaben zur Anwalts-Spezialisierung wie »Tätigkeits- und Interessenschwerpunkte«.

Bei der Anwaltssuche können Sie verschiedene Quellen anzapfen:
- Branchenbuch,
- örtliche Anwaltvereine und die zentrale Anwaltsauskunft

des Deutschen Anwaltvereins (telefonisch unter 01805-181805 für 0,14 Euro/ Minute oder online unter www.anwaltsauskunft.de),
- zahlreiche regionale Anwaltskammern, aufgelistet auf der Internetseite der Bundesrechtsanwaltskammer unter www.brak.de oder
- gewerbliche Suchdienste wie den Anwalt-Suchservice (Tel. 0900-1020809, 1,99 Euro/Minute oder online unter www.anwaltsuchservice.de) und dem Deutschen Anwaltssuchdienst (Tel. 0800-3456000, kostenlos, online unter www.anwaltssuchdienst.de). Weitere Suchdienste finden Sie unter www.jura-lotse.de in der Rubrik Anwaltssuche.

Dort können Sie nach unterschiedlichen Kriterien wie Fach- und Sprachkenntnissen recherchieren und erhalten eine begrenzte Auswahl an Rechtsanwälten genannt bzw. angezeigt.

Kosten

Die Anwaltskosten sind im Rechtsanwaltsvergütungsgesetz (RVG) geregelt. Seit dem 1. Juli 2006 ist im RVG für den Bereich der Beratung kein Gebührensatz oder Betragsrahmen mehr vorgesehen. Rechtsanwälte, die eine Beratung vornehmen, sollen auf eine Gebührenvereinbarung hinwirken. Ziel dieser Neuregelung ist, dass der Mandant besser abschätzen können soll, welcher Vergütungsanspruch auf ihn zukommt.

→ Achten Sie bei der Anwaltssuche vor allem bei schwierigeren Fällen auf die fachliche Spezialisierung. Falls der Anwalt keinen Fachanwaltstitel hat, sollten Sie sich nicht scheuen, nachzufragen, wie intensiv er sich schon mit Versicherungs- oder Altersvorsorgefragen befasst hat.

→ Nutzen Sie Online-Beratungen und vor allem telefonische Anwalts-Hotlines nur, um einfache Fragen zu klären, bei denen keine schriftlichen Unterlagen eingesehen werden müssen und achten Sie hier ebenfalls auf die richtige Spezialisierung. Tests haben mehrfach gezeigt, dass die Fehlerquoten bei diesen Beratungen relativ hoch sind.

→ Vermeiden Sie unliebsame Überraschungen und erkundigen Sie sich schon vor oder beim ersten Gespräch nach den Anwaltsgebühren. Sie können auch über die Honorare verhandeln. In jedem Fall sollte dies schriftlich festgehalten werden. Ein Anwalt kann nur dann mehr als die gesetzlichen Honorare verlangen, wenn er dies mit Ihnen schriftlich vereinbart hat.

Außergerichtliche Streitbeilegung

Falls Sie sich mit dem Kontrahenten nicht direkt gütlich einigen können, müssen Sie nicht gleich die Gerichte bemühen. Inzwischen gibt es eine Reihe von außergerichtlichen Einrichtungen wie Ombudsstellen, die Sie im Streitfall zunächst anrufen können.

Versicherungsombudsmann

Die deutsche Versicherungswirtschaft hat 2001 den Versicherungsombudsmann eingerichtet. An ihn können sich Verbraucher wenden, die Ärger mit einem Versicherungsunternehmen haben. Kosten entstehen Ihnen dabei nicht. Bei Streitigkeiten bis zu 5000 Euro ist die Entscheidung für die Versicherungsgesellschaft bindend, bei höheren Streitwerten bis zu 50 000 Euro kann der Ombudsmann nur eine Empfehlung aussprechen. Als Kunde dagegen müssen Sie die Entscheidung in keinem Fall akzeptieren und können später noch vor Gericht klagen.

Krankenversicherungsombudsmann

Für die private Kranken- und Pflegeversicherung wurde eine separate, ebenfalls kostenlose Ombudsstelle eingerichtet. Die Befugnisse des PKV-Ombudsmannes sind jedoch stärker eingeschränkt, er darf ausschließlich Empfehlungen aussprechen. Auch hier können Sie das Gericht anrufen, wenn Sie mit der Entscheidung nicht zufrieden sind.

Bund der Versicherten

Wenn sich ein Mitglied zu einem BdV-Rahmenvertrag angemeldet hat und es im Schadensfall Differenzen gibt, kann der BdV bei der Prüfung der Leistungen beratend und vermittelnd einbezogen werden. Dieser Service ist für die Mitglieder kostenlos.

Bundesanstalt für Finanzdienstleistungsaufsicht (BaFin)

Sie haben auch die Möglichkeit, sich mit Versicherungsproblemen an die Bundesanstalt für Finanzdienstleistungsaufsicht (BaFin) zu wenden. Die BaFin fordert den Vorstand des Unternehmens zur Stellungnahme auf und überprüft den Fall. Eine verbindliche Entscheidung kann die BaFin nicht treffen, aber nach eigenen Angaben ist rund jede dritte Eingabe erfolgreich.

→ Achten Sie auf die Verjährungsfristen, damit Sie im Notfall noch klagen können (vgl. Abschnitt »Klage und Verjährung«, siehe Seite 368).

Widerspruch bei gesetzlichen Versicherungen

Bei gesetzlichen Versicherungen müssen Sie einen anderen Weg gehen. Wenn Sie von einem Sozialversicherungsträger wie der gesetzlichen Krankenkasse oder Rentenversicherung einen Bescheid bekommen, mit dem Sie nicht einverstanden sind, können Sie Widerspruch einlegen. Dabei sind bestimmte Fristen einzuhalten. Diese müssen Ihnen mit dem Bescheid mitgeteilt werden. Meist haben Sie einen Monat Zeit. Der Widerspruch ist kostenlos.

Wenn Sie Widerspruch einlegen, muss der Sozialversicherungsträger die Angelegenheit noch einmal prüfen. Wenn sich herausstellt, dass Ihre Einwände berechtigt waren, erhalten Sie einen Abhilfebescheid. Bei einer unveränderten Entscheidung schickt Ihnen der Sozialversicherungsträger einen Widerspruchsbescheid.

→ Halten Sie auf jeden Fall die Fristen ein und begründen Sie den Widerspruch nach Möglichkeit. Die Begründung können Sie noch später nachreichen. Dafür kann es sinnvoll sein, zuvor mit dem zuständigen Sachbearbeiter zu sprechen und sich beispielsweise nach der Rechtsgrundlage für den abschlägigen Bescheid zu erkundigen oder anderen sachkundigen Rat z. B. eines Rentenberaters hinzuzuziehen.

Klage und Verjährung

Falls alle außergerichtlichen Bemühungen gescheitert sind, bleibt nur noch der Gang zum Gericht. Für Streitwerte bis zu 5000 Euro sind normalerweise die Amtsgerichte zuständig. Wenn der Streitwert höher ist, müssen Sie die Klage beim Landgericht einreichen; hier herrscht Anwaltszwang, so dass Sie rechtzeitig einen Rechtsanwalt mit der Wahrnehmung Ihrer Interessen beauftragen müssten. Eine Sonderstellung haben auch hier die gesetzlichen Versicherungen. Diese Fälle werden vor den Sozialgerichten verhandelt.

Ihre Rechte können Sie nur innerhalb eines bestimmten Zeitraums geltend machen. Bei Versicherungsverträgen verjähren Ihre Ansprüche in drei Jahren (§ 195 BGB). Die Verjährung beginnt mit dem Ende des Jahres, in dem Sie Anspruch auf eine Leistung haben. Wenn Sie beim Versicherungsunternehmen einen Anspruch angemeldet haben, ist die Verjährung gehemmt bis zu dem Zeitpunkt, an dem Sie eine schriftliche Entscheidung des Versicherungsunternehmens erhalten. Das bedeutet, dass diese Zeitspanne bei der Verjährungsfrist nicht angerechnet wird.

Die früher bestehende Ausschlussfrist des § 12 Absatz 3 VVG (alte Fassung) binnen sechs Monaten ab Ablehnung des Versicherers gilt nicht mehr.

Die Kosten für die Gerichte sind im Gerichtskostengesetz

festgelegt und richten sich nach dem Streitwert. Beim Sozialgericht dagegen fallen für Versicherte keine Gerichtskosten an. Die gesamten Kosten trägt derjenige, der verliert. Das sind die Gerichtskosten sowie die Honorare für den eigenen und den gegnerischen Anwalt, möglicherweise zusätzliche Auslagen, beispielsweise für Sachverständige.

- Wer seine Ansprüche durchsetzen will, muss Beweise bringen. Er muss die Tatsachen nachweisen, auf die er seine Forderungen stützt. Achten Sie daher darauf, dass im Versicherungsantrag alle wesentlichen Angaben wahrheitsgemäß enthalten sind. Oder machen Sie beispielsweise Fotos von wertvollen Gegenständen, die Sie versichert haben, oder Videoaufnahmen vom Haus. Bewahren Sie diese Beweise außer Haus auf. Auch im Schadensfall sollten Sie sofort an die Beweissicherung denken. Neben schriftlichen Beweisen und Fotos kommen auch Zeugen in Betracht.
- Wichtig sind die Verjährungsfristen. Wenn Sie eine Beschwerde- oder Schlichtungsstelle anrufen, ist der Ablauf der Verjährung nicht immer gehemmt. Beim PKV-Ombudsmann beispielsweise ist sie nur für sechs Monate gehemmt. Erkundigen Sie sich daher nach den Verjährungsregeln und achten Sie auf die Fristen, damit Sie notfalls noch rechtzeitig klagen können.
- Nach den Kosten sollten Sie sich bereits erkundigen, bevor Sie Klage erheben. Prüfen Sie, ob dieser Aufwand in einem angemessenen Verhältnis zum Streitwert steht.

Teil 3

Anhang

Literatur

Bund der Versicherten e.V.
Der Bund der Versicherten informiert mit zahlreichen kostenlosen Informationsmaterialien rund um Versicherungen und Altersvorsorge:

Broschüren
> Gut und günstig versichert
> Krankenversicherung
> Ausbildung und Studium
> Versicherungen für Senioren

Merkblätter
> Abgeltungssteuer
> Arbeitslosengeld II und Versicherungen
> Ausstieg aus Kapitallebensversicherungen
> Bankenkrise
> Berufsunfähigkeitsversicherung
> Betriebliche Altersvorsorge
> Geldanlage
> Gesundheitsreform
> Haftpflichtversicherung
> Hausratversicherung
> Kapitallebensversicherung
> Kfz-Musterbrief zur Einholung von Versicherungsangeboten
> Kfz-Versicherung
> Krankenzusatzversicherungen
> Mindestrückkaufswert Kapitallebensversicherungen
> Pflegeversicherung
> Private Rentenversicherung
> Raus aus Versicherungen
> Rechtsschutzversicherung
> Reiseversicherung
> Riester-Rente
> Risikolebensversicherung
> Rürup-Rente
> Unfallversicherung
> Verbraucherzentralen (Anschriften)
> Verkauf von Kapitallebensversicherungen
> Versicherung bei Unwetter
> Versicherungen für Bauvorhaben
> Versicherungen für Tiere
> Wechsel der gesetzlichen Krankenversicherung
> Wertermittlung Hausrat
> Wertermittlung Wohngebäude
> Wohngebäudeversicherung
> Wohngebäudeversicherung bei Hauskauf

Bestellung:
Bund der Versicherten e.V.
Postfach 1153
24547 Henstedt-Ulzburg
Telefon: 04193-94222
Telefax: 04193-94221
E-Mail: info@bundderversicherten.de
oder über www.bundderversicherten.de, auch als Download.

Bundesministerium der Finanzen
Das Bundesministerium der Finanzen gibt kostenlose Broschüren zu Besteuerung und Förderung der Altersvorsorge heraus:
> Das Alterseinkünftegesetz: Gerecht für Jung und Alt
> Vorsorgen und Steuern sparen
Bestellung:
telefonisch über 03018-682-3300 (Ortstarif)

per Telefax unter 03018-682-4420 (Ortstarif)
per E-Mail unter buergerreferat@bmf.bund.de
Online ist auch ein Download der Broschüren möglich.

Bundesministerium für Gesundheit (BMG)
Das BMGS bietet kostenlose Broschüren zu gesetzlichen Versicherungen und zur Altersvorsorge an:
> Ratgeber zur gesetzlichen Krankenversicherung (A 400)
> Pflegeversicherung (A 500)

Bundesministerium für Arbeit und Soziale Sicherung (BMAS)
Das BMAS bietet kostenlose Broschüren zu gesetzlichen Versicherungen und zur Altersvorsorge an:
> Ratgeber zur Rente (A 815)
> Broschüre zur zusätzlichen Altersvorsorge (A 817)
> Broschüre zur Erwerbsminderungsrente (A 261)

Bestellung:
Telefon: 03018-527-0 (Ortstarif)
Telefax: 03018-527-1830 (Ortstarif)
per Mail: info@bmas.bund.de

Schriftlich: Bundesministerium für Arbeit und Soziales, Wilhelmstraße 49, 11017 Berlin

Verbraucherzentralen
Ratgeber:
> ABC der gesetzlichen Krankenversicherung, 2004
> ABC der Versicherungen, 2006
> Berufsunfähigkeit gezielt absichern, Verbraucherzentrale Nordrhein-Westfalen und Stiftung Warentest (Hrsg.), 2005
> Die private Krankenversicherung, 2005
> Die Riester-Rente, 2005
> Gesetzliche Krankenversicherung, 2006
> Kündigung von Versicherungsverträgen, 2006
> Kraftfahrzeugversicherung, 2003
> Pflegefall – was tun? 2005
> Private Altersvorsorge, 2004
> Private Krankenzusatzversicherungen, 2006
> Rechtzeitig fürs Alter vorsorgen, 2005

Bestellung:
Versandservice Verbraucherzentrale Bundesverband,
Telefon: 02962-908647,
Telefax: 02962-908649,
E-Mail: versandservice@vzbv.de, Internet: www.vzbv.de, oder direkt in den örtlichen

Verbraucherberatungsstellen
Stiftung Warentest
Ratgeber:
> Zinsanlagen, 2006
> Gesetzliche Krankenversicherung, 2005
> Aktien & Co., 2004
> Geldanlage mit Investmentsfonds, Finanztest Spezial (jährliche Neuauflage)
> Berufsunfähigkeit gezielt absichern, siehe Verbraucherzentralen

Bestellung:
Stiftung Warentest:
Telefon 01805-002467 (0,14 €/Min.),
Telefax 01805-002468 (0,14 €/Min.) oder online unter
www.stiftung-warentest.de/shop

Adressen

Verbraucherorganisationen und unabhängige Berater

Bund der Versicherten e.V. (BdV)
Postfach 11 53
24547 Henstedt-Ulzburg
Telefon: 04193-94222
Telefax: 04193-94221
E-Mail: info@bundderversicherten.de
Internet:
www.bundderversicherten.de

Verbraucherzentrale Bundesverband e.V. (vzbv)
Markgrafenstraße 66
10969 Berlin
Telefon: 030-25800-0
Telefax: 030-25800-218
E-Mail: info@vzbv.de
Internet: www.vzbv.de

Verbraucherzentrale Baden-Württemberg e.V.
Paulinenstraße 47
70178 Stuttgart
Telefon: 0711-669110
Telefax: 0711-669150
E-Mail: info@vz-bw.de
Internet: www.vz-bw.de

Verbraucherzentrale Bayern e.V.
Mozartstraße 9
80336 München
Telefon: 089-539870
Telefax: 089-537553
E-Mail: info@vzbayern.de
Internet: www.verbraucherzentrale-bayern.de

Verbraucherzentrale Berlin e.V.
Hardenbergplatz 2
10623 Berlin
Telefon: 030-21485-0
Telefax: 030-2117201
E-Mail:
mail@verbraucherzentrale-berlin.de
Internet: www.vz-berlin.de

Verbraucherzentrale Brandenburg e.V.
Templiner Straße 21
14473 Potsdam
Telefon: 0331-29871-0
Telefax: 0331-2987177
E-Mail: info@vzb.de
Internet: www.vzb.de

Verbraucherzentrale Bremen e.V.
Altenweg 4
28195 Bremen
Telefon: 0421-160777
Telefax: 0421-1607780
E-Mail:
info@verbraucherzentrale-bremen.de
Internet: www.verbraucherzentrale-bremen.de

Verbraucherzentrale Hamburg e.V.
Kirchenallee 22
20099 Hamburg
Telefon: 040-248320
Telefax: 040-24832290
E-Mail: info@vzhh.de
Internet: www.vzhh.de

Verbraucherzentrale Hessen e.V.
Große Friedberger Straße 13–17
60313 Frankfurt/Main
Telefon: 01805-972010 (0,14 Euro/Min.)
Telefax: 069-972010-50
E-Mail: vzh@verbraucher.de
Internet: www.verbraucher.de

Neue Verbraucherzentrale in Mecklenburg und Vorpommern e.V.
Strandstraße 98
18055 Rostock
Telefon: 0381-2087050
Telefax: 0381-2087030
E-Mail: info@nvzmv.de
Internet: www.nvzmv.de

Verbraucherzentrale Niedersachsen e.V.
Herrenstraße 14
30159 Hannover
Telefon: 0511-91196-0
Telefax: 0511-91196-10
E-Mail: info@vzniedersachsen.de
Internet: www.vzniedersachsen.de

Verbraucherzentrale Nordrhein-Westfalen e.V.
Mintropstraße 27
40215 Düsseldorf
Telefon: 0211-3809-0
Telefax: 0211-3809-216
E-Mail: vz.nrw@vz-nrw.de
Internet: www.vz-nrw.de

Verbraucherzentrale Rheinland-Pfalz e.V.
Ludwigsstraße 6
55116 Mainz
Telefon: 06131-2848-0
Telefax: 06131-2848-66
E-Mail: info@vz-rlp.de
Internet:
www.verbraucherzentrale-rlp.de

Verbraucherzentrale des Saarlandes e.V.
Trierer Straße 22
66111 Saarbrücken
Telefon: 0681-50089-0
Telefax: 0681-58809-22
E-Mail: vz-saar@vz-saar.de
Internet: www.vz-saar.de

Verbraucherzentrale Sachsen e.V.
Brühl 34–38
04109 Leipzig
Telefon: 0341-696290
Telefax: 0341-6892826
E-Mail: vzs@vzs.de
Internet: www.verbraucherzentrale-sachsen.de

Verbraucherzentrale Sachsen-Anhalt e.V.
Steinbockgasse 1
06108 Halle
Telefon: 0345-2980329
Telefax: 0345-2980326
E-Mail: vzsa@vzsa.de
Internet: www.vzsa.de

Verbraucherzentrale Schleswig-Holstein e.V.
Andreas-Gayk-Str. 15
24103 Kiel
Telefon: 0431-590990
Telefax: 0431-5909977
E-Mail:
info@verbraucherzentrale-sh.de
Internet:
www.verbraucherzentrale-sh.de

Verbraucherzentrale Thüringen e.V.
Eugen-Richter-Straße 45
99085 Erfurt
Telefon: 0361-55514-0
Telefax: 0361-55514-40
E-Mail: info@vzth.de
Internet: www.vzth.de

Stiftung Warentest
Lützowplatz 11–13
10785 Berlin
Telefon: 030-26 31-0
Telefax: 030-26 31-27 27
E-Mail: email@stiftung-warentest.de
Internet: www.stiftung-warentest.de

Bundesverband der Versicherungsberater e.V. (BVVB)
Rheinweg 24
53113 Bonn
Telefon: 0228-3 87 29 29
Telefax: 0228-3 87 29 31
E-Mail: info@bvvb.de
Internet: www.bvvb.de

Bundesverband Deutscher Rechtsbeistände/
Rechtsbeistände e.V.
Rheinweg 24
53113 Bonn
Telefon: 0228-92 39 91 20
Telefax: 0228-92 39 91 26
E-Mail: bdr@rechtsbeistand.de
Internet: www.rechtsbeistand.de

Bundesverband der Rentenberater e.V.
Hohenstauffenring 17
50674 Köln
Telefon: 0221-2 40 66 42
Telefax: 0221-2 40 69 46
E-Mail: info@rentenberater.de
Internet: www.rentenberater.de

Bund versicherter Unternehmer e.V. (BvU)
Kirchstr. 1
93092 Barbing
Telefon: 09401-5 17 40
Telefax: 09401-8 05 81
E-Mail: info@bvuev.de
Internet: www.bvuev.de

Ministerien

Bundesministerium der Finanzen (BMF)
Wilhelmstraße 97
10117 Berlin
Telefon: 03018-6 82-0
Telefax: 03018-6 82-32 60
E-Mail: poststelle@bmf.bund.de
Internet:
www.bundesfinanzministerium.de

Bundesministerium für Gesundheit (BMG)
11055 Berlin
Telefon: 030-1 84 41-0 (Ortstarif)
Telefax: 030-1 84 41-19 21 (Ortstarif)
E-Mail: info@bmg.bund.de
Internet:
www.gesundheitsministerium.de
www.die-rente.info
www.die-gesundheitsreform.de

Bürgertelefon (0,14 Euro/Min. aus dem deutschen Festnetz, Mobilfunkpreise können abweichen) Montag bis Donnerstag von 08:00 bis 18:00 Uhr, Freitag von 08:00 bis 12:00 Uhr:
Krankenversicherung für alle:
01805-99 66 01
Gesetzliche Krankenversicherung:
01805-99 66 02
Pflegeversicherung: 01805-99 66 03
Gesundheitliche Prävention:
01805-99 66 09
Gehörlosen/Hörgeschädigten-Service – Schreibtelefon
01805-99 66 07,
Telefax 01805-22 11 28
E-Mail: info.deaf@bmg.bund.de
Info.gehoerlos@bmg.bund.de

Bundesministerium der Justiz (BMJ)
Mohrenstraße 37
10117 Berlin
Telefon: 030-18580-0
Telefax: 030-18580-9525
E-Mail: poststelle@bmj.bund.de
Internet: www.bmj.bund.de

Bundesministerium für Ernährung, Landwirtschaft und Verbraucherschutz (BMVEL)
Rochusstraße 1
53123 Bonn
Telefon: 0228-99529-0
Telefax: 0228-99529-3179
E-Mail: poststelle@bmvel.bund.de
Internet:
www.verbraucherministerium.de

Versicherungswirtschaft

Gesamtverband der Deutschen Versicherungswirtschaft e.V. (GDV)
Wilhelmstr. 43/43 G
10117 Berlin
Telefon: 030-2020 5000
Telefax: 030-2020 6000
kostenlose Hotline für Verbraucher:
0800-3399399
E-Mail: berlin@gdv.de
Internet: www.gdv.de

Typklasseneinteilung:
www.typklassen.de

Zentralruf der Autoversicherer
Telefon: 0180-25026 (0,06 Euro/Anruf aus dem deutschen Festnetz, Mobilfunkpreise können abweichen)
Telefax: 040-33449-7060
E-Mail: anfrage@zentralruf.de
Internet: www.zentralruf.de

Verkehrsopferhilfe e.V.
Wilhelmstr. 4¾3 G
10117 Berlin
Telefon: 030-3020205000
Telefax: 030-20205722
E-Mail: voh@verkerhrsopferhilfe.de
www.verkehrsopferhilfe.de

Deutsches Büro Grüne Karte e.V.
Wilhelmstr. 43/43 G
10117 Berlin
Telefon: 040-33440-0
Telefax: 040-33440-7040
E-Mail: dgbk@gruene-karte.de
Meldung von Schadenfällen:
claims@gruene-karte.de
Internet: www.gruene-karte.de

Bundesverband Vermögensanlagen im Zweitmarkt Lebensversicherungen e.V. (BVZL)
c/o WealthCap WMC34
Arabellastr. 14
81925 München
Telefon: 089-678205-412
Telefax: 089-678205-431
E-Mail: info@bvzl.de
Internet: www.bvzl.de

Versicherungsunternehmen

AachenMünchener Versicherung AG
Aureliusstraße 2
52064 Aachen
Telefon: 0241-456-0
Telefax: 0241-456-5678
Internet: www.amv.de

ABC Lebensversicherung AG
Unter den Linden 42
10117 Berlin
Telefon: 030-20208-318
Telefax: 030-20208-377

ACE European Group Limited, London
Direktion für Deutschland
Lurgiallee 10
60439 Frankfurt
Telefon: 069-75613-0
Telefax: 069-746193
Internet: www.aceeurope.de

ADLER Lebensversicherung
Neue Rabenstraße 15–19
20354 Hamburg
Telefon: 040-4124-0
Telefax: 040-4124-2958

ADLER Versicherung AG
Leibnizstraße 3–4
10625 Berlin
Telefon: 030-347880
Telefax: 030-3478 8320

AdvoCard
Rechtsschutzversicherung AG
Postfach 106431
20043 Hamburg
Telefon: 040-237310
Telefax: 040-23731414
Internet: www.advocard.de

AGILA Haustierversicherung AG
Breite Straße 6–8
30159 Hannover
Telefon: 0511-3032-383
Telefax: 0511-3032-200
Internet: www.agila.de

AIG EUROPE S.A., Paris
Direktion für Deutschland
Postfach 101736
60017 Frankfurt
Telefon: 069-97113-0
Telefax: 069-97113-290
Internet: www.aigeurope.com

Aioi Motor an General Insurance
Company of Europe Ltd.
Niederlassung Deutschland
Leopoldstraße 208
80804 München
Telefon: 089-244474-0
Telefax: 089-244474-555

Coface Deutschland AG
Coface Kreditversicherung AG
Postfach 1209
55002 Mainz
Telefon: 06131-323-0
Telefax: 06131-372766
Internet: www.coface.de

Allgemeine Rentenanstalt
Pensionskasse AG
Gutenbergstraße 30
70176 Stuttgart
Telefon: 0711-662-0
Telefax: 0711-662-2520
Internet: www.ww-ag.com

Allianz
Lebensversicherungs-AG
Reinsburgstraße 19
70178 Stuttgart
Telefon: 0711-663-0
Telefax: 0711-663-2654
Internet: www.allianz.de

Allianz
Versicherungs-AG
Königinstraße 28
80802 München
Telefon: 089-38000
Telefax: 089-3800-3425
Internet: www.allianz.de

Allianz
Private Krankenversicherungs-AG
Fritz-Schäffer-Straße 9
81737 München
Telefon: 089-6785-0
Telefax: 089-6785-6523
Internet: www.allianz.de/produkte

Allrecht Rechtsschutzversicherung
Liesegangstraße 15
40211 Düsseldorf
Telefon: 0211-90899-0
Telefax: 0211-90899-99
Internet: www.allrecht.de

ALTE LEIPZIGER
Lebensversicherung a. G.
Versicherung AG
Alte Leipziger-Platz 1
61440 Oberursel
Telefon: 06171-66-00
Telefax: 06171-24434
Internet: www.alte-leipziger.de

ALTE OLDENBURGER
Krankenversicherung AG
Moorgärten 12–14
49377 Vechta
Telefon: 04441-905-0
Telefax: 04441-905-470
Internet: www.alte-oldenburger.de

AMB Generali Pensionsfonds AG
Oeder Weg 151
60318 Frankfurt
Telefon: 069-1502-2473
Telefax: 069-1502-2001

AMB Generali Pensionskasse AG
Aureliusstraße 2
52064 Aachen
Telefon: 01801-999399-7740
(zum Citytarif Ihres Anschlussnetzbetreibers)
Telefax: 01801-999399-7749
(zum Citytarif Ihres Anschlussnetzbetreibers)
Internet: www.ambgpk.de

Ammerländer Versicherung VVaG
Bahnhofstraße 8
26655 Westerstede
Telefon: 04488-52959-50
Telefax: 04488-52959-59
Internet: www.ammerlaender-versicherung.de

RAG
Lebensversicherungs-AG
Krankenversicherungs-AG
Prinzregentenplatz 9
81675 München
Telefon: 089-412401
Telefax: 089-41242525
Internet: www.arag.de

ARAG
Allgemeine Rechtsschutz-Versicherungs-AG
Allgemeine Versicherungs-AG
ARAG Platz 1
40472 Düsseldorf
Telefon: 0211-963-01
Telefax: 0211-963 28 50
Internet: www.arag.de

ASPECTA
Lebensversicherung AG
Versicherung AG
Überseering 10
22297 Hamburg
Telefon: 040-32 10 26
Telefax: 040-32 10 28 00
Internet: www.aspecta.de

Assitalia
Le Assicurazioni d'Italia S.p.A., Rom,
Zweigniederlassung für Deutschland
Ostendstraße 100
90482 Nürnberg
Telefon: 0911-53 13 688
Telefax: 0911-53 14 715

ASSTEL
Lebensversicherung AG
Sachversicherung AG
Schanzenstraße 28
51175 Köln
Telefon: 0221-967 76 77
Telefax: 0221-967 71 00
Internet: www.asstel.de

Atradius Kreditversicherung AG
Opladener Straße 14
50679 Köln
Telefon: 0221-2044-4000
Telefax: 0221-2044-4144
Internet: www.atradius.de

AUXILIA
Rechtsschutz-Versicherungs-AG
Postfach 15 12 20
80047 München
Telefon: 089-53 98 1-0
Telefax: 089-53 98 1-250
Internet: www.auxilia.de

AXA
Versicherung AG
ART Versicherung AG
Konzern AG
Krankenversicherung AG
Lebensversicherung AG
Versicherung AG
Colonia-Allee 10–20
51067 Köln
Telefon: 01803-55 66 22 (0,09 Euro pro Minute aus dem deutschen Festnetz, Mobilfunkpreise können abweichen)
Telefax: 0221-148-21704
Internet: www.axa.de

Baden-Badener Versicherung AG
Schlackenbergstraße 20
66386 St. Ingbert
Telefon: 06894-915-911
Telefax: 06894-915-434
Internet: www.baden-badener.de

BGV Badische Versicherungen
Rechtsschutzversicherung AG
Durlacher Allee 56
76131 Karlsruhe
Telefon: 0721-660-0
Telefax: 0721-660-1688
Internet: www.bgv.de

Barmenia Krankenversicherung auf Gegenseitigkeit
Lebensversicherung a. G.
Allgemeine Versicherungs-AG
Kronprinzenallee 12–18
42094 Wuppertal
Telefon: 0202-438-00
Telefax: 0202-438-2846
Internet: www.barmenia.de

Basler
Securitas Versicherungs-AG
Basler Straße 4
61345 Bad Homburg
Telefon: 06172-125220
Telefax: 06172-125456
Internet: www.basler.de

BAYERISCHE BEAMTEN
Lebensversicherung a. G.
Versicherung AG
BBV-Krankenversicherung AG
Thomas-Dehler-Straße 25
81737 München
Telefon: 01801-228366
(0,039 Euro/Minute aus dem deutschen Festnetz, Mobilfunkpreise können abweichen)
Telefax: 01801-228329
(0,039 Euro/Minute aus dem deutschen Festnetz, Mobilfunkpreise können abweichen)
Internet: www.bbv.de

Bayerische Beamtenkrankenkasse
Maximilianstr. 53
80530 München
Telefon: 089-2160-8888
Telefax: 089-2160-8108
Internet: www.vkb.de

Bayerische Hausbesitzer-Versicherungs-Gesellschaft a. G.
Postfach 150409
80043 München
Telefon: 089-55141-620
Telefax: 089-598955
Internet: www.bhvg.de

Bayerische Landesbrandversicherung AG
Bayerischer Versicherungsverband Versicherungs-AG
Maximilianstraße 53
80530 München
Telefon: 089-2160-0
Telefax: 089-2160-2714
Internet: www.vkb.de

BAYERISCHE VERSORGUNGSKAMMER
Zusatzversorgungskasse der bayerischen Gemeinden
Denninger Straße 37
81925 München
Telefon: 089-9235-6
Telefax: 089-9235-8025
Internet: www.versorgungskammer.de

Bayern-Versicherung Lebensversicherung AG
Maximilianstraße 53
80530 München
Telefon: 089-2160-0
Telefax: 089-2160-2714
Internet: www.vkb.de

Bergische Brandversicherung VaG
Hofkamp 86
42103 Wuppertal
Telefon: 0202-444808
Telefax: 0202-444807

Delta Lloyd Deutschland AG
Wittelsbacher Straße 1
65189 Wiesbaden
Telefon: 01803-9909000
(0,09 Euro pro Minute aus dem deutschen Festnetz, Mobilfunkpreise können abweichen)
Telefax: 0611-773-2664
Internet: www.berlinische.de

BHW Holding AG
Lebensversicherung AG
Pensionskasse AG
Lubahnstraße 2
31789 Hameln
Telefon: 01802-020110
(0,06 Euro pro Anruf aus dem deutschen Festnetz, Mobilfunkpreise können abweichen)
Telefax: 05151-18-3001
Internet: www.bhw.de

Braunschweigische Landesbrandversicherungsanstalt
Theodor-Heuss-Straße 10
38122 Braunschweig
Telefon: 0531-202-0
Telefax: 0531-202-1500

BRUDERHILFE Sachversicherung
Kölnische Straße 108–112
34108 Kassel
Telefon: 01802-153456
(0,06 Euro pro Anruf aus dem deutschen Festnetz, Mobilfunkpreise können abweichen)
Telefax: 01802-741258
(0,06 Euro pro Anruf aus dem deutschen Festnetz, Mobilfunkpreise können abweichen)
Internet: www.bruderhilfe.de

BRUNSVIGA Lebensversicherung
Siegfried-Wedells-Platz 1
20354 Hamburg
Telefon: 040-4119-7068
Telefax: 040-4119-3434
Internet: www.brunsviga.de

Canada Life Assurance Europe Limited
Niederlassung für Deutschland
Höninger Weg 153 a
50969 Köln
Telefon: 0180-307777-3 (0,09 Euro pro Anruf aus dem deutschen Festnetz, Mobilfunkpreise können abweichen)
Telefax: 0180-307777-4 (0,09 Euro pro Anruf aus dem deutschen Festnetz, Mobilfunkpreise können abweichen)
Internet: www.canadalife.de

Central Krankenversicherung AG
Hansaring 40–50
50670 Köln
Telefon: 0221-1636-0
Telefax: 0221-1636-200
Internet: www.central.de

CGU International Insurance plc.
Niederlassung Deutschland
Augustaanlage 66
68165 Mannheim
Telefon: 0621-457-0
Telefax: 0621-457-3455
Internet: www.cguasia.com

Chubb Insurance Company of Europe S.A.
Direktion für Deutschland
Grafenberger Allee 295
40237 Düsseldorf
Telefon: 0211-8773-0
Telefax: 0211-8773-333
Internet: www.chubb.com

CiV
Lebensversicherung AG
Versicherung AG
ProACTIV-Platz 1
40721 Hilden
Telefon: 02103-34 88 20
Telefax: 02103-34 73 29
Internet: www.civ-versicherung.de

CNA Insurance Company Limited
Direktion für Deutschland
Im Mediapark 8
50670 Köln
Telefon: 0221-55 40 53 47
Telefax: 0221-5 54 05 45
Internet: www.cnaeurope.com

Concordia
Lebensversicherungs-AG
Rechtsschutz-Versicherungs-AG
Versicherungs-Gesellschaft auf Gegenseitigkeit
Krankenversicherungs-AG
Karl-Wiechert-Allee 55
30625 Hannover
Telefon: 0511-5701-0
Telefax: 0511-5701-1400
Internet: www.concordia.de

Condor
Allgemeine Versicherungs-AG
Lebensversicherungs-AG
Admiralitätstraße 67
20459 Hamburg
Telefon: 040-36139-0
Telefax: 040-3 61 39-100
Internet:
www.condor-versicherungsgruppe.de

Continentale
Krankenversicherung
Ruhrallee 92
44139 Dortmund
Telefon: 0231-919-0
Telefax: 0231-919-3255
Internet: www.continentale.de

Continentale
Lebensversicherung a. G.
Baierbrunner Straße 31–33
81379 München
Telefon: 089-5153-0
Telefax: 089-5153-810
Internet: www.continentale.de

Continentale Sachversicherung
Ruhrallee 92
44139 Dortmund
Telefon: 0231-919-0
Telefax: 0231-9192-2059
Internet: www.continentale.de

SCOR GLOBAL LIFE SE
Im Mediapark 8 a
50670 Köln
Telefon: 0221-58900
Telefax: 0221-5 89 00 51 17
Internet: www.scor.com

Cordial Versicherung AG
Karl-Wiechert-Allee 55
30625 Hannover
Telefon: 0511-5701-0
Telefax: 0511-5701-1400
Internet: www.cordial.de

Cosmos
Versicherung AG
Lebensversicherungs-AG
Halbergstraße 50–60
66101 Saarbrücken
Telefon: 0681-9 66 66 66
Telefax: 0681-9 66 66 33
Internet: www.cosmosdirekt.de

D.A.S. Deutscher Automobil Schutz
Allgemeine Rechtsschutz-Versicherungs-AG
Versicherungs AG
Thomas-Dehler-Straße 2
81728 München
Telefon: 01805-170170 (0,14 Euro pro Minute aus dem deutschen Festnetz, Mobilfunkpreise können abweichen)
Telefax: 089-6275-1650
Internet: www.das.de

DA Direkt Versicherung
Oberstedter Straße 14
61440 Oberursel
Telefon: 06171-69-0
Telefax: 06171-69-1555
Internet: www.da-direkt.de

DARAG – Deutsche Versicherungs- und Rückversicherungs-AG
Postfach 10
13062 Berlin
Telefon: 030-47708-0
Telefax: 030-47708-100
Internet: www.darag.de

DBV Deutsche Beamten-Versicherung AG
Frankfurter Straße 50
65178 Wiesbaden
Telefon: 0611-363-0
Telefax: 0611-363-6565
Internet: www.dbv-winterthur.de

DBV-Winterthur
Krankenversicherung
Lebensversicherung AG
Rechtsschutzversicherung
Frankfurter Straße 50
65178 Wiesbaden
Telefon: 0611-363-0
Telefax: 0611-363-6565
Internet: www.dbv-winterthur.de

Debeka
Lebensversicherungsverein a.G.
Krankenversicherungsverein a.G.
Allgemeine Versicherung AG
Pensionskasse AG
Ferdinand-Sauerbruch-Straße 18
56058 Koblenz
Telefon: 0261-498-4664
Telefax: 0261-41402
Internet: www.debeka.de

Delta Direkt
Lebensversicherung AG
Ottostraße 16
80333 München
Telefon: 089-552250-1130
Telefax: 089-552250-1212
Internet: www.deltadirekt.de

Delvag
Luftfahrtversicherungs-AG
Von-Gablenz-Straße 2–6
50679 Köln
Telefon: 0221-8292-001
Telefax: 0221-8292-250
Internet: www.delvag.de

DEURAG
Deutsche Rechtsschutz-Versicherung AG
Abraham-Lincoln-Straße 3
65189 Wiesbaden
Telefon: 0611-771-0
Telefax: 0611-771-300
Internet: www.deurag.de

deutsche internet versicherung AG
Ruhrallee 92
44139 Dortmund
Telefon: 0231-9252694
Telefax: 0231-9252611
Internet: www.deutscheinternet versicherung.de

Deutsche Lebensversicherungs-AG
An den Treptowers 3
12435 Berlin
Telefon: 030-53893-64711
Telefax: 030-53893-24708
Internet: www.dlvag.de

Deutsche Steuerberater Versicherung
Pensionskasse des steuerberatenden Berufs VVaG
Poppelsdorfer Allee 24
53014 Bonn
Telefon: 0228-982130
Telefax: 0228-9821311
Internet: www.ds-versicherung.de

Deutsche Versicherungs-Gesellschaft in Bremen AG
Postfach 107807
28078 Bremen
Telefon: 0421-3085-0
Telefax: 0421-3085-300

Deutsche Ärzte-Versicherung
Colonia Allee 10–20
51067 Köln
Telefon: 0221-148-22700
Telefax: 0221-148-21442
Internet: www.aerzteversicherung.de

DEUTSCHER HEROLD
Allgemeine Versicherung AG
Lebensversicherung AG
Poppelsdorfer Allee 25–33
53115 Bonn
Telefon: 0228-268-01
Telefax: 0228-268-3952
Internet: www.zurichde

Deutscher Ring
Krankenversicherungsverein a. G.
Lebensversicherungs-AG
Sachversicherungs-AG
Ludwig-Erhard-Straße 22
20459 Hamburg
Telefon: 040-3599-0
Telefax: 040-3599-3636
Internet: www.deutscherring.de

DEVK
Krankenversicherungs-AG
Pensionsfonds-AG
Allgemeine Lebensversicherungs-AG
Allgemeine Versicherungs-AG
Deutsche Eisenbahn Versicherung
Sach- und HUK-Versicherungsverein a. G.
Deutsche Eisenbahn Versicherung
Lebensversicherungsverein a. G.
Rechtsschutz-Versicherungs-AG
Riehler Straße 190
50735 Köln
Telefon: 0221-757-0
Telefax: 0221-757-2200
Internet: www.devk.de

Dialog Lebensversicherungs-AG
Halderstraße 29
86150 Augsburg
Telefon: 0821-319-0
Telefax: 0821-319-1533
Internet: www.dialog-leben.de

Direct Line Versicherung AG
Rheinstraße 7 a
14513 Teltow
Telefon: 0180-2672722
(0,06 Euro pro Anruf aus dem deutschen Festnetz, Mobilfunkpreise können abweichen)
Telefax: 03328-449444
Internet: www.directline.de

DIREKTE LEBEN
Versicherung AG
Postfach
60641 Frankfurt
Telefon: 069-678005-0
Telefax: 069-6771606
Internet: www.direkte-leben.de

DKV Deutsche Krankenversicherung AG
Aachener Straße 300
50933 Köln
Telefon: 01801-358100
(0,039 Euro pro Minute aus dem deutschen Festnetz, Mobilfunkpreise können abweichen)
Internet: www.dkv.com

DMB Rechtsschutz-Versicherung AG
Bonner Straße 323
50968 Köln
Telefon: 0221-37638-0
Telefax: 0221-37638-11
Internet: www.dmb-rechtsschutz.de

DOCURA
Brandkasse Deutscher Lehrer VVaG
Königsallee 57
44789 Bochum
Telefon: 0234-93715-0
Telefax: 0234-93715-99
Internet: www.docura.de

DÜSSELDORFER VERSICHERUNG
Krankenversicherungsverein a. G.
Konrad-Adenauer-Platz 12
40210 Düsseldorf
Telefon: 0211-355900-0
Telefax: 0211-35590020
Internet: www.duesseldorfer-versicherung.de

E+S Rückversicherung AG
Karl-Wiechert-Allee 50
30625 Hannover
Telefon: 0511-5604-0
Telefax: 0511-5604-1188
Internet: www.es-rueck.de

ELVIA Reiseversicherungs-Gesellschaft AG
Niederlassung für Deutschland
Ludmillastraße 26
81543 München
Telefon: 089-62424-0
Telefax: 089-62424-222
Internet: www.elvia.de

ENVIVAS Krankenversicherung AG
Gereonswall 68
50670 Köln
Telefon: 0800-4252525 (gebührenfrei)
Telefax: 0221-1636-2561
Internet: www.envivas.de

ERGO
Versicherungsgruppe AG
Pensionsfonds AG
Victoriaplatz 2
40198 Düsseldorf
Telefon: 0211-4937-0
Telefax: 0211-4937-1500
Internet: www.ergo.de

esa EuroShip Assekuradeurgesellschaft mbH
Friedrichsplatz 2
74177 Bad Friedrichshall
Telefon 07136-9513414
Telefax 07136-9513455
Internet: www.esa-marine.de

Euler Hermes Kreditversicherungs-AG
Friedensallee 254
22763 Hamburg
Telefon: 040-8834-0
Telefax: 040-8834-7744
Internet: www.eulerhermes.de

Euro-Aviation Versicherungs-AG
Hochallee 80
20149 Hamburg
Telefon: 040-445941
Telefax: 040-4505994
Internet: www.euro-aviation.de

EUROPA
Krankenversicherung AG
Lebensversicherung AG
Sachversicherung AG
Piusstraße 137
50931 Köln
Telefon: 0221-5737-200
Telefax: 0221-5737-233
Internet: www.europa.de

EUROPEWIDE LIFE S.A.
Niederlassung Deutschland
Im Mediapark 6 a
50670 Köln
Telefon: 0221-534107-0
Telefax: 0221-534107-09

EUROPÄISCHE Reiseversicherung AG
Vogelweidestraße 5
81677 München
Telefon: 089-4166-00
Telefax: 089-4166-1855
Internet: www.erv.de

EXTREMUS Versicherungs-AG
Aachener Straße 75
50931 Köln
Telefon: 0221-3480599-0
Telefax: 0221-3480599-260
Internet: www.extremus.de

F. Laeisz Versicherung AG
Trostbrücke 1
20457 Hamburg
Telefon: 040-36808-0
Telefax: 040-364876
Internet: www.laeisz.de

Fahrlehrerversicherung VaG
Mittlerer Pfad 5
70499 Stuttgart
Telefon: 0711-98889-0
Telefax: 0711-98889-860
Internet:
www.fahrlehrerversicherung.de

FAMILIENFÜRSORGE
Lebensversicherung AG
Doktorweg 2–4
32754 Detmold
Telefon: 01802-153456
(0,06 Euro pro Anruf aus dem deutschen Festnetz, Mobilfunkpreise können abweichen)
Telefax: 01802-875653
(0,06 Euro pro Anruf aus dem deutschen Festnetz, Mobilfunkpreise können abweichen)
Internet: www.bruderhilfe.de

Familienschutz
Lebensversicherung AG
Versicherung AG
Rotebühlstr. 120
70197 Stuttgart
Telefon: 0711-665-66
Telefax: 0711-665-1516
Internet: www.familienschutz.de

Feuer- und Einbruchschadenkasse der BBBank in Karlsruhe, VVaG
Herrenstraße 2–10
76133 Karlsruhe
Telefon: 0721-141-0
Telefax: 0721-141-497
Internet: www.bbbank.de

Feuersozietät Öffentliche Leben Berlin Brandenburg
10912 Berlin
Telefon: 030-2633-333
Telefax: 030-2633-400
Internet: www.feuersozietaet.de

FM Insurance Company Ltd.
Factory Mutual International
Direktion für Deutschland
Eschersheimer Landstraße 55
60322 Frankfurt
Telefon: 069-15406-100
Telefax: 069-15406-137
Internet: www.fmglobal.de

Frankfurter Versicherungs-AG
Theodor-Stern-Kai 1
60596 Frankfurt
Telefon: 069-7126-0
Telefax: 069-7126-84455
Internet: www.frankfurter-allianz.de

Freie Arzt- und Medizinkasse der Angehörigen der Berufsfeuerwehr und der Polizei VVaG
Postfach 110752
60042 Frankfurt
Telefon: 069-97466-0
Telefax: 069-97466-130
Internet: www.famk.de

Fuji International Insurance Niederlassung für Deutschland
Postfach 51 03 69
30633 Hannover
Telefon: 0511-6453581
Telefax: 0511-6453584

GARANTA Versicherungs-AG
Ostendstraße 100
90334 Nürnberg
Telefon: 0911-531-0
Telefax: 0911-531-3206
Internet: www.garanta.de

Gartenbau-Versicherung VVaG
Von-Frerichs-Straße 8
65191 Wiesbaden
Telefon: 0611-5694-0
Telefax: 0611-5694-140
Internet: www.gevau.de

GEGENSEITIGKEIT Versicherung Oldenburg VVag
Osterstraße 15
26122 Oldenburg
Telefon: 0441-9236-0
Telefax: 0441-9236-5555
Internet: www.gegenseitigkeit.de

Gemeinnützige Haftpflichtversicherungsanstalt der Gartenbau-Berufsgenossenschaft
Frankfurter Straße 126
34121 Kassel
Telefon: 0561-928-0
Telefax: 0561-928-2486
Internet: www.gartenbau.lsv.de

Gemeinnützige Haftpflicht-Versicherungsanstalt Darmstadt
Bartningstr. 57
64289 Darmstadt
Telefon: 06151-702-0
Telefax: 06151-702-1135
Internet: www.ghv-darmstadt.de

Generali Versicherung AG
Adenauerring 9,
81731 München
Telefon: 089-51210
Telefax: 089-5121-1000
Internet: www.generali.de

Generali Lebensversicherung AG Versicherung AG
Adenauerring 7
81737 München
Telefon: 089-5121-0
Telefax: 089-5121-1000
Internet: www.generali.de

Genworth Financial Insurance Deutschland
Martin-Behaim-Straße 22
63263 Neu-Isenburg
Telefon: 06102-2918-0
Telefax: 06102-2918-199
Internet: www.genworth.de

Genworth Financial Mortgage
Insurance Limited
Im Mediapark 8
50670 Köln
Telefon: 0221-22 25 22-0
Telefax: 0221-22 25 22-29
Internet: www.genworth.de

HDI-Gerling Firmen und
Privat Versicherung AG
Riethorst 2
30659 Hannover
Telefon: 01803-32 21 37 (0,09 Euro pro Minute aus dem deutschen Festnetz, Mobilfunkpreise können abweichen)
Telefax: 0221-144-67 320
Internet: www.hdi-gerling.de

HDI-Gerling Lebensversicherung AG
Gereonshof
50670 Köln
Telefon: 0221-144-25 80
Telefax: 0221-144-38 33
Internet: www.gerling.com

German Assistance Versicherung AG
Große Viehstraße 5–7
48653 Coesfeld
Telefon: 02541-802-0
Telefax: 02541-802-111
Internet: www.garantie-direkt.de

Gothaer
Lebensversicherung AG
Pensionskasse AG
Arnoldiplatz 1
50969 Köln
Telefon: 0221-308-00
Telefax: 0221-308-103
Internet: www.gothaer.de

Gothaer Allgemeine
Versicherung AG
Gothaer Allee 1
50969 Köln
Telefon: 0221-308-00
Telefax: 0221-308-103
Internet: www.gothaer.de

Gothaer Krankenversicherung AG
Arnoldiplatz 1
50969 Köln
Telefon: 0221-308-00
Telefax: 0221-308-103
Internet: www.gothaer.de

Grundeigentümer Versicherung
VVaG
Große Bäckerstraße 7
20095 Hamburg
Telefon: 040-37 66 37 66
Telefax: 040-37 66 33 00
Internet: www.grundvers.de

GUTINGIA
Lebensversicherung AG
Herzberger Landstraße 25
37085 Göttingen
Telefon: 0551-9976-0
Telefax: 0551-9976-820
Internet: www.gutingia.de

GVV
Kommunalversicherung VVaG
Privatversicherung AG
Aachener Straße 952–958
50933 Köln
Telefon: 0221-4893-0
Telefax: 0221-4893-777
Internet: www.gvv.de

HÄGER Versicherungsverein a.G.
Engerstraße 119
33824 Werther
Telefon: 05203-9713-0
Telefax: 05203-5758
Internet:
www.haeger-versicherungen.de

Haftpflichtgemeinschaft Deutscher Nahverkehrs- und Versorgungsunternehmen
Allgemeine VVaG
Arndtstraße 26
44787 Bochum
Telefon: 0234-3243-0
Telefax: 0234-3243-599
Internet: www.hdna.de

Haftpflichtkasse Darmstadt – Haftpflichtversicherung des Deutschen Hotel- und Gaststättengewerbes-VVaG
Arheilger Weg 5
64380 Roßdorf
Telefon: 06154-601-0
Telefax: 06154-601-2288
Internet: www.haftpflichtkasse.de

Haftpflichtversicherungsanstalt Braunschweig
Bruchtorwall 13
38100 Braunschweig
Telefon: 0531-4800-220
Telefax: 0531-4800-229

Hagelgilde
Versicherungs-Verein a.G.
Hof Altona
23730 Sierksdorf
Telefon: 04563-8103
Telefax: 04563-8108
Internet: www.hagelgilde.de

HALLESCHE Krankenversicherung auf Gegenseitigkeit
70166 Stuttgart
Telefon: 0800-3020100 (gebührenfrei)
Telefax: 0711-6603-333
Internet: www.hallesche.de

Hamburg-Mannheimer
Rechtsschutzversicherungs-AG
Sachversicherungs-AG
Versicherungs-AG
Pensionskasse AG
Überseering 45
22297 Hamburg
Telefon: 040-6376-0
Telefax: 040-6376-3302
Internet:
www.hamburg-mannheimer.de

Hamburger
Feuerkasse Vers.-AG
Kleiner Burstah 6-10
20457 Hamburg
Telefon: 040-30904-0
Telefax: 040-30904-9000
Internet:
www.hamburger-feuerkasse.de

Hannoversche
Lebensversicherung AG
Karl-Wiechert-Allee 10
30622 Hannover
Telefon: 0511-9565-0
Telefax: 0511-9565-666
Internet:
www.hannoversche-leben.de

Hanse-Marine-Versicherung AG
Katharinenstraße 29
20457 Hamburg
Telefon: 040-3604-0
Telefax: 040-3604-210

HanseMerkur
Allgemeine Versicherung AG
Krankenversicherung AG
Lebensversicherung AG
Reiseversicherung AG
Speziale Krankenversicherung AG
Siegfried-Wedells-Platz 1
20354 Hamburg
Telefon: 040-4119-0
Telefax: 040-4119-3257
Internet: www.hansemerkur.de

HDI Privat Versicherung AG
Riethorst 2
30659 Hannover
Telefon: 0511-645-0
Telefax: 0511-645-4545
Internet: www.hdi.de

HDI-Gerling Leben
Serviceholding AG
Gereonshof
50670 Köln
Telefon: 0221-144-0
Telefax: 0221-144-3319
Internet: www.hdi-gerling.de

HDI-Gerling Sach Serviceholding AG
Riethorst 2
30659 Hannover
Telefon: 0511-645-0
Telefax: 0511-645-4545
Internet: www.hdi-gerling.de

Helvetia
Schweizerische Lebens-
versicherungs-AG
Schweizerische Versicherungs-
gesellschaft AG
Direktion für Deutschland
Berliner Straße 56–58
60311 Frankfurt
Telefon: 069-1332-0
Telefax: 069-1332-474
Internet: www.helvetia.de

HISCOX AG
Niederlassung für Deutschland
Oberanger 28
80331 München
Telefon: 089-545801-100
Telefax: 089-545801-199
Internet: www.hiscox.de

HUK24 AG
Willi-Hussong-Straße 2
96440 Coburg
Telefon: 09561-96-1338
Telefax: 09561-96-2424
Internet: www.huk24.de

HUK-COBURG
Haftpflicht-Unterstützungs-Kasse
kraftfahrender Beamter Deutsch-
lands a.G. in Coburg
Allgemeine Versicherungs AG
Krankenversicherung AG
Lebensversicherung AG
Rechtsschutzversicherung AG
Bahnhofsplatz
96450 Coburg
Telefon: 09561-96-0
Telefax: 09561-96-3636
Internet: www.huk.de

HVAG Hamburger Versicherungs-
AG
Grimm 14
20457 Hamburg
Telefon: 040-303906-0
Telefax: 040-303906-30
Internet: www.hvag.de

R+V Gruppenpensionsfonds
Kaufingerstraße 9
»Kaufinger Tor«
80331 München
Telefon: 089-122288-0
Telefax: 089-12222 88-901
Internet: www.ruvgpf.de

Ideal
Lebensversicherung a. G. VVaG
Versicherung AG
Kochstraße 26
10969 Berlin
Telefon: 01802-43 32 55 (0,06 Euro pro Minute aus dem deutschen Festnetz, Mobilfunkpreise können abweichen)
Telefax: 030-25 87-83 56
Internet: www.ideal-versicherung.de

SIGNAL IDUNA
Neue Rabenstraße 15–19
20354 Hamburg
Telefon: 040-41 24-48 01
Telefax: 040-41 24-29 58
Internet: www.signal-iduna.de

If Schadenversicherung AG
Direktion für Deutschland
Siemensstraße 9
63263 Neu-Isenburg
Telefon: 06102-71 07-0
Telefax: 06102-71 07-71
Internet: www.if.se

Ineas Insurance Agency BV
Aachener Straße 1053–1055
50858 Köln
Internet: www.ineas.de

INTER
Krankenversicherung auf Gegenseitigkeit
Allgemeine Versicherung AG
Lebensversicherung aG
Erzberger Straße 9–15
68165 Mannheim
Telefon: 0621-42 74 27
Telefax: 0621-42 79 44
Internet: www.inter.de

INTER PARTNER ASSISTANCE S.A.
Direktion für Deutschland
Bahnhofstraße 19
82166 Gräfelfing
Telefon: 089-5 00 70-0
Telefax: 089-5 00 70-39 3

Interlloyd Versicherungs-AG
ARAG Platz 1
40472 Düsseldorf
Telefon: 0211-9 63-07
Telefax: 0211-9 63-30 33
Internet: www.interlloyd.de

InterRisk
Versicherungs-AG
Lebensversicherungs-AG
Karl-Bosch-Straße 5
65203 Wiesbaden
Telefon: 0611-27 87-0
Telefax: 0611-27 87-222
Internet: www.interrisk.de

ISSELHORSTER Versicherung V. a. G.
Haller Straße 90
33334 Gütersloh
Telefon: 05241-96 50 70
Telefax: 05241-9 65 07 90
Internet: www.isselhorsterversicherung.de

Itzehoer Lebensversicherungs-AG
Versicherung/Brandgilde von 1691
Versicherungsverein auf Gegenseitigkeit
Itzehoer Platz
25521 Itzehoe
Telefon: 04821-7 73-0
Telefax: 04821-7 73-88 88
Internet: www.itzehoer.de

Jurpartner
Rechtsschutz-Versicherung AG
Deutz-Kalker-Str. 46
50679 Köln
Telefon: 01803-8277-500
(0,09 Euro pro angefangene Minute aus dem deutschen Festnetz, Mobilfunkpreise können abweichen)
Telefax: 0221-8277-460
Internet: www.jurpartner.de

Karlsruher
Beamten-Versicherung AG
Hermann-Veit-Straße 6
76135 Karlsruhe
Telefon: 0180-3528528
(0,09 Euro pro Minute aus dem deutschen Festnetz, Mobilfunkpreise können abweichen)

Karlsruher
Hinterbliebenenkasse AG Lebensversicherung für Beamte und Angestellte der öffentlichen Verwaltung
Lebensversicherung AG
Friedrich-Scholl-Platz
76112 Karlsruhe
Telefon: 0721-353-0
Telefax: 0721-353-2699
Internet: www.karlsruher.de

Karlsruher
Rechtsschutzversicherung AG
Versicherung AG
Friedrich-Scholl-Platz
76112 Karlsruhe
Telefon: 0721-353-0
Telefax: 0721-353-4550
Internet: www.karlsruher.de

KarstadtQuelle
Krankenversicherung AG
Lebensversicherung AG
Versicherung AG
Nürnberger Straße 91–95
90762 Fürth
Telefon: 0800-6669000 (gebührenfrei)
Telefax: 0800-7011111
Internet: www.karstadtquelle-versicherungen.de

Kemper S.A. Versicherung
Niederlassung für Deutschland
Lise-Meitner-Straße 4
60486 Frankfurt
Telefon: 069-97068-0
Telefax: 069-97068-30

VERKA Kirchliche
Pensionskasse VVaG
Schellendorffstraße 17–19
14199 Berlin
Telefon: 030-897907-0
Telefax: 030-8247213
Internet: www.verka.de

Vereinigte Hagelversicherung VVaG
Wilhelmstraße 25
35392 Gießen
Telefon: 0641-7968-0
Telefax: 0641-7968-222
Internet: www.vereinigte-hagel.net

KRAVAG-ALLGEMEINE
KRAVAG-LOGISTIC
Versicherungs-AG
Heidenkampsweg 100
20097 Hamburg
Telefon: 040-23606-0
Telefax: 040-23606-4366
Internet: www.kravag.de

KRAFTFAHRER-SCHUTZ e.V.
Uhlandstraße 7
80336 München
Telefon: 089-53981-0
Telefax: 089-53981-250
Internet: www.auxilia.de

Landeskrankenhilfe V.V.a.G.
Uelzener Straße 120
21335 Lüneburg
Telefon: 04131-725-0
Telefax: 04131-403402
Internet: www.lkh.de

Landeslebenshilfe V.V.a.G.
Uelzener Straße 120
21335 Lüneburg
Telefon: 04131-725-0
Telefax: 04131-403402
Internet: www.lkh.de

LSH Versicherung VaG
Vogteistraße 3
29683 Fallingbostel
Telefon: 05162-404-0
Telefax: 05162-404-26
Internet: www.lsh-versicherung.de

Lebensversicherung
von 1871 a.G. München
Maximiliansplatz 5
80333 München
Telefon: 089-55167-0
Telefax: 089-55167-1212
Internet: www.lv1871.de

Legal & General Deutschland
Service GmbH
Richmodstraße 6
50667 Köln
Telefon: 01803-724476
(0,09 Euro pro Minute aus dem deutschen Festnetz, Mobilfunkpreise können abweichen)
Telefax: 0221-92042301
Internet: www.LegalundGeneral.de

LIGA
Krankenversicherung
katholischer Priester VVaG
Dr. Theobald-Schrems-Straße 3
93055 Regensburg
Telefon: 0941-4095-0
Telefax: 0941-4095-139
www.ligabank.de

Lippische Landes-
Brandversicherungsanstalt
Simon-August-Straße 2
32756 Detmold
Telefon: 05231-990-0
Telefax: 05231-990-990
Internet: www.lippische.de

Lloyd's Versicherer London
(Niederlassung für Deutschland)
Bockenheimer Anlage 4
60322 Frankfurt
Telefon: 069-5970253
Telefax: 0251-702-1099
Internet: www.lloyds.com

LVM
Krankenversicherung AG
Landwirtschaftlicher Versicherungsverein Münster a.G.
Lebensversicherungs-AG
Pensionsfonds-AG
Rechtsschutz-Versicherungs-AG
Kolde-Ring 21
48126 Münster
Telefon: 0251-702-0
Telefax: 0251-702-1099
Internet: www.lvm.de

mamax Lebensversicherung AG
Augustaanlage 66
68165 Mannheim
Telefon: 0800-62629266 (gebührenfrei)
Telefax: 0621-4574505
Internet: www.mamax.com

Mannheimer Versicherung AG
Krankenversicherung AG
Augustaanlage 66
68165 Mannheim
Telefon: 01802-22024
(0,06 Euro pro Minute aus dem deutschen Festnetz, Mobilfunkpreise können abweichen)
Telefax: 01802-2999992
(0,06 Euro pro Minute aus dem deutschen Festnetz, Mobilfunkpreise können abweichen)
Internet: www.mannheimer.de

MEAG MUNICH ERGO
AssetManagement GmbH
Oskar-von-Miller-Ring 18
80333 München
Telefon: 089-2489-0
Telefax: 089-2489-2555
Internet: www.meag.com

Mecklenburgische
Lebensversicherungs-AG
Versicherungs-Gesellschaft a. G.
Berckhusenstraße 146
30625 Hannover
Telefon: 0511-5351-0
Telefax: 0511-5351-444
Internet: www.mecklenburgische.de

Medien-Versicherung a. G.
Borsigstraße 5
76185 Karlsruhe
Telefon: 0721-56900-0
Telefax: 0721-56900-16
Internet:
www.medienversicherung.de

Minerva Versicherungs-AG
Herrlichkeit 6
28199 Bremen
Telefon: 0421-59859-0
Telefax: 0421-594075
Internet: www.drefo.de

MITSUI MARINE AND
FIRE INSURANCE CO.
(EUROPE) LTD.
Große Theaterstraße 42
20354 Hamburg
Telefon: 040-3553320
Telefax: 040-35533220

MITSUI SUMITOMO
INSURANCE COMPANY
(EUROPE) LTD.
Niederlassung für Deutschland
Georg-Glock-Straße 8
40474 Düsseldorf
Telefon: 0211-493258-00
Telefax: 0211-493258-100

MLP AG
Alte Heerstraße 40
69168 Wiesloch
Telefon: 06222-308-0
Telefax: 06222-308-8351
Internet: www.mlp.de

MONEYMAXX Lebensversicherungs-AG
Emanuel-Leutze-Straße 11
40547 Düsseldorf
Telefon: 0211-8683101
Telefax: 0180-25656 (0,06 Euro pro Minute aus dem deutschen Festnetz, Mobilfunkpreise können abweichen)
Internet: www.moneymaxx.de

Münchener und Magdeburger
Agrarversicherung AG
Albert-Schweitzer-Straße 62
81735 München
Telefon: 089-678297-0
Telefax: 089-6792795
Internet: www.mmagrar.de

MÜNCHENER VEREIN
Krankenversicherung auf Gegenseitigkeit
Lebensversicherung a. G.
Allgemeine Versicherungs-AG
Pettenkoferstraße 19
80336 München
Telefon: 089-5152-1000
Telefax: 089-5152-1501
Internet: www.muenchener-verein.de

Nassau Versicherungen
Niederlassung Deutschland der Nassau Verzekering Maatschappij N.V.
Im MediaPark 5
50670 Köln
Telefon: 0221-16795-0
Telefax: 0221-16795-10
Internet: www.nassau-int.de

Neckermann
Lebensversicherung AG
Nürnberger Straße 91–95
90762 Fürth
Telefon: 0800-7773000 (gebührenfrei)
Telefax: 0800-4023333 (gebührenfrei)
Internet: www.neckermann-versicherungen.de

Neckermann Versicherung AG
Karl-Martell-Straße 60
90431 Nürnberg
Telefon: 0800-7773000 (gebührenfrei)
Telefax: 0800-4023333 (gebührenfrei)
Internet: www.nv-direkt.de

Neue Bayerische Beamten
Lebensversicherung AG
Thomas-Dehler-Straße 25
81737 München
Telefon: 01801-228366
(0,039 Euro pro Minute aus dem deutschen Festnetz, Mobilfunkpreise können abweichen)
Telefax: 01801-228329
(0,039 Euro pro Minute aus dem deutschen Festnetz, Mobilfunkpreise können abweichen)
Internet: www.bbv.de

neue leben
Lebensversicherung AG
Pensionskasse AG
Unfallversicherung AG
Sachsenkamp 5
20097 Hamburg
Telefon: 040-23891-0
Telefax: 040-23891-333
Internet: www.neue-leben.de

NRV NEUE RECHTSSCHUTZ-Versicherungsgesellschaft AG
Augustaanlage 25
68165 Mannheim
Telefon: 0621-4204-0
Telefax: 0621-4204-650
Internet: www.nrv-rechtsschutz.de

Niedersachsen Versicherungs-AG
Ballindamm 25
20095 Hamburg
Telefon: 040-30012985
Telefax: 040-336137

Niedersächsische Versicherung VVaG.
Parkstraße 78
27798 Hude
Telefon: 04408-361
Telefax: 04408-8374

Nippon Insurance Company
of Europe Limited
Niederlassung für Deutschland
Adenauerallee 3
20097 Hamburg
Telefon: 040-28 44 20
Telefax: 040-28 44 22 29

Nipponkoa Insurance Company
(Europe)
Niederlassung für Deutschland
Cantadorstraße 3
40211 Düsseldorf
Telefon: 0211-178670
Telefax: 0211-162266
Internet: www.nipponkoa.co.jp

Nova Allgemeine Versicherung AG
Neue Rabenstraße 15–19
20354 Hamburg
Telefon: 040-4124-0
Telefax: 040-4124-2958
Internet: www.iduna-nova.de

NV-Versicherungen VVaG
Johann-Remmers-Mammen-Weg 2
26427 Neuharlingersiel
Telefon: 04974-9170-0
Telefax: 04974-9170-99
Internet: www.nv-online.de

NÜRNBERGER
Lebensversicherung AG
Allgemeine Versicherungs-AG
Beamten Allgemeine Versicherung AG
Beamten Lebensversicherung AG
Krankenversicherung AG
Pensionsfonds AG
Ostendstraße 100
90334 Nürnberg
Telefon: 0911-531-0
Telefax: 0911-531-3206
Internet: www.nuernberger.de

oeco capital
Lebensversicherung AG
Karl-Wiechert-Allee 55
30625 Hannover
Telefon: 0511-5701-2288
Telefax: 0511-5701-2192
Internet: www.oeco-capital.de

ÖSA Versicherungen
Am Alten Theater 7
39104 Magdeburg
Telefon: 0391-7367-367
Telefax: 0391-7367-169
Internet: www.oesa.de

Öffentliche Lebensversicherung
Berlin-Brandenburg
Voltaireweg 12
14469 Potsdam
Telefon: 0331-2769-444
Telefax: 0331-2769490
Internet: www.oeffentliche-leben.de

Öffentliche Lebensversicherung
Öffentliche Sachversicherung
Braunschweig
Theodor-Heuss-Straße 10
38122 Braunschweig
Telefon: 0531-202-0
Telefax: 0531-202-1500
Internet: www.oeffentliche.de

Öffentliche Versicherungen
Oldenburg
Staugraben 11
26122 Oldenburg
Telefon: 0441-2228O
Telefax: 0441-2228444
Internet:
www.oeffentlicheoldenburg.de

ÖVB Öffentliche Versicherung Bremen
Martinistraße 30
28195 Bremen
Telefon: 0800-3 04 36 00 (gebührenfrei)
Telefax: 0421-3043-47 33
Internet: www.oevb.de

ÖRAG Rechtsschutz-Versicherungs-AG
Hansaallee 199
40549 Düsseldorf
Telefon: 01801-4 63 68 35 (0,039 Euro pro Minute aus dem deutschen Festnetz, Mobilfunkpreise können abweichen)
Telefax: 0211-5 29 51 99
Internet: www.oerag.de

ONTOS
Lebensversicherung AG
Versicherung AG
RheinLandplatz
41460 Neuss
Telefon: 02131-12 53 00
Telefax: 02131-12 53 33
Internet: www.ontos.de

Optima
Versicherungs-AG
Pensionskasse AG
Admiralitätstraße 67
20459 Hamburg
Telefon: 040-3 78 94-0
Telefax: 040-3 78 94-100
Internet: www.optima.de

Ostangler Versicherungen VVaG
Flensburger Straße 5
24376 Kappeln
Telefon: 04642-9 14 70
Telefax: 04642-91 47 77
Internet: www.oab.de

Ostfriesische Landschaftliche Brandkasse
Osterstraße 14–20
26603 Aurich
Telefon: 04941-1 77-0
Telefax: 04941-1 77-114
Internet: www.brandkasse-aurich.de

OVAG – Ostdeutsche Versicherung AG
Am Karlsbad 4-5
10785 Berlin
Telefon: 030-52 13 00-0
Telefax: 030-52 13 00-457
Internet: www.ovag-online.de

Patria Versicherung
Riehler Straße 90
50657 Köln
Telefon: 0221-77 15-0
Telefax: 0221-77 15-286
Internet: www.patria.de

PAX-FAMILIENFÜRSORGE
Krankenversicherung AG
im Raum der Kirchen
Doktorweg 2–4
32752 Detmold
Telefon: 01802-15 34 56
(0,06 Euro pro Minute aus dem deutschen Festnetz, Mobilfunkpreise können abweichen)
Telefax: 01802-87 56 53
(0,06 Euro pro Minute aus dem deutschen Festnetz, Mobilfunkpreise können abweichen)
Internet: www.bruderhilfe.de

PB
Lebensversicherung AG
Pensionsfonds AG
Versicherungs AG
ProACTIV-Platz 1
40721 Hilden
Telefon: 02103-34-68 20
Telefax: 02103-34-53 29
Internet: www.pb-versicherung.de

Pensions-Sicherungs-Verein
Berlin-Kölnische-Allee 2–4
50969 Köln
Telefon: 0221-936 59-0
Telefax: 0221-936 59-299
Internet: www.psvag.de

Pensionskasse westdeutscher
Genossenschaften VVaG
Mecklenbecker Straße 235–239
48163 Münster
Telefon: 0251-74998-0
Telefax: 0251-74998-40
Internet: www.pkwg.de

PENSOR Pensionsfonds AG
Postfach 100708
20005 Hamburg
Telefon: 040-2865-6650
Telefax: 040-2865-6660
Internet: www.pensor.de

PLUS Lebensversicherungs AG
Triftstraße 53
60528 Frankfurt am Main
Telefon: 069-677327-0
Telefax: 069-677327-89
Internet:
www.plus-versicherungen.de

Preservatrice Fonciere TIARD,
Compagnie d'Assurances, Paris
Niederlassung für Deutschland
Königinstraße 28
80802 München
Telefon: 089-3800-0
Telefax: 089-349941

Pro bAV Pensionskasse AG
Colonia-Allee 10–20
51067 Köln
Telefon: 01803-556622
(0,09 Euro pro Minute aus dem deutschen Festnetz, Mobilfunkpreise können abweichen)
Telefax: 0221-148-21704
Internet: www.axa.de

Probus Insurance Company
Europe Ltd.
Hertz Claim Management GmbH
Ginnheimer Straße 4
65760 Eschborn
Telefon: 06196-937121
Telefax: 06196-937294

Protektor Lebensversicherungs-AG
Wilhelmstraße 43 g
10117 Berlin
Telefon: 030-2200258-0
Telefax: 030-2200258-22
Internet: www.protektor-ag.de

Provinzial Nord
Brandkasse AG
Lebensversicherung AG
Sophienblatt 33
24114 Kiel
Telefon: 0431-603-0
Telefax: 0431-603-1115
Internet: www.provinzial.de

Provinzial Rheinland
Lebensversicherung AG
Versicherung AG
Provinzialplatz 1
40591 Düsseldorf
Telefon: 0211-978-0
Telefax: 0211-978-1700
Internet: www.provinzial.de

PRUDENTIA
Lebensversicherungs-AG
Goltsteinstraße 17
40211 Düsseldorf
Telefon: 0211-3553225

PVAG
Polizeiversicherungs-AG
Joseph-Scherer-Straße 3
44139 Dortmund
Telefon: 0231-135-7570
Telefax: 0231-135-4638
Internet: www.pvag.de

R+V
Rechtsschutzversicherung AG
Versicherung AG
Allgemeine Versicherung AG
Krankenversicherung AG
Lebensversicherung a. G.
Lebensversicherung AG
Pensionsversicherung a. G.
Taunusstraße 1
65193 Wiesbaden
Telefon: 01802-7858633
(0,06 Euro pro Minute aus dem deutschen Festnetz, Mobilfunkpreise können abweichen)
Telefax: 0611-533-4500
Internet: www.ruv.de

RECHTSSCHUTZ UNION
80323 München
Telefon: 089-54853-605
Telefax: 089-54853-665
Internet: www.rechtsschutzunion.de

Reliance National Insurance Company
Direktion für Deutschland
Kaiser-Wilhelm-Ring 50
50672 Köln
Telefon: 0221-91276-70
Telefax: 0221-91276-76

RheinLand
Lebensversicherung AG
Versicherungs AG
RheinLandplatz
41460 Neuss
Telefon: 02131-2900
Telefax: 02131-290-13300
Internet: www.rheinland-versicherungen.de

ROLAND
Rechtsschutz-Versicherungs-AG
Schutzbrief-Versicherung AG
Deutz-Kalker Straße 46
50679 Köln
Telefon: 01803-8277-500
(0,09 Euro pro Minute aus dem deutschen Festnetz, Mobilfunkpreise können abweichen)
Telefax: 0221-8277-460
Internet:
www.roland-rechtsschutz.de

Royal International Insurance Holdings Ltd.
Direktion für die Bundesrepublik Deutschland
Zeppelinstraße 4–8
50667 Köln
Telefon: 0221-271300
Telefax: 0221-27130333

Sparkassen DirektVersicherung AG
Kölner Landstraße 33
40591 Düsseldorf
Telefon: 0211-729-8400
Telefax: 0211-729-8500
Internet: www.sparkassen-direkt.de

Saarland
Feuerversicherung AG
Lebensversicherung AG
Mainzer Straße 32–34
66111 Saarbrücken
Telefon: 0681-601-333
Telefax: 0681-601-450
Internet:
www.saarland-versicherungen.de

Sach- und Haftpflichtversicherung
des Bäckerhandwerks VVaG
Johannes-Albers-Allee 2
53639 Königswinter
Telefon: 02223-92170
Telefax: 02223-921750
Internet: www.shbversicherung.de

Schleswiger Versicherungsverein
auf Gegenseitigkeit
Dorfstraße 38
25924 Emmelsbüll-Horsbüll
Telefon: 04665-9404-0
Telefax: 04665-9404-22
Internet: www.schleswiger.de

SCHWARZMEER UND OSTSEE
Versicherungs-AG SOVAG
Schwanenwik 37
22087 Hamburg
Telefon: 040-227128-0
Telefax: 040-225719
Internet: www.sovag.de

Schweizerische Lebensversicherungs-
und Rentenanstalt
Niederlassung für Deutschland
Berliner Straße 85
80805 München
Telefon: 089-38109-0
Telefax: 089-38109-4405
Internet: www.swisslife.de

Schweizer-National Versicherungs-AG
Postfach 200252
60606 Frankfurt
Telefon: 069-25615-0
Telefax: 069-25615-158
Internet: www.nationalesuisse.de

Schwestern-Versicherungsverein
vom Roten Kreuz
in Deutschland a. G.
Heilsbachstr. 32
53123 Bonn
Telefon: 0228-28996-30
Telefax: 0228-28996-33

SIAT Societa Italiana Assicurazioni
e Riassicurazioni, Genua
Herrlichkeit 5-6
28199 Bremen
Telefon: 0421-5907-01
Telefax: 0421-5907-156

SIGNAL
Krankenversicherung auf Gegen-
seitigkeit
Unfallversicherung a. G.
Joseph-Scherer-Straße 3
44139 Dortmund
Telefon: 0231-135-0
Telefax: 0231-135-4638
Internet: www.signal-iduna.de

Skandia Lebensversicherung AG
Kaiserin-Augusta-Allee 108
10553 Berlin
Telefon: 01802-7526342
(0,06 Euro pro Anruf aus dem
deutschen Festnetz, Mobilfunkpreise
können abweichen)
Telefax: 030-31007-2600
Internet: www.skandia.de

Sompo Japan Insurance Company
of Europe Limited
Niederlassung Deutschland
Xantener Straße 12
40474 Düsseldorf
Telefon: 0221-516002-0
Telefax: 0221-516002-22

Sparkassen Pensionskasse AG
Gustav-Heinemann-Ufer 56
50968 Köln
Telefon: 0221-98544-0
Telefax: 0221-98544-599
Internet: www.s-pension.de

Sparkassen-Versicherung Sachsen
Allgemeine Versicherung AG
Lebensversicherung AG (SLS)
An der Flutrinne 12
01139 Dresden
Telefon: 0351-4235-0
Telefax: 0351-4235-555
Internet: www.sv-sachsen.de

Standard Life Versicherung
Zweigniederlassung Deutschland
der The Standard Life Assurance Co.
Lyoner Straße 15
60528 Frankfurt
Telefon: 069-665720
Telefax: 069-66572210
Internet: www.standardlife.de

Stuttgarter
Lebensversicherung a. G.
Versicherung AG
Rotebühlstraße 120
70197 Stuttgart
Telefon: 0711-665-0
Telefax: 0711-665-1515
Internet: www.stuttgarter-versicherung.de

Süddeutsche Krankenversicherung
auf Gegenseitigkeit
Lebensversicherung a. G.
Raiffeisenplatz 5
70736 Fellbach
Telefon: 0711-5778-0
Telefax: 0711-5778-777
Internet: www.sdk.de

SUN ALLIANCE & LONDON
INSURANCE plc
Direktion für die Bundesrepublik
Deutschland
Zeppelinstraße 4–8
50667 Köln
Telefon: 0221-27130-0
Telefax: 0221-27130-333
Internet: www.rsagroup.com

SV Sparkassen-Versicherung
Holding AG
Gebäudeversicherung AG
Lebensversicherung AG
Löwentorstraße 65
70376 Stuttgart
Telefon: 0711-898-0
Telefax: 0180-3339899 (0,09 Euro pro Minute aus dem deutschen Festnetz, Mobilfunkpreise können abweichen)
Internet:
www.sv-lebensversicherung.de

SV SparkassenVersicherung
Hessen – Nassau – Thüringen
Öffentliche Versicherungsanstalt
Gebäudeversicherung AG
Lebensversicherung AG
Bahnhofstraße 69
65185 Wiesbaden
Telefon: 0611-178-0
Telefax: 0611-178-2700
Internet:
www.sparkassenversicherung.de

Swiss Life Pensionsfonds AG
Berliner Straße 85
80805 München
Telefon: 089-38109-0
Telefax: 089-38109-4405
Internet: www.swisslife.de

Swiss Life Pensionskasse AG
Berliner Straße 85
80805 München
Telefon: 089-38109-0
Telefax: 089-38109-4405
Internet: www.swisslife.de

Swiss Re Germany AG
Dieselstraße 11
85774 Unterföhring
Telefon: 089-3844-0
Telefax: 089-3844-2279
Internet: www.swissre.com

The Chiyoda Fire and
Marine Insurance Co. (Europe) Ltd.
(Niederlassung für Deutschland)
Postfach 402020
80720 München
Telefon: 089-3606-0
Telefax: 089-3606-2680

The Lawrence Life Assurance
Co. Limited, Dublin
Ringsend Road, Charlotte Quay
Dock
Dublin 4, Irland
Telefon: 00353-1-6319555
Telefax: 00353-1-6319599
Internet: www.lawrencelife.com

The Northern Assurance
Company Ltd. London
Direktion für Deutschland
Herrlichkeit 6
28199 Bremen
Telefon: 0421-590902
Telefax: 0421-5909399

TOKIO MARINE EUROPE
INSURANCE LTD.
Niederlassung Deutschland
Trostbrücke 1
20457 Hamburg
Telefon: 040-376030
Telefax: 040-37603-144

TRIAS Versicherung AG
Maximiliansplatz 5
80333 München
Telefon: 089-55167-1149
Telefax: 089-55167-1212
Internet: www.trias.de

Uelzener Allgemeine Versicherungs-
gesellschaft a.G.
Lebensversicherungs-AG
Postfach 2163
29511 Uelzen
Telefon: 0581-8070-0
Telefax: 0581-8070-248
Internet: www.uelzener.de

UKV UNION
KRANKENVERSICHERUNG AG
Peter-Zimmer-Straße 2
66123 Saarbrücken
Telefon: 0681-844-7000
Telefax: 0681-844-2509
Internet: www.ukv.de

United Services
Automobile Association
Direktion für Deutschland
Postfach 930221
60457 Frankfurt
Telefon: 069-75616-0
Telefax: 069-75616-893
Internet: www.usaa.com

uniVersa
Allgemeine Versicherung AG
Krankenversicherung auf Gegenseitigkeit
Lebensversicherung auf Gegenseitigkeit
Sulzbacher Straße 1–7
90489 Nürnberg
Telefon: 0911-5307-0
Telefax: 0911-5307-1676
Internet: www.universa.de

Vereinigte Hagelversicherung VVaG
Wilhelmstraße 25
35392 Gießen
Telefon: 0641-7968-0
Telefax: 0641-7968-222
Internet: www.vereinigte-hagel.de

VEREINIGTE POSTVERSICHERUNG VVaG
Mittlerer Pfad 19
704997 Stuttgart
Telefon: 0711-1391-01
Telefax: 0711-1391-3131
Internet: www.vpv.de

Vereinigte Versicherungsgesellschaft von Deutschland
Zweigniederlassung der Combined Insurance Company of America
Friedrich-Bergius-Straße 9
65203 Wiesbaden
Telefon: 0611-238-147
Telefax: 0611-238-107
Internet: www.combined.de

Vereinte Spezial
Königinstraße 28
80802 München
Telefon: 089-3800-0
Telefax: 089-349941
Internet: www.vereinte.de

Versicherungskammer Bayern
Maximilianstraße 53
80538 München
Telefon: 089-2160-0
Telefax: 089-2160-2714
Internet: www.vkb.de

VGH Versicherungen
Landschaftliche Brandkasse Hannover
Provinzial Lebensversicherung Hannover
Provinzial Krankenversicherung Hannover
Schiffgraben 4
30159 Hannover
Telefon: 0800-1750-844 (gebührenfrei)
Telefax: 0511-3622960
Internet: www.vgh.de

VHV
Allgemeine Versicherung AG
Constantinstraße 40
30177 Hannover
Telefon: 0511-907-0
Telefax: 0511-907-8999
Internet: www.vhv.de

VICTORIA Krankenversicherung
Victoriaplatz 2
40198 Düsseldorf
Telefon: 0211-477-0
Telefax: 01803-123460
Internet: www.victoria.de

VICTORIA
Lebensversicherung AG
Pensionskasse AG
Versicherung AG
Victoriaplatz 1
40198 Düsseldorf
Telefon: 0211-477-0
Telefax: 01803-123460
(0,09 Euro pro Minute aus dem deutschen Festnetz, Mobilfunkpreise können abweichen)
Internet: www.victoria.de

VIFA Pensionsfonds AG
Schellendorffstraße 17–19
14199 Berlin
Telefon: 030-897907-0
Telefax: 030-8247213
Internet: www.vifa-berlin.de

Volksfürsorge
Deutsche Sachversicherung AG
Besenbinderhof 43
20097 Hamburg
Telefon: 040-2865-0
Telefax: 040-2865-2027
Internet: www.volksfuersorge.de

VOLKSWOHL BUND
Lebensversicherung a. G.
Sachversicherung AG
Südwall 37-41
44137 Dortmund
Telefon: 0231-5433-0
Telefax: 0231-5433-400
Internet: www.volkswohl-bund.de

Vorsorge Lebensversicherung AG
Rather Str. 110 a
40476 Düsseldorf
Telefon: 0211-21022-0
Telefax: 0211-21022-9599
Internet: www.vorsorge-leben.de

VRK Versicherungsverein
auf Gegenseitigkeit
Kölnische Straße 108–112
34119 Kassel
Telefon: 0561-70341-0

VTV Vereinigte
Tierversicherung a. G.
Innere Kanalstraße 95
50823 Köln
Telefon: 0221-95164-0
Telefax: 0221-95164-406

Waldenburger Versicherung AG
Gartenstraße 9
74653 Künzelsau-Gaisbach
Telefon: 07940-9286-0
Telefax: 07940-9286-50
Internet: www.waldenburger.com

WERTGARANTIE
Technische Versicherung AG
Breite Straße 6–8
30159 Hannover
Telefon: 0511-3032-0
Telefax: 0511-3032-149
Internet: www.wertgarantie.de

Westfälische Provinzial
Versicherung AG
Lebensversicherung AG
Provinzial-Allee 1
48159 Münster
Telefon: 0251-219-0
Telefax: 0251-219-9951
Internet: www.provinzial-online.de

WGV Württembergische
Gemeinde-Versicherung a. G.
Allgemeine Versicherung AG
Lebensversicherung AG
Tübinger Straße 55
70178 Stuttgart
Telefon: 0711-1695-1500
Telefax: 0711-1695-4941
Internet: www.wgv-online.de

winsecura Pensionskasse AG
Frankfurter Straße 50
65178 Wiesbaden
Telefon: 0611-363-86695
Telefax: 0611-363-6571
Internet: www.winsecura.de

WWK
Allgemeine Versicherung AG
Lebensversicherung a.G.
Pensionsfonds AG
Marsstraße 37
80335 München
Telefon: 089-5114-0
Telefax: 089-5114-2337
Internet: www.wwk.de

Wüstenrot & Württembergische AG
Gutenbergstraße 30
70176 Stuttgart
Telefon: 0711-662-0
Telefax: 0711-662-2520
Internet: www.wuerttembergische.de

Württembergische und
Badische Versicherungs-AG
Karlstraße 68–72
74076 Heilbronn
Telefon: 07131-186-0
Telefax: 07131-186-214
Internet: www.wueba.de

Würzburger Versicherungs-AG
Bahnhofstraße 11
97070 Würzburg
Telefon: 0931-2795-0
Telefax: 0931-2795-290
Internet: www.wuerzburger.com

XL Insurance Company Limited
Direktion für Deutschland
Hopfenstraße 6
80335 München
Telefon: 089-63206-0
Telefax: 089-63206-150

Zürich
Lebensversicherung
Lebensversicherungs-Gesellschaft
(Niederlassung für Deutschland)
Versicherung AG (Deutschland)
Solmsstraße 27–37
60486 Frankfurt
Telefon: 069-7115-0
Telefax: 069-7115-3358
Internet: www.zuerich.de

Geldanlage und Altersvorsorge

Bundesanstalt für Finanzdienstleistungsaufsicht (BaFin)
Graurheindorfer Straße 108
53117 Bonn
Telefon: 0228-4108-0
Beschwerde-Hotline Versicherungen
0228-41087777
Telefax: 0228-4108-1550
E-Mail: poststelle@bafin.de
Internet: www.bafin.de

Bundesrepublik Deutschland –
Finanzagentur GmbH
Lurgiallee 5
60295 Frankfurt
Telefon: 069-25616-0
Telefax: 069-25616-1476
Internet:
www.deutsche-finanzagentur.de

Deutsche Rentenversicherung Bund
(früher BfA, LVA, Seekasse,
Bundesknappschaft, BVA)
10704 Berlin
Telefon: 030-8651
Telefax: 030-86527240
E-Mail: drv@drv-bund.de
Internet: www.deutsche-rentenversicherung-bund.de
www.ihre-vorsorge.de

Bundesverband Investment und
Asset Management e.V. (BVI)
Eschenheimer Anlage 28
60318 Frankfurt/Main
Telefon: 069-154090-0
Telefax: 069-5971406
E-Mail: info@bvi.de
Internet: www.bvi.de

Gesundheit

Gemeinsamer
Bundesausschuss
Auf dem Seidenberg 3 a
53721 Siegburg
Telefon: 02241-9388-0
Telefax: 02241-9388-573
E-Mail: info@g-ba.de
Internet: www.g-ba.de

Sozialverband Deutschland e.V.
(früher Reichsbund)
Stralauer Straße 63
10179 Berlin
Telefon: 030-726222-0
Telefax: 030-726222-311
E-Mail: contact@sozialverband.de
Internet: www.sozialverband.de

Sozialverband VdK Deutschland e.V.
Wurzerstraße 4 a
53175 Bonn
Telefon: 0228-82093-0
Telefax: 0228-82093-43
E-Mail: kontakt@vdk.de
Internet: www.vdk.de

Unabhängige Patientenberatung
Deutschland – UPD
Littenstraße 10
10179 Berlin
Telefon: 0800-0117722
Telefax: 030-200892350
E-Mail: info@upd-online.de
Internet: www.unabhaengige-patientenberatung.de

Wohnen

Kompetenzzentrum kostengünstig
qualitätsbewusst Bauen
Salzufer 14
10587 Berlin
Telefon: 030-39921-888
Telefax: 030-39921-889
E-Mail: kompetenz@iemb.de
Internet:
www.kompetenzzentrum-iemb.de

Recht und Streitschlichtung

Versicherungsombudsmann e.V.
Postfach 08 06 32
10006 Berlin
Telefon: 030-206 05 80;
für Beschwerden: 01804-22 44 24
(0,20 Euro pro Anruf aus dem deutschen Festnetz, Mobilfunkpreise können abweichen)
Telefax: 030-20 60 58 58;
für Beschwerden: 01804-22 44 25
(0,20 Euro pro Fax aus dem deutschen Festnetz, Mobilfunkpreise können abweichen)
E-Mail: beschwerde@versicherungsombudsmann.de
Internet: www.versicherungsombudsmann.de

Ombudsmann Private Kranken- und Pflegeversicherung
Kronenstraße 13
10117 Berlin
Telefon: 01802-55 04 44
(0,06 Euro pro Anruf aus dem deutschen Festnetz, Mobilfunkpreise können abweichen)
Telefax: 030-20 45 89 31
Internet: www.pkv-ombudsmann.de

Bundesrechtsanwaltskammer (BRAK)
Littenstraße 9
10179 Berlin
Telefon: 030-28 49 39-0
Telefax: 030-28 49 39-11
E-Mail: zentrale@brak.de
Internet: www.brak.de

Deutscher Anwaltverein (DAV) e.V.
Littenstraße 11
10179 Berlin
Telefon: 030-72 61 52-0;
Anwaltssuche: 01805-18 18 05
(0,14 Euro pro Minute aus dem deutschen Festnetz, Mobilfunkpreise können abweichen)
Telefax: 030-72 61 52-190
E-Mail: dav@anwaltverein.de
Internet: www.anwaltverein.de,
Anwaltsuche:
www.anwaltauskunft.de

Register